数字科技赋能千行百城
产业互联助推实数融合

战略母产业

从数智竞争力到新质生产力

—— 朱克力　著 ——

新 华 出 版 社

图书在版编目（CIP）数据

战略母产业 / 朱克力著 . -- 北京：新华出版社 , 2024.9

ISBN 978-7-5166-7569-4

Ⅰ．F492

中国国家版本馆 CIP 数据核字第 2024KV0437 号

战略母产业

作者： 朱克力

责任编辑： 林郁郁　李　珊

出版发行： 新华出版社有限责任公司

　　　　　　（北京市石景山区京原路 8 号　邮编：100040）

印刷： 三河市君旺印务有限公司

成品尺寸： 165mm×230mm　1/16　　　　**印张：** 19　**字数：** 191 千字

版次： 2024 年 9 月第 1 版　　　　　　　　**印次：** 2024 年 9 月第 1 次印刷

书号： ISBN 978-7-5166-7569-4　　　　　　**定价：** 88.00 元

微店　　　　　视频号小店　　　京东旗舰店　　　微信公众号

喜马拉雅　　　小红书　　　　　淘宝旗舰店　　　企业微信

推荐序

"战略母产业"下一个主赛场

张军扩

全国政协提案委员会副主任

国务院发展研究中心原副主任

中国发展研究基金会理事长

　　翻开朱克力博士相继出版的《低空经济》和《战略母产业》这两部聚焦科技产业前沿的新作，我既为他的敏锐和勤奋感到欣慰，也为他书中的洞见和分析由衷感慨。在这个快速变化的时代，每一个新经济领域的诞生，都孕育着未来的无限可能。作为独树一帜的新经济专家，朱克力博士从昔日青年学子、新经济导刊主编，到今天成为研究和推动低空经济、数字经济等新经济领域的少壮派领军人物，他的每一步探索、每一个进步，都给我留下了深刻的印象。

　　如果说，数字经济浪潮正在重新定义我们的世界，那么低空经济无疑将是这轮浪潮中最激动人心的领域之一。用《低空经济》一书中的话来说，它"连接二维交通与三维航网、融合物理空间与数字世界、打通工业时代与数智未来"。而站在《战略母产业》的视角来看，它又将会成为"战略母产业"的下一个主赛场。

在过去的几十年里，随着信息技术的突飞猛进，全球经济发生了翻天覆地的变化。我们目睹了互联网由无到有，再到无所不在的过程。从信息化到数智化，不仅改变了人们的生活方式，也重塑了产业格局。当信息高速公路遍布全球，当虚拟世界的边界越来越模糊，物理空间还有没有未被发掘的潜力？在朱克力博士看来，答案是肯定的，低空空域就是这样一个有待深度开发的新空间新领域。

低空经济，顾名思义，是以低空空域为依托，以无人机、eVTOL（电动垂直起降飞行器）等各类航空器为主要载体，涵盖载人、载货及其他作业的各种低空飞行活动的综合经济形态。低空经济囊括低空空域内开展的各项经济活动，不仅包括传统的通用航空业务，还涉及航空器制造、应急救援、物流配送、空中交通、农业植保等更多领域。低空经济的发展，不仅能推动航空制造业的进步，还能带动相关产业如新材料、新能源、人工智能等领域的创新。更重要的是，能够为解决城市交通拥堵、提高物流效率、促进绿色发展等问题提供全新的解决方案。可以说，低空经济是数字技术和实体经济深度融合的必然延展，发展低空经济是实现经济高质量发展的重要途径。

《低空经济》一书被誉为"中国低空经济开山之作，填补新经济研究领域空白"。朱克力博士以全面洞察和生动表达，系统分析低空经济的发展历程、现状与未来趋势。作为新质生产力的典型代表，低空经济具有创新引领、绿色低碳、数实融合等特点。书中以科普风格娓娓道来，介绍低空经济产业链构成，从上游原材料到下游新场景，每一个环节都充满机遇。特别是在物流配送、城市空中交通、环境监测等应用领域，低空经济的发展将极大提升效率，改善人们的生活质量。

《战略母产业》则立足当下，从理论到案例，阐述了"因势利导构建数智竞争力"和"因地制宜发展新质生产力"的底层逻辑与现实路径。书中朱克力博士首先创造性地提出了"战略母产业"概念，将其定义为那些能够带动其他产业发展的基石产业，是数字经济时代众多产业的"孵化器""催化剂""加速器""呵护力"，并以此为原点，立足当下新一轮科技革命，深入探讨这个以人工智能、大数据等为代表的数字产业应当承担并亟需进一步提升的角色。

如果往前追溯，事实上，每一次科技革命，都会带来划时代的通用技术及其主导的战略母产业。第一次工业革命以蒸汽机为代表，开启机械化时代；第二次工业革命以电力的广泛应用为标志，催生大规模生产方式；而第三次工业革命以信息技术为核心，使全球化生产成为可能。蒸汽机、电力、信息技术等通用技术主导的产业就是前三次工业革命划时代的战略母产业。如今，我们正处于第四次工业革命的初期，大数据、人工智能等数字技术成为新的通用技术。这些新的通用技术主导的产业，成为新一轮的战略母产业。

凭借广阔空域及新质动力，低空经济正逐渐成为战略母产业新的重要用武之地。正如《低空经济》一书所揭示，低空经济的发展不仅意味着技术突破，更是对传统经济模式的重构；不仅自身具有巨大发展潜力，还能通过技术外溢效应，推动其他相关产业发展。展望未来，低空经济将迎来更加广阔的发展前景，其在促进经济增长、提升社会治理效能等方面的潜力将进一步释放。当然，低空经济发展也面临着空域管理、隐私保护、安全监管等不少治理难题，需要规则、标准、法律和政策的保驾护航。相信经过政府、企业、研究机构等多方协同努力，这些问题最终会在各类场景应用与产业实践中得以解决。

从《低空经济》到《战略母产业》，朱克力博士这两部著作尽管风格各异，却相互映照，为各级政府、企事业单位和研究人员提供了丰富而宝贵的参考。

前　言

专家热议"战略母产业"

要把"互联网+"和"+互联网"搞清楚,互联网要为各行各业服务,实现产业数字化、数字产业化。既然是"战略母产业",就要解决这样的核心问题。

——著名经济学家、国务院原参事、国务院研究室原司长　陈全生

通用技术会对经济增长产生广泛而持久的影响,数字技术作为"战略母产业"新的通用技术,就是新的增长引擎、发展动力和创新动能。新通用技术会催生很多创新出来,对提升生产率、提升经济增速有一定作用,但也会面临治理问题,电气技术刚出来的时候也曾面临治理问题。

——国务院发展研究中心企业研究所副所长、研究员　张文魁

"战略母产业"的发展与治理，要考虑市场和政府的关系，两者的关系在不同领域的体现并不相同。有些产业是需要集中力量部署，有些产业需要考虑市场化和国际化的根本机制，不能统一而论。

　　——国家发展和改革委员会国际合作中心副主任、研究员　付保宗

　　新的产业变革通常是在技术变革之后。在数字经济崭露雏形时，技术变革就慢慢开始了，后来也经历了一段泡沫、扩张和无序。经过几轮迭代和监管完善，现在的数字生态已比较完整、相对平衡稳定，正是提升"战略母产业"的绝佳时机。

　　——国务院发展研究中心研究员、中国国际发展知识中心研究组织处处长　龙海波

　　创新是一个大的生态系统在内部分工合作的关系。我们要爬的是一片群山，而不是一个山头，需要深入论证"战略母产业"在其中起到的作用。如果从商业模式的角度定义"战略母产业"，可以强化平台的逻辑。平台可以起到一个重要的连接作用，把经济中的方方面面连接起来。

　　——中国社会科学院经济研究所微观经济研究室主任、研究员　杜创

"战略母产业"肯定是一个大的平台产业，包括技术平台和商业模式平台。"战略母产业"要解决的问题是未来国家发展的市场空间问题、技术空间问题、商业模式空间问题。一个产业能够带动十个甚至一百个产业或行业，自然就是"母产业"。

——清华大学社会科学学院经济学研究所副所长、全球产业研究院副院长、教授　戎珂

发展"战略母产业"，有些原则值得注意。比如信誉原则，相关企业要合规使用政府支持资金；比如响应原则，目前中小企业合规管理办法相对缺失，作为"战略母产业"要从硬性方面引导出来一批国家的战略性公司。

——世界银行中国合规项目资深专家、中国贸促会全国企业合规委专家　丁继华

目 录

上篇·动能篇

因势利导构建数智竞争力

075

下篇 · 路径篇

因地制宜发展新质生产力

157

序 篇

战略母产业论纲^①

（讨论稿）

　　面对百年未有之大变局、产业经济国际竞争以及未来创新发展，我们需要回答以下问题：应该以何种思维和视野对产业和经济进行战略性思考；如何从新的维度认知、判断、升级我们的产业科技观和科技产业观；如何找到攻克战略高地、高质量发展的解题之钥；如何从局部到整体看清变迁脉络与发展格局；如何在新视角下看清中国的产业经济家底和经济发展底座；什么产业是战略性的重点产业，战略重点产业的哪些部分又尤其具有"源科技""根驱动""母

---

　　① 2022 年 9 月，"新型数字经济治理与高质量发展研究"课题组在京召开以"提升战略母产业　培育竞争新优势"为主题的政策学术研讨会。本书作者朱克力博士围绕他提出的"战略母产业"思想，邀请 IT 前沿科技产业专家胡延平以其此前的新 IT、第四产业相关论述为基础，合作形成《战略母产业论纲（讨论稿）》并在研讨会现场进行主题分享。来自国家高端智库、产业主管部门、在京高校院所共十余位知名专家学者深入交流，就"战略母产业"提法及理论框架形成广泛共识。此篇为《战略母产业论纲（讨论稿）》全文。研讨会部分现场实录，可参考文后"延伸阅读"及相关报道链接：

　　http://www.xinhuanet.com/video/2022-09/23/c_1211686876.htm

产业"作用？

在国家已经明确数字经济发展战略的前提下，如何理解数字经济的形态、实质和发展规律，如何理解产业数字化和数字产业化的关系，如何理解和充分发挥数字技术的引擎作用；如何促进数字经济与传统经济融合发展，如何找到数字经济"源科技"的创新抓手，如何实现"根驱动"对数字产业化、数字经济与社会发展的"第一驱动"；战略性的"母产业"与第一、第二、第三产业之间是怎么样的关系；科技产业的基石企业、基石阵容有哪些，意味着什么；如何孕育科技未来，基石企业以何"原力"助推产业经济升级。

基于以上问题和需要，我们在过往研究基础上进一步提出"战略母产业"的概念和立论，结合产业经济实践，形成系统研究体系和理论框架，推动上述问题的探索与解决，以资各方参考。

所谓战略母产业（SCI，The Strategic Source Industries），是指以新 IT（Intelligent Technology，智慧科技）产业为基础，对第一、第二、第三产业以及经济发展各领域具有第一生产力意义，发挥科技赋能、产业基石、经济底座、基础设施等层面的创新驱动作用，能够从创新与效率、发展与变革角度，持续催化新科技、孕育新业态、缔造新格局的母科技产业集群。

在新一轮科技革命背景下，战略母产业在全球科技高地、国际创新竞争、产业转型、经济升维、高质量发展乃至科技普惠方面均具有划时代意义。中国要在全球新一轮科技革命和产业变革中"换道超车"加速崛起，应当客观认知并有力提升"战略母产业"的地位，构筑经济增长的源科技、根驱动、母产业、新引擎、新底座，由此形成经济发展新动能和国家竞争新优势。

战略母产业的构成，包括构建者、赋能者、服务者等三路力量。第一路（构建者）主攻战略高地和卡脖子工程，强链补链，专精特新，夯实产业基础，打造基础设施；第二路（赋能者）主攻数字化，赋能实体经济，以软件、硬件、云计算、大数据、人工智能等方面整体解决方案和服务，助力各行各业数字化转型升级，帮助其降本增效，提升在国际国内两个市场的运营力、创新力、竞争力，包括为帮助个人和家庭进入智能时代，在数字经济当中把握数字机遇获得数字红利，运营各类基础设施为各行各业服务的企业也在这个部分；第三路（服务者）以其数字技术的一技之长，投入各行各业，融入到实体经济当中，在零售、物流、制造、餐饮、医疗、文旅、娱乐等垂直市场领域与传统行业企业一起相互促动、共同发展。传统分类下的计算机硬件、软件与服务业、电信与通信业、互联网服务业等，大部分相关企业属于战略母产业范畴。

以下试论战略母产业的基本问题与基础框架，谨此抛砖引玉，求教于方家。

看清和把握经济发展的根驱动、核心引擎、第一生产力

经济的增长与衰退都是极为复杂的生态现象，其中的机理迄今为止最浩瀚的大数据模型都无法完整拟合。但如果分析促动经济增长的关键因素，长期以来主要是这六个方面：投资／资本拉动，消费／需

求带动，资源／能源驱动，市场／信息流动，体力／智力劳动，政府／治理策动。

传统经济学只是将技术作为经济系统的外生变量，而科技实质上是经济生态的内生动能、发展引擎，而且是根驱动。所以此时此刻，上述六个关键因此之外，必须纳入一个非常重要的基础维度——科技。以最大力度重视科技的根本作用，向科技投资，用科技重塑企业、产业、经济，以科技驱动发展。

无论是短期、中期、长期，还是宏观、中观、微观，无论是救急、赋能，还是创新和高质量发展，科技之于经济的意义都极为重大，甚而是第一位的。完整的经济增长动能图，其实应该是一横六纵，一横为科技，支撑、承托甚至驱动着另外六个关键因素。

科技是第一生产力，是中国经济发展的第一驱动。只有生产力的升维，才能从根本上给经济注入活力与动能。只有生产力的进步，才能驱动企业、产业、经济持续向前发展。但科技纷繁万千，何为根，何为干，何为枝，何为叶，如何系统理解、把握主从、科学发展是需要继续深入探讨的问题。

看清科技与经济的根本走向、深层关系、范式转移

认知决定选择，判断决定路径。如何以全球视野、大历史眼光、深层战略思维，看清世界与中国、科技与经济的内在关系、演进脉络、底层逻辑，看清科技之于生产力的变革实质，看清生产力正在

如何被重新定义，看清科技重塑经济、升维经济背后的作用机理，看清创新发展范式的根本转换，这些是看清自身生态方位和以及做出重大选择的关键。在创新周期、技术图谱、产业分工竞合、技术经济学乃至政治经济学等不同层面，透彻理解科技与经济生态，并且预见到未来走向，才能够走好中国道路，科学转换到新的发展范式。

何为新的生产力？何为根驱动的根科技？如何把握？这需要从时间、空间、场域等维度立体分析。这是基于历史方位、科技方位、经济方位看清决策方位的关键。宏观、中观、微观三个层面，经济大场域、产业中场域和企业小场域的深度分析，是破题的关键。

产业中场域：5 次产业技术革命，从 IT 到新 IT，第四产业浮现

产业中场域的主要变迁，实质上都是科技在不同阶段取得不同进展、发挥不同作用的结果。目前各方熟知"四次产业技术革命"的提法，但我们认为实际上包括中国在内，世界经济总体上正在进入"第五次产业技术革命"。

第一次产业技术革命，实质是人类开始具备大规模的热能与动能的转换能力，生产力的关键在于热能、动能的广泛利用以及机械。

第二次产业技术革命，实质是人类打通了原子物理世界、电子电磁世界这两个不同尺度的世界，开始掌握更高能量级、电子电磁能量态的通用能源，并以此力量改造现实世界，构建人造世界。这个阶段

生产力的关键在于电、机器。

第三次产业技术革命，实质是二战及此后人类微观认知尺度、能源利用尺度、空间能动尺度的跃迁，带来航空 / 交通、医药 / 健康、电磁 / 通信、媒体 / 资讯等领域的广泛发展，这些也是第二次全球化的主要动因。这个阶段生产力的关键在于制造，大规模标准化工业制造。

第四次产业技术革命，实质是人类计算能力、信息处理与传播能力的跃迁，计算机开始应用，网络出现，通信能力也开始出现跃迁，大规模服务普通用户的能力逐步具备。这个阶段生产力的关键在于信息及其传输、处理即传统 IT/CT。

第五次产业技术革命，实质是人类智慧能力的跃迁，以及连接全球每个人每个物到智慧基础设施，人类开始创造具有智能感知、智能学习、智能决策、智能交互、智能行动的各种智能硬件软件和服务。这个阶段的核心生产力、经济的根驱动是新 IT。

如今，第五次产业技术革命带来的最重大的变化之一，是产业体系的突破重构，产业分界的创新调整，一个整体成型、相对完整的新产业日益重要，需要被作为一个基础产业专门看待。这就是第一产业农业、第二产业工业、第三产业服务业之外的第四产业即"新 IT 产业"浮现。

战略母产业：从提法、立论到现实 ①

2000 年底在组织召开中国第一个以数字经济为主题的会议——数字经济与数字生态高层年会时提出："经济数字化大周期刚刚进入起步阶段，我们必须直面以数字化为前导的第二次现代化，要以积极的姿态迎接'化'之后的新的经济形态的到来……认知数字经济、改善数字生态、弥合数字鸿沟、消解数字冲突、把握数字机遇的积极姿

---

① 2022 年 4 月 25 日，《经济日报》发表的朱克力署名文章"强化高技术制造业带动作用"，首次提出"战略母产业"（朱克力，2022）。其政策启示在于，中国要在全球新一轮科技革命和产业变革中"换道超车"加速崛起，必须进一步厘清和提升"战略母产业"，构筑经济增长新动能和国家竞争新优势。

链接：http://paper.ce.cn/pc/content/202204/25/content_252920.html

4 月 28、29 日，国家发改委机关报《中国经济导报》和《中国改革报》相继刊登《中国战略新兴产业》杂志记者撰写的报道"高技术产业延续增长势头主要指标亮眼"，采访并引述朱克力提出的"战略母产业"。

链接：http://www.chinadevelopment.com.cn/news/zj/2022/04/1775915.shtml

5 月 6 日，国家发改委官网全文转发了中国发展改革报社上述报道，朱克力首创的"战略母产业"提法进入产业主管部门视野。

链接：https://www.ndrc.gov.cn/wsdwhfz/202205/t20220506_1324276.html

5 月 10 日，经济观察报官网发表《提升"战略母产业"》。

链接：http://www.eeo.com.cn/2022/0510/533944.shtml

6 月，"新型数字经济治理与高质量发展研究"课题计划立项；与此同时，"战略母产业"相关议题持续推进并纳入该课题研究范围。

9 月 18 日，南方都市报 App 发表《专家支招：提升"战略母产业"，培育竞争新优势》。

链接：https://m.mp.oeeee.com/a/BAAFRD000020220918723458.html

9 月 21 日，"提升战略母产业 培育竞争新优势"专题研讨会在京召开，来自国家高端智库、产业主管部门、在京高校院所等共十余位知名专家学者出席并发言，为我国数字经济的高质量发展尤其是战略母产业的创新发展建言献策。

态迎接第二次现代化，以信息技术改造传统产业，以新四化带动老四化。"在这次会议之后出版的数字蓝皮书及《第四种力量》一书中，第二次现代化、新四化（经济全球化、资本自由化、产业信息化、文明数字化）、数字鸿沟，以及与现在所提的战略母产业有关的"第四种力量"等，是当时我们提出的四个主要概念。之后在多个会议、研讨场合，我们曾经提出应该将网络 IT 单独作为一个完整的基础产业——农业、工业、服务业之后的第四种力量、第四产业来看待。核心原因就在于我们当时看到了"以信息革命为基础的第二次现代化"。有了这样的底层的认知，自然会倾向于将信息技术相关产业当作基石产业，也就是后来提出的"战略母产业"（朱克力，2022）。

站在当下和未来看，之所以将第四产业即新 IT 产业视为新一轮战略母产业，是因为无论对于助推其他已有产业的创新和升级，还是对于催生新产业新业态新模式而言，新 IT 产业都可谓是"第一性"的基石产业。做大做强新 IT 产业，以新 IT 赋能各行各业，对于实现面向数智经济的转变意义重大而深远，是抢占国际竞争制高点、打造未来竞争新优势、支撑构建新发展格局的迫切需要，也是"产业升级、经济升维"的战略选择。战略母产业相关企业是中国经济的重要底座，也是新 IT 生产力的提供者。

是故，迈入第五次产业技术革命阶段，IT 产业升维到新 IT 产业之后，需要作为战略母产业来看待。该类产业形态日趋清晰，产业作用亦日益重要。

近年来也有学者曾简单提及第四产业（如李稻葵，2021），但其一方面提出的时间比我们更晚，另一方面也没有清晰看到产业形态创新，其所指的依然是过去的信息服务业，且未对信息服务业这样一个相对传统的概念在战略母产业的内涵外延、体系结构中进行说明。我们认为，战略母产业在交融 ICT、Internet 的基础上，在人工智能的驱动下，已呈现出"端、边、云、网、数、智"融合发展的整体格局。战略母产业不仅概念成立，产业生态也初步成型，无论是人工智能、云计算、大数据还是物联网等，都是技术演进、产业变迁的结果。战略母产业在 ICT 产业的基础上逐步创新、生长而来，但其形态、内涵外延已经发生极大质变。

将新 IT 产业列为战略母产业的 4 个益处

战略母产业理论的提出，是第四产业从隐约浮现、长期发展、初具规模、创新进化再到成为产业基石和经济底座的结果，一切都是水到渠成；将新 IT 产业列为战略母产业，有 4 个益处：

第一，由此彻底厘清数字产业化和产业数字化的内在关系，如何筑好经济底座一目了然；

第二，看清数字产业化的产业格局，让数字产业化从模糊走向清晰，形成科学的产业范畴和专业的产业系统；

第三，由此有了清晰的抓手，有效的着力点，有助于数字经济发展战略清晰落地；

第四，极大增强了产业的可治理性，以及不同产业政策的有效针对性，可以实现同一家企业不同业务的三种区隔（前面提到的三路三类数字科技力量），最大程度避免了各种交叉重叠，极大方便产业治理和发展政策部门、工商税务部门、经济统计部门的科学区分和精准管理。

战略母产业的 3 类构成：构建者、赋能者和服务者

战略母产业，站在国家数字经济发展战略角度来解读，由 3 种角色构成：分别是数字科技三路力量中的"数字科技构建者""数字科技赋能者"和部分"数字科技服务者"。

在数字经济新发展观指引下，数字科技力量兵分三路：第一路（构建者）主攻战略高地和卡脖子工程，强链补链，专精特新，夯实产业基础，打造基础设施；第二路（赋能者）主攻数字化，赋能实体经济，以软件、硬件、云计算、大数据、人工智能等方面整体解决方案和服务，助力各行各业数字化转型升级，将 1 亿多市场经营主体"武装"起来，帮助其降本增效，提升在国际国内两个市场的运营力、创新力、竞争力，包括为帮助个人和家庭进入智能时代，在数字经济当中把握数字机遇获得数字红利，运营各类基础设施为各行各业服务的企业也在这个部分；第三路（服务者）以其数字技术的一技之长，投入各行各业，融入到实体经济当中，在零售、物流、制造、餐饮、医疗、文旅、娱乐等垂直市场领域与传统行业企业一起良性竞争、共同发展。

兵分三路当中的第一路，主要包括华为、中芯、京东方、华星光电、联想超算、浪潮超算、展讯、瑞芯微、寒武纪、地平线等企业或业务。兵分三路当中的第二路，主要包括联想、浪潮、阿里云、百度

智能交通、小米、用友、中软、东软、海尔、TCL、电信运营商、腾讯基于 IM 的互联网平台等企业或业务。第三路力量以其他互联网大企业、面向垂直领域的互联网企业为主，与各行各业企业之间的关系正在经历局部调整、系统重构，有些被动有些主动，有些助力传统行业的角色本身兼而有之但需要停止无边界扩张，有些需要转变大而全的巨无霸范式，向数字经济新发展观靠拢。第三路力量正在呈现三种分化，一部分走向第一条路，一部分走向第二条路，一部分在第三条路上越走越远，最终与传统经济当中成功进行数字化转型的企业一起，融汇到数字化经济的潮流中去，未来所有经济都是数字经济。

通俗而言，这三路力量里的第一路是数字科技"构建者"，第二路是数字科技"赋能者"，第三路是数字科技"服务者"。看到这里，大家可能会注意到我们的分类方法不仅与数字产业化、产业数字化的视角有所不同，和流传甚广的 Bukht、Heeks 分类方法也有所不同。第一层（核心层）主要指传统 IT/ICT 部门，包括软件、硬件制造、电信等；第二层为狭义数字经济，电子业务、数字服务、平台经济等；第三层为广义数字经济，包括工业 4.0、电商、算法经济等。Bukht、Heeks 三分法里第二层、第三层之间的区分比较模糊不说，三层的角色感、方位感、产业位置都不是那么清晰。第一层对应到数字产业化，第二层、第三层对应到产业数字化的解释套用也比较牵强。

第三路力量如果严格区分的话，未来和完成数字化转型的第一、第二、第三产业企业没有太大分别，将来应该归入（数字化的）第一、第二、第三产业。因此，由数字科技第一路、第二路力量为主组成的战略母产业相关企业，是构成中国经济底座的主力军。

数字科技三路力量中的"数字科技构建者""数字科技赋能者"和部分"数字科技服务者"，实际上已经共同构成今天的战略母产业——新 IT 产业。相比于 IT 产业，新 IT 产业更能够反映当前和未来的产业本质、特征。新 IT 产业和数字产业这两个概念，是迄今为止的所有概念里交集最大的两个概念，只不过一个更究其实质、面向未来，一个更中性宽泛、包容泛在。

新 IT 产业或数字产业对第一、第二、第三产业的赋能，及其作为战略母产业的自我创新赋能，共同催生出来的经济发展新形态，就是数字经济（数智经济）。二者相应的基本面如下。

战略母产业基本面：中国高新技术企业达 20 余万家，科技型中小企业逾 18 万家，其中规模以上企业 5 万多家，具有 20 多万亿元的行业收入规模，这是新 IT 产业作为战略母产业的体量。其产业体系完整度仅次于美国，需要补短板的地方依然不少。过去几年，设计芯片、系统、传感器、工业软件、高端制造装备等方面的硬科技与核心科技得到政策与投资的双重驱动。

数字经济基本面：2021 年中国数字经济规模超过 39 万亿元，已有网站 300 多万个、工业 App 有 40 多万个，数字经济体里活跃着 1 亿多市场经营主体（各类企业和商户），以及 10 亿多个人用户。行业规模全球唯二，个别指标全球第一，各个行业、企业的信息化、网络化、智能化发展水平参差不齐。数字化转型已不是"选择题"，而是关乎生存和长远发展的"必修课"。

互联网服务业：不可或缺的基础平台提供者、数字经济的主导力量之一

作为新 IT 产业组成部分之一的互联网服务业，是战略母产业的重要力量。对此，近年来中央有明确论述，各级政府部门也陆续形成了系统有效的治理架构。国家领导人 2014 年指出我国经济发展进入新常态，新常态要有新动力，互联网在这方面可以大有作为；2015 年提出推动网络经济创新发展、推动全球数字经济发展；2016 年提出着力推动互联网和实体经济深度融合发展；2016 年指出"以互联网为核心的新一轮科技和产业革命蓄势待发……在充分放大和加速其正面效应的同时，把可能出现的负面影响降到最低"；党的十九大进一步作出战略部署，提出推动互联网、大数据、人工智能和实体经济深度融合，强调发展数字经济、共享经济。我国数字经济发展驶入快车道，推动实体经济和数字经济融合发展、加快数字产业化和产业数字化的"一融两化"工作格局形成。

在规范治理、风险可控、安全保障等基础上，围绕推动平台经济规范健康持续发展，各级各类政府部门采取了多项治理措施且初见成效，互联网服务业在垄断、不正当竞争等方面的状况大有改观，最近举行的中央政治局会议强调："推动平台经济规范健康持续发展，完成平台经济专项整改，对平台经济实施常态化监管，集中推出一批'绿灯'投资案例"。这表明为资本设置好"红绿灯"的工作进入了新的实质性阶段，平台经济的健康可持续发展获得科学指引。互联网服

务业在稳经济、促就业、保增长方面的作用，以及与实体经济融合、高质量发展方面的战略价值得到肯定。

中国工程院院士、中国互联网协会咨询委员会主任邬贺铨认为：互联网仍然是数字经济的主导力量之一，在经历监管以后，希望互联网行业发展更规范有序。从算力、通讯等角度来看，互联网的梅德卡夫定律和吉尔德定律依然显著，网络的价值与之所连接的用户数的平方成正比，用户越多网络价值越大的规律依然继续，未来25年主干网的带宽每6个月增长1倍，数字经济的边际成本保持显著下降，数字经济的高创新性、长渗透性、广覆盖性等由此成为可能。中国拥有最广大的市场，我国数字经济的发展能够以全世界最低的成本获得最好的回报，可以说，互联网会继续是中国数字经济的主导力量之一。

国务院参事室特约研究员、著名经济学家陈全生提出，要充分利用大数据优势发展数字产业集群。建立和发展数字产业集群的最佳途径就是让一批现有的互联网公司充分利用大数据的优势，利用算力、算法转型升级，成为挖掘数字"钻石矿"的"掘进机"，成为挺进"数字蓝海"的"巡洋舰"，成为数字经济中的市场经营主体。

互联网服务业，尤其是具备技术创新实力、平台基础设施、应用服务提供能力的主力企业，必将从战略母产业的角度发挥日益重要的服务者作用，甚至在构建者、赋能者角度，也将起到历史性的科技创新担当作用。比如腾讯在人工智能、数实融合、科技投资、助推共同富裕等方面的努力，阿里在芯片、云计算等算力基础设施的拓新，百度在人工智能、自动驾驶、智能交通、量子计算等领域的深耕，正在让外部看到其在战略母产业中不可忽视的角色、作用和价值。

术业专攻，各有所长，立体发展，相得益彰，互联网服务业与电信通信、计算机硬件软件服务业等协同发展，共同满足国民经济数字化高质量发展之所需。如同清华大学社会科学学院院长彭凯平所言：当前数字化基础设施的快速发展，带动科技应用百花齐放，数字产业蓬勃发展，解决方案层出不穷，行业发展备受关注，创新技术与创新企业异彩纷呈，展现了数字创新无穷的魅力。目前，中国是全球最为活跃和最具潜力的数字经济与社会文化体之一，正在加速建设网络强国、数字中国。加快数字技术在社会各个领域的良性发展与切实应用，需要各行各业共同努力。

创新扩散：多样化多层次的产业集群是战略母产业发挥实效的关键

在战略母产业立论、摸清基石产业与基石企业现状的基础上，我们还需要明晰基石创新，也就是要使新 IT 产业面向两个循环，未来要着力进行基础创新，着力为各行各业的关键领域融智赋能，以及为数智经济的发展提供所需的数智基础设施。我们将其绘制为一幅"战略母产业：智慧科技创新扩散图景"。

"战略母产业：智慧科技创新扩散图景"中主要包括行业赋能 / 数智化转型、个人赋能 / 新智能设备、人工智能基础设施、云 / 数据基础设施、物联网基础设施、智慧交通基础设施、智能制造、下一代数智网络、高性能计算、半导体先进制程 / 工艺设备、工业设计 / 仿真 / 尖端制造装备等。通过该创新扩散图景，我们可以看到，长期基石企

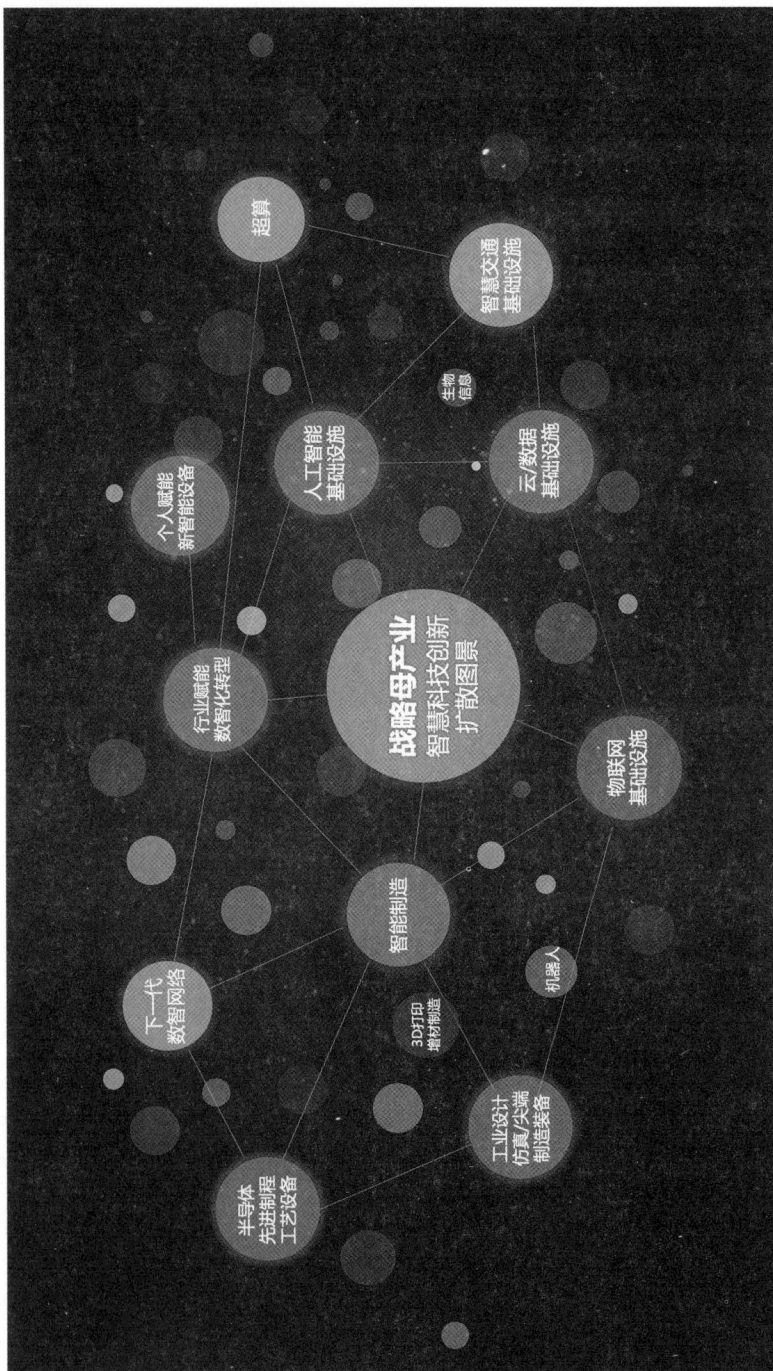

业、种子基石企业、基石潜力企业，在新的创新周期以及相应的创新扩散周期到来之际，都在充分发力，TCL 在 2022 年投资 10 亿元用于新的制造业务，联想过去 3 年研发投入分别为 102.03 亿元、115.17 亿元以及 120.38 亿元，预计未来 3 年的研发投入还会翻番。

在这样一幅图景里，创新与创新扩散同等重要。把新 IT 产业企业调动起来，和把 1 亿多市场经营主体"武装"起来同样重要。在帮助千百万企业、商户、行业、机构融智赋能方面，数十万家新 IT 产业企业同等重要，长期基石企业、种子基石企业、基石潜力企业也同样重要，长期基石企业中的每一家企业都很重要，在不同层面发挥不同的作用。

经过改革开放四十多年的发展，中国已形成初具规模和体系的科技产业，拥有各具特色的企业梯队。我们要珍惜这样一个基础，在资本、政策、市场、舆论等多个维度给予这个战略性的基石产业更多支持、鼓励和包容，创造一个生态，而不是只走一条路、只过一座桥，只有这样，这个关键领域才可能从无到有、从大到强，才能相辅相成、良性循环。在新一轮科技革命和产业变革加速演进以及复杂严峻的形势下，才可能以新 IT 赋能各行各业，才可能"产业升级、经济升维"，才可能实现面向数智经济的意义重大而深远的历史性转变，才可能适应打造未来竞争新优势、构建未来发展新格局的迫切需要。

在多层次的产业生态体系、多样化的企业成长路径、多点位的创新扩散图景、多维度的数智经济基础设施中，不同角色各有各的任务、各有各的使命。仅就长期基石企业而言，华为将会是一个努力重新被定义的企业，联想将会是一个重新被理解的企业，腾讯、阿里巴巴、百度将会是重新找到自己位置的企业，海尔将会是在合适的时候进行生态整合、重新聚力的企业，TCL 将会是一家重拾底层驱动的企业……

战略母产业的战略时刻：中国重置经济发展底座

以《"十四五"数字经济发展规划》颁布实施和国家领导人高度重视与战略宣示为标志，2022 年开始中国经济迎来最大转机——重置经济底座。不知不觉间，全球最大的超级经济体之一从底层重置发展逻辑，数字经济正式成为这个国家最重要的发展战略并且开始全面强力实施，作为战略母产业的新 IT 成为经济底座，这将是对产业、经济与社会进程影响最为深远的历史性的生态行动，三个要点一个转变，皆因经济底座重置而未来可期。其中，发展逻辑底层重置的三个要点是：

第一，产业转型升级，将经济导向高质量发展；

第二，生态文明，绿色低碳，务求可持续发展；

第三，追求社会平衡与公义，以共同富裕为导向的共同发展。

一个转变是：从更切实的层面看，这个经济体正在从整体上重塑其涵盖 1.4 亿市场经营主体、14 亿消费者的产业市场、经济体系，以及内循环为主的双循环，与此同时实现战略安全。客观而言，这是人类文明、中国经济社会发展进程当中，一场前所未有、任务艰巨、宏大而又入微的历史性转变。且经济体转变、社会探索实践，两重意义都有。

而重置底层发展逻辑的三个要点，这场历史性的转变得以实现的关键，是一项历经持续探索、发展实践、决然调整而来的重大战略国策。未来几乎所有重大方面，都在根本上要么由其驱动，要么与之有关。这就是 2021 年底颁布实施，2022 年迎来实质性新开局的数字经济发展战略。

战略母产业渐次清晰，数字经济由此有了驱动、抓手、支撑、落地

中国有了第一个国家级的数字经济发展规划；深层的实质是，这是从底层重置发展逻辑的核心与关键，中国经济迎来新底座。因为数字经济，中国经济不仅将会开启新的篇章，更将会是另外一个引擎与发展的故事。二十四个字概括数字经济之于三个要点和一场转变，数字经济战略再定位、发展大提速的实质：逻辑有了驱动，发展有了抓手，转变有了支撑，决策由此落地。

数字经济的不同部分、局部发展，此前并非没有过。从信息化、网络化进阶到智能化，仅高速发展历程就已经有三十多年。但是此数字经济非彼数字经济，此战略非彼战略，此认知非彼认知，此行动非彼行动。

迎来新开局的战略母产业及数字经济，在中国将是这 36 个字的实质概括："企业之根、产业之本、经济之基；社会之福，安全之依，发展之能；创新之擎，变革之机，强国之道"。数字经济之于这个超级经济体乃至这个国家，就是到了这样的高度、广度、深度和颗粒度，机理、机制与机遇三位一体。借用一句话，不要低估中国的力度

和决心，再追加一句："第一性"原理之下，不要低估数字科技、数字产业、数字经济对中国经济的赋能、驱动、发展、转变作用。

中国经济迎来最大转机，数字经济驱动中国重置发展底层逻辑，这是新的历史的开始。20多年前开始研究数字经济的时候，我们只是意识到了数字经济是改变和影响未来的第四种力量，并没有想到22年后，会成为全球主要国家的重要战略，更没有想到中国会以远超其他国家的认知和力度来发展数字经济，更没有想到中国会主动以数字经济重置底层发展逻辑，以此实现以三个要点为指向的一场历史性的转变。看过相关原文会知道，百年之大变局之下，经济发展的底层逻辑与数字经济，乃是众望所归、国运所系。

发展战略母产业以及数字经济新战略有效实施的 6 个关键

发展战略母产业以及数字经济新战略有效实施的 6 个关键在于：

第一，必须以长期主义解决诸多关键技术问题，也就是培养一批数字科技构建者，并且认识到产业协同、供应链采购、市场需求对于技术孵化、科技产业化的关键作用；

第二，必须有一批为实体经济助力的数字科技赋能者，实体经济范围广、场景多、任务重，这方面既要解决颗粒度比较大的行业数字化问题，又要解决颗粒度比较小且个性化程度比较高的亿万企业的业务和专业问题，必须秉承专业主义，充分支持鼓励；

第三，必须及时建设一批不同方面的新一代基础设施，这方面高度的开放性、公共性不可或缺；

第四，在处理好发展和规范、经济与安全、低碳与能效问题的基础上，最大程度降低各行各业的发展阻力、创新成本，使得亿万市场经营主体尤其是中小微企业放心大胆也成为数字科技服务者，提升竞争力，让高质量发展必然而然；

第五，为创新科技、新业态的涌现提供沃土，形成创新生态，洞悉并尊重创新扩散机理，让创新成为自然而然，使创新成为产业科技集群；

第六，对第一、第二、第三、第四产业之间的关系有深度认知，深入进行数字经济发展的理论研究，做好数字经济发展顶层设计和体制机制建设。

如果说党的十八大以来是战略提出、框架形成、分门别类的行动，《"十四五"数字经济发展规划》则是国家战略的正式形成、系统启动并且开始全面落实。"十四五"规划是中国第一个强力发展数字经济的国家规划，首部国家级发展规划。有前瞻认知、有战略预判，也解决了框架、系统、落点等执行层面的战术问题。

战略母产业、数字经济背后的 6 点新发展观

新 IT 和数字经济的下一个 5 年、下一个 20 年，不会重复昔日的发展思维。透过纷繁表象，战略母产业、数字经济的 6 点新发展观已经清晰彰显：

第一，发展的同时也要规范，两手抓，不再发展在前规范在后，尤其是涉及到不正当竞争、垄断、平台、数据、隐私、用户权益保护

等领域的问题；

第二，重视数字安全，且与交叉领域、整体安全综合考量，以大安全观统筹产业经济；

第三，不仅要做大，更要做强做优；

第四，要生态、森林，共同发展，不要头部硕大长尾凋零，要发展过程中的社会参与、普惠人人，不要差距过于悬殊的基尼系数和数字鸿沟；

第五，要各行各业转型升级、高质量发展，要百业兴旺的数字化实体经济，要重构数字产业和各行各业实体经济之间的关系，数字产业为实体经济助力赋能；

第六，一方面形成对数字经济的系统治理和协同监管体系，另一方面以数字技术助力国家实现治理能力现代化。

其中第五点尤为重要，因为是最实质、与经济发展关系最为紧密且广泛深入的部分。IT、通信、互联网等领域企业，作为一个整体，先后有多种不同内涵外延的行业称谓：信息产业、IT 产业、ICT、TMT、互联网、智能科技等……如今获得了一个共同的称谓——战略母产业，其囊括了数字经济里的数字产业化和产业数字化里的一部分。

看清中国经济底座、数字经济生态、战略母产业与第一、第二、第三产业关系

"中国经济底座、数字经济与战略母产业：第一、第二、第三与第四产业生态图谱"是我们原创的数字生态观察图谱。在此图当中可

清晰看到，经济底座实质上包括三层，最底层是新 IT 产业底座，也就是"构建者"重点在做的事，中间层是基础设施底座，最贴近各行各业数字化转型个性需求的是最上面的场景应用底座。

新 IT 产业底座，包括 MEMS、芯片、显示和其他 IC 产业技术子模块，包括移动通信（5G/RAN/6G 等）、无线通信（WiFi/Ka-Ku-Q-V 等波段卫星通信等）、固网通信（光通信 / 软交换等）、物联网（Bluetooth/Zigbee/Z-Wave/Cellular 等）、车联网等通讯技术子模块，包括云计算雾计算 / 边缘计算 / 深度学习 – 机器学习 / 算法引擎 / 图形引擎及其他计算技术等模块，包括操作系统 / 数据库 – 数据技术 / 基础软件 / 其他软件服务等软件模块。

在新 IT 产业底座之上，是新 IT 产业前台同时也是广义的数字化中台。之所以是中台，在于赋能者将构建者提供的技术产品子模块在深度融合的基础上形成更具可用性的产品服务中台，"端 – 边 – 云 – 网 – 数 – 智"是对广义的数字化中台形态的基本概括。

在数字化中台之上，是基础设施底座，包括智能交通基础设施、智能能源基础实施、智能通讯基础设施、智能金融基础设施、智能生物基础设施等基础设施。这五个主要方面代表了我们对未来基础设施形态与体系结构的理解，其实各种下一代基础设施还有很多，但这里只呈现最关键的五类基础设施，并相对有所区分。区块链未来几乎与所有关键基础设施紧密相关，但区块链只是隐含其中的底层逻辑之一，所以没有单独列出来。智能生物基础设施是我们的一个新提法，在此不赘述，以后有机会再展开。

中国经济底座、数字经济与战略母产业：第一、第二、第三与第四产业生态图谱 *

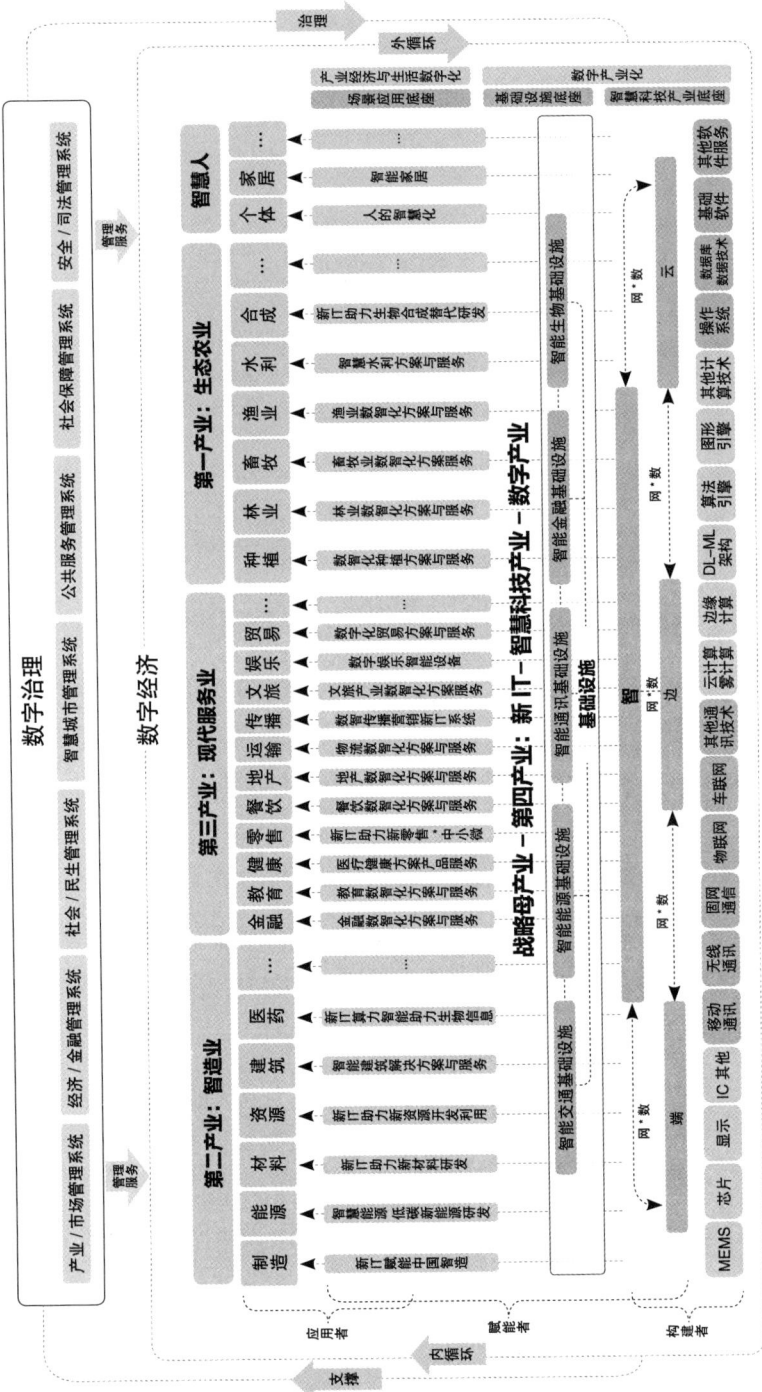

*DCCI未来智库

数字治理

产业 / 市场管理系统　经济 / 金融管理系统　社会 / 民生管理系统　智慧城市管理系统　公共服务管理系统　社会保障管理系统　安全 / 司法管理系统

数字经济

第二产业：智造业

制造 — 新IT赋能中国智造
能源 — 智慧能源低碳新能源研发
材料 — 新IT助力新材料研发
资源 — 新IT助力新资源开发利用
建筑 — 智能建筑解决方案与服务
医药 — 新IT算力智能助力生物信息
…

第三产业：现代服务业

金融 — 金融数智化方案与服务
教育 — 教育数智化方案与服务
健康 — 医疗健康方案与产品与服务
零售 — 新IT助力新零售 * 中小微
餐饮 — 餐饮数智化方案与服务
地产 — 地产数智化方案与服务
运输 — 物流数智化方案与服务
传播 — 数智传播营销新IT系统
文旅 — 文旅产业数智化方案与服务
娱乐 — 数字娱乐智能设备
贸易 — 数字贸易方案与服务

第一产业：生态农业

种植 — 种植数智化方案与服务
林业 — 林业数智化方案与服务
畜牧 — 畜牧业数智化方案与服务
渔业 — 渔业数智化方案与服务
水利 — 智慧水利方案与服务
合成 — 新IT助力生物合成替代研发
…

智慧人

个体 — 人的智慧化
家居 — 智能家居
…

产业经济与生活数字化：场景应用底座
数字产业化：基础设施底座、智慧科技产业底座

战略母产业 — 第四产业 — 智慧科技产业 — 数字产业

基础设施

智能交通基础设施　智能能源基础设施　智能通讯基础设施　智能金融基础设施　智能生物基础设施

端　网·数　边　网·数　智　网·数　云

MEMS　芯片　显示　IC其他　移动通讯　无线通讯　固网通信　物联网　车联网　其他通讯技术　DL-ML架构　边缘计算　云计算雾计算　其他计算技术　算法引擎　图形引擎　其他设计计算技术　数据库数据技术　操作系统　基础软件　其他软件件服务

治理　外循环　管理服务

应用者　内循环　赋能者　构建者　支撑

基础设施底座之上，是数字化最实质的交付、呈现、融合部分，也就是场景应用底座（为行业/企业/个人/家庭提供智能化场景化垂直方案与产品服务）。场景应用底座是赋能者帮助实体经济、传统经济的亿万市场经营主体进行数字化转型的关键。场景应用底座当中包含了新IT产业的赋能者为第一、第二、第三产业诸多垂直领域提供的所有技术产品、解决方案和服务，尤其是为不同企业、组织和个人提供个性化数字化产品服务。由于主体数以亿计，需求繁多，场景复杂多样，个性化专门化程度要求比较高，颗粒度又时常比较小，场景应用底座里的解决方案通常难以广泛复制，云化、SaaS、云网融合算网融合难以解决所有问题，时常需要大量一对一的贴身的专门化服务。赋能者必须是一众规模庞大的有生力量，尤其是具有数字化中台能力的赋能者。因为数字化中台既是基础设施底座的有效支撑，也是场景应用底座的关键支撑。具有数字化中台能力、具有为行业企业复杂场景提供海量应用解决方案能力的赋能者，才能够担当这个时代托付的重任。在场景应用底座这个层面，我们也提出了"智慧人"这个新概念，以后再具体展开分析。

我们所提出的战略母产业作为"经济底座"的概念，从三层结构、三种力量、四个产业、彼此关系来看的话会比较系统和清晰。业界比较看好组件化、模块化封装，为企业业务创新提供高效、低成本的一体化服务支撑，满足海量多样化客户群体的个性化需求。这一点我们也赞同，组件化、模块化、一站式是基础，未来一切皆服务是形态，只是在此基础上大量个性化需求以及数字化的复杂场景还是要求赋能者对服务者进行大量一对一的解决方案实施工作，这是数字化发展过程中最苦最累的活儿，避免不了也绕不过去，更无法省略，这活儿还是得有一批赋能者集合产业内外力量，以长期主义的状态持续作战。

对提升战略母产业、数字经济战略新开局和经济转机的 9 点预期

在以上分析基础上，我们对中国迎来战略性新开局的数字经济，以及由此将会给中国经济带来的转机有这 9 点具体预期，仅供参考，一起见证：

（1）宏观经济从下行通道改出的关键之一在于各行各业全面加速数字化；

（2）对中国经济最有力的持续赋能也将来自于全面数字化，关键增长／增量将来自数字产业及相关领域；

（3）亿万市场经营主体／企业／产业的成本效率、发展活力、创新成长和海内外市场竞争力，主要来自于技术驱动尤其是数字技术的广泛应用；

（4）经过下一个 5 年、下一个 20 年，以新 IT 产业为基础的战略母产业将成为助力高质量发展的经济底座；

（5）实体经济转型升级、双碳战略、生态文明等几乎所有重大目标的如期实现都与数字产业／数字化紧密关联；

（6）作为支撑数字中国由大到强创新发展的助推引擎，数字产业、数字基础设施、数字化基础设施也将在发展中被创新演化重新定义；

（7）战略母产业的产业门类趋于齐全，内外两个循环能力，产业内上中下游之间的产业链循环也日趋成型，大企业的供应链采购、市场导入、全球辐射、产业基石作用对于产业链循环、带动产业中下游发展至为关键；

（8）数字生态剧烈变迁，数字产业和实体经济之间的关系持续重构，从矛盾冲突的阵痛期走向深度融合期；

（9）数智化是数字化的下一步，数智经济是数字经济的下一步，但"智"并非只是人工智能之"智"。

20年前在举办国内首个数字经济主题会议之际曾经如此分析：围绕以信息化、网络化为表征的数字化浪潮，中国国内新旧产业之间的摩擦愈演愈烈，新旧经济运行机制之间的冲突越来越多，体制内与体制外利益主体之间关系的紧张程度也日益加大。地区之间、产业之间、企业之间、个人之间因为对新技术占有程度不同以及信息化、网络化程度不同而出现的发展的"信息差距""数字鸿沟"也越来越大。中国数字经济发展前沿的数字生态环境并不乐观。20年时间过去，我们已经成为网络IT、数字经济大国，但是新老问题局部交织，内外生态相互牵动，形势不等人。在把握新一轮科技革命机遇、实体经济转型升级、高质量发展、双循环新发展格局等命题之下，数字经济需要战略再定位，新IT产业需要战略新布局，相关企业也正在调整各自生态方位。

而实际上《"十四五"数字经济发展规划》做的就是这样一件事情，战略再定位、产业再清晰、发展大提速、治理与发展并重。战略母产业、数字经济的战略价值与生态定位已经相当清晰，发展数字经济意义重大，是把握新一轮科技革命和产业变革新机遇的战略选择，将会"三个有利于"：

一是有利于构建新发展格局。可通过持续增强经济发展动能，助力畅通国内外经济循环；

二是有利于推动建设现代化经济体系。数字产业与数字经济不仅是新的经济增长点，而且是改造提升传统产业的支点，可以成为构建现代化经济体系的重要引擎；

三是有利于推动构筑国家竞争新优势。数字技术、数字经济是世界科技革命和产业变革的先机，是新一轮国际竞争重点领域，中国要抓住先机、抢占未来发展制高点。

对于下一个 5 年、下一个 20 年，应当满怀期待。相比于悲观视角，我们更倾向于乐观视角。数字经济战略再定位、发展大提速，是中国经济的重大利好。重置经济底座，将让这个庞大而又充满弹性和韧性的经济体，逐步从过去的发展问题和发展轨道中"改出"，出现新的转机甚至历史性的提升和转变。不夸张地说，以提升战略母产业为抓手，数字经济将重新定义这个国家几乎所有的产业经济形态样貌和内涵，重新定义这个经济体的增长力、创新力、竞争力，助力共同发展、数字普惠新生态的培育和实现。

作为产业构建者、经济赋能者和行业服务者，"战略母产业"正在成为中国经济走向数字经济新时代不可或缺的脊梁。

（胡延平　朱克力）

延伸阅读：智库研讨实录

2022 年 9 月 21 日，"新型数字经济治理与高质量发展研究"课题组在京召开以"提升战略母产业　培育竞争新优势"为主题的政策学术研讨会。围绕本书作者朱克力博士首创、IT 产业专家胡延平协同起草的《战略母产业论纲（讨论稿）》，来自国家高端智库、产业主管部门、在京高校院所等十余位知名专家学者深入交流，就"战略母产业"提法及其理论框架形成了广泛共识。

以下是专题研讨现场实录（后附相关报道）：

【研讨主题】

提升战略母产业　培育竞争新优势

【专家学者】

陈全生　著名经济学家，国务院参事室特约研究员

张文魁　国务院发展研究中心企业研究所副所长、研究员

杜　创　中国社科院经济研究所微观经济学研究室主任、研究员

戎　珂　清华大学社科学院经济学研究所副所长、清华大学全球
　　　　产业研究院副院长

付保宗　国家发改委宏观经济研究院产业所主任、研究员

龙海波　国务院发展研究中心研究员、中国国际发展知识中心研
　　　　究组织处处长

朱克力　工信部智库专家，中国信息协会常务理事、国研新经济
　　　　研究院创始院长

胡延平　资深 IT 产业专家，DCCI 与未来实验室首席专家

丁继华　世界银行中国合规项目资深专家，中国贸促会全国企业
　　　　合规委专家

【研讨背景】

当前数字经济发展速度之快、辐射范围之广、影响程度之深前所未有，正在推动生产方式、生活方式和治理方式的全方位深刻变革，成为重组全球要素资源、重塑全球经济结构、改变世界经济竞争格局的关键变量。我国领导人多次指出，发展数字经济的意义非常重大，是把握新一轮科技革命和产业变革新机遇的战略选择，特别阐释了发展数字经济的三个有利于：数字经济健康发展有利于推动构建新发展格局、有利于推动建设现代化经济体系、有利于推动构筑国家竞争新优势。最近十年来，我国科学部署数字经济发展，包括互联网、大数据、人工智能各个方面的技术加速创新，数字产业化和产业数字化双轮驱动，数字经济和实体经济深度融合，中国数字经济正在从消费互联网向产业互联网演进，为中国经济插上新的翅膀、增添新的引擎。近年来，数字经济在应对疫情、助力产业复苏、保障民生等各个方面发挥着非常显著而特殊的作用，成为推动经济发展的新动力。

随着数字经济的快速发展，一些成长中的新情况、新问题也随之涌现。如何准确理解数字经济以及产业相关发展规律，构建新型数字经济治理体系，是摆在我们面前的一个重要课题。在此过程中，需要

更大程度地发挥数字科技力量的积极作用，促进制度和技术的有效协同。正是基于这样的背景和考虑，有必要围绕"新型数字经济治理和高质量发展"这样一个大的主题开展课题研究。这次研讨会，就是针对这项课题的阶段性进展召开的专题讨论会。

2022年初，国务院出台"十四五"数字经济发展规划，提出打造数字经济新优势。在国家已经明确数字经济发展战略的前提下，坚持问题导向，主要思考的着力点包括以下几个方面：一是如何理解数字经济形态、实质和发展规律，理解数字产业化和产业数字化的关系，理解和充分发挥好数字技术的引擎作用；二是如何促进数字经济和传统经济融合发展，打造数字经济源科技的创新抓手，实现根驱动对数字产业化、数字经济社会发展的第一驱动；三是厘清战略母产业和一二三产业的关系，明晰科技产业的基石对企业意味着什么，以及如何运用科技未来促进产业经济升级。

基于上述问题和需求，在过往研究基础上，进一步提出"战略母产业"的概念和立论，结合产业经济的实践，形成相对比较系统的研究体系和理论框架，推动相关问题的探索和解决，也提出一些基本的政策建议。希望为新IT数字科技力量明确基础定位、强化产业功能、赋予战略使命，使之提升为数字时代的战略母产业，成为经济增长新动能和国家发展新支撑。

【部分实录】

主持人：这次研讨的主题是"提升战略母产业 培育竞争新优势"，将围绕初步研究成果《战略母产业论纲（讨论稿）》展开研讨交流。下面就先请朱克力院长介绍他提出"战略母产业"这个创新命题的一些基本考虑。

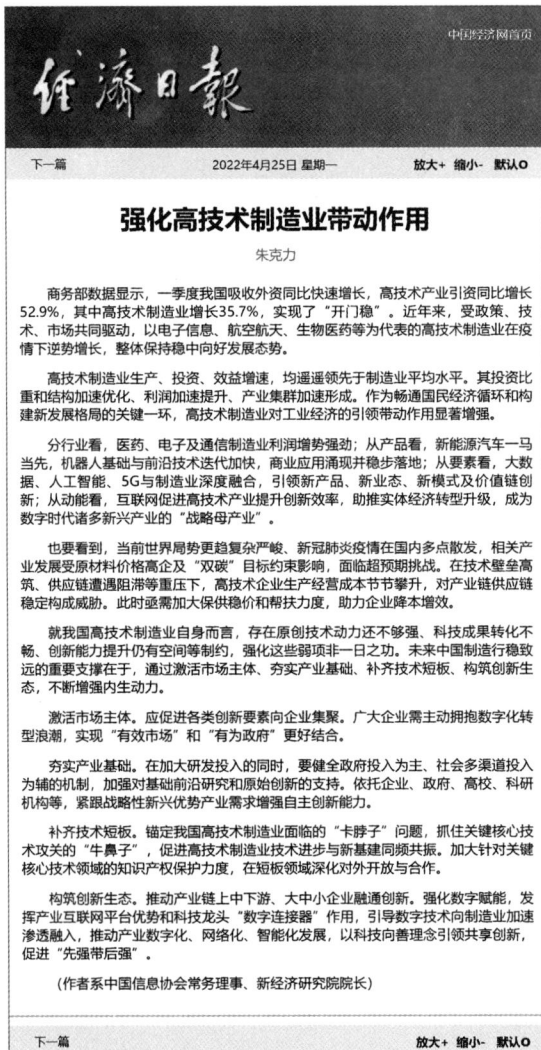

中国经济网首页

下一篇　　　　　2022年4月25日 星期一　　　　　放大+ 缩小- 默认O

强化高技术制造业带动作用

朱克力

商务部数据显示，一季度我国吸收外资同比快速增长，高技术产业引资同比增长52.9%，其中高技术制造业增长35.7%，实现了"开门稳"。近年来，受政策、技术、市场共同驱动，以电子信息、航空航天、生物医药等为代表的高技术制造业在疫情下逆势增长，整体保持稳中向好发展态势。

高技术制造业生产、投资、效益增速，均遥遥领先于制造业平均水平。其投资比重和结构加速优化、利润加速提升、产业集群加速形成。作为畅通国民经济循环和构建新发展格局的关键一环，高技术制造业对工业经济的引领带动作用显著增强。

分行业看，医药、电子及通信制造业利润增势强劲；从产品看，新能源汽车一马当先，机器人基础与前沿技术迭代加快，商业应用渐现并稳步落地；从要素看，大数据、人工智能、5G与制造业深度融合，引领新产品、新业态、新模式及价值链创新；从动能看，互联网促进高技术产业提升创新效率，助推实体经济转型升级，成为数字时代诸多新兴产业的"战略母产业"。

也要看到，当前世界局势更趋复杂严峻、新冠肺炎疫情在国内多点散发，相关产业发展受原材料价格高企及"双碳"目标约束影响，面临超预期挑战。在技术壁垒高筑、供应链遭遇阻滞等重压下，高技术企业生产经营成本节节攀升，对产业链供应链稳定构成威胁。此时亟需加大保供稳价和帮扶力度，助力企业降本增效。

就我国高技术制造业自身而言，存在原创技术动力还不够强、科技成果转化不畅、创新能力提升仍有空间等制约，强化这些弱项非一日之功。未来中国制造行稳致远的重要支撑在于，通过激活市场主体、夯实产业基础、补齐技术短板、构筑创新生态，不断增强内生动力。

激活市场主体。应促进各类创新要素向企业集聚。广大企业需主动拥抱数字化转型浪潮，实现"有效市场"和"有为政府"更好结合。

夯实产业基础。在加大研发投入的同时，要健全政府投入为主、社会多渠道投入为辅的机制，加强对基础前沿研究和原始创新的支持。依托企业、政府、高校、科研机构等，紧跟战略性新兴优势产业需求增强自主创新能力。

补齐技术短板。锚定我国高技术制造业面临的"卡脖子"问题，抓住关键核心技术攻关的"牛鼻子"，促进高技术制造业技术进步与新基建同频共振。加大针对关键核心技术领域的知识产权保护力度，在短板领域深化对外开放与合作。

构筑创新生态。推动产业链上中下游、大中小企业融通创新。强化数字赋能，发挥产业互联网平台优势和科技龙头"数字连接器"作用，引导数字技术向制造业加速渗透融入，推动产业数字化、网络化、智能化发展，以科技向善理念引领共享创新，促进"先强带后强"。

（作者系中国信息协会常务理事、新经济研究院院长）

下一篇　　　　　　　　　　　　　放大+ 缩小- 默认O

朱克力：在座的各位都是我的老师，请大家来之前就对"战略母产业"的命题有过很多交流。大家也给了很多意见、建议和鼓励，基本上认同这样的提法和框架。当然，我提出这个概念的背景，首先是本着问题导向，包括当前对于数字经济内部的细分产业还是有认识上的不足。现在数字经济发展已成为大家喜闻乐见的国家战略，但对于发挥数字科技作用的平台经济等新业态的态度，中间还是有些割裂感的。数字经济的内部划分比较笼统，颗粒度还不够细。目前通行的分法，把数字经济主要划分为数字产业化和产业数字化。其中数字产业化提的相对比较少，相比之下，产业数字化则是政策热门。这点看似比较好理解，毕竟现实中就是要推动千行百业向数字化转型升级，于是后者被视为数字经济的主战场。但是这个过程当中，究竟由谁提供精锐武器，谁赋能、谁制胜？换言之，在数字时代的产业经济中，究竟谁是源科技、根驱动、母产业？这个问题总归还是不容回避、无法含糊过去的。如果不回答这个问题，非但不利于数字科技和数字产业本身的发展，也会影响到产业数字化转型和经济高质量发展的进程，影响到双循环新发展格局和国际竞争新优势的构建。

经过研究，我们初步把以数字技术驱动的新 IT 产业为基础，针对一二三产业和经济发展各领域具有科技赋能、产业基石的重要驱动作用，从创新与效率发展变革的角度持续催化新科技、孕育新业态、缔造新格局的母科技产业集群，称之为"战略母产业"。

2022 年 4 月，从《经济日报》到国家发改委的"两报一刊"（《中国经济导报》《中国改革报》和《中国战略新兴产业》杂志）再到国

中华人民共和国国家发展和改革委员会
National Development and Reform Commission

　⌂ 首页　　🏛 机构设置　　🖹 新闻动态　　🏛 政务公开　　🏛 政务服务

🏠 首页 > 委属单位话发改

高技术产业延续增长势头主要指标亮眼

发布时间：2022/05/06　　来源：中国发展改革报社　　🖶 [打印]　　　　　　🔵 微博　　🔵 微信

　　4月18日，2022年一季度中国经济数据公布，代表科技创新的高技术产业增长较为突出，并成为疫情暴发以来经济发展持续性的亮点所在。国家统计局数据显示，一季度，高技术制造业、装备制造业增加值分别增长14.2%、8.1%，增速分别比规模以上工业快7.7和1.6个百分点。同时，高技术产业投资较快增长，一季度高技术产业投资增长27.0%，其中高技术制造业和高技术服务业投资分别增长32.7%、14.5%。

　　国家发展改革委价格成本调查中心主任黄汉权接受记者采访时表示："一季度，面对国际环境更趋复杂严峻和国内疫情频发带来的多重考验，我国高技术产业延续近年来的良好发展势头，主要经济指标表现亮眼。"

高技术制造业投资一马当先

　　一季度，新兴产业不断成长，新模式新业态持续壮大。国家统计局数据显示，一季度，新能源汽车、太阳能电池、工业机器人产量分别增长140.8%、24.3%、10.2%，智能消费设备制造业同比增长超过10%。5G网络、信息技术、人工智能技术快速发展，催生新的产业增长点。

　　"一季度的数据对于全年经济增长和促发展而言，奠定了良好的开局基础、积累了较强的阶段性势能。"国研新经济研究院创始院长、新经济智库首席研究员朱克力对记者表示，从一季度数据中窥豹，高技术产业快速增长是近年来重视实体经济发展的必然结果，呈现新增长点涌现、创新能级跃升、重点领域发展壮大、竞争实力增强等诸多特点，表明我国经济结构及产业格局在进一步优化和重构。从整体上看，当前产业结构日益呈现良好态势，尤其是一些"卡脖子"的高技术产业保持较高增长，正在不断补齐短板强化弱项。

　　"我国创新驱动战略成效显著，产业向中高端步步加快，对一季度经济平稳开局作出了积极贡献。"黄汉权对记者表示。

　　值得注意的是，在国家统计局发布的一季度数据中，高技术产业投资引领作用日趋明显。一季度，在高技术制造业中，电子及通信设备制造业、医疗仪器设备及仪器仪表制造业投资分别增长37.5%、35.4%；在高技术服务业中，信息服务业、科技成果转化服务业投资分别增长21.3%、19%。

　　在稳增长的政策中，投资是最重要的措施之一，尤其是基建投资。在业界看来，今年仍需基建发力。据统计，目前多地发布的2022年重大项目投资清单，总投资额合计超过25万亿元。在开工的重大项目目中，新基建项目成为重点。

　　近日在国家发展改革委举行的专题新闻发布会上，国家发展改革委高技术司副司长、一级巡视员孙伟表示，新型基础设施包括信息基础设施、融合基础设施、创新基础设施三个方面。谈到备受各界关注的"东数西算"工程时，孙伟表示，今年以来，全国10个国家数据中心集群中，新开工项目25个，投资规模达54万标准机架，算力项目超过1350亿次浮点运算，约为2700万台个人计算机的算力，带动各方面投资超过1900亿元。预计"十四五"期间，大数据中心投资还将以每年超过20%的速度增长，累计带动各方面投资超过3万亿元。

　　"从投资来看，高技术制造业和高技术服务业投资增长迅猛，其中高技术制造业更是一马当先。"朱克力告诉记者，伴随产业转型正经历高端化、数字化、绿色化的新跃迁，各地持续加大投资促进力度，不断提升投资质量与水平。通过进一步落实高新技术企业政策，引导市场在推动产业转型与消费升级等相关高新技术领域加大布局，更好地为促进产业与消费双升级、畅通经济大循环激发更大势能。

科创引领、数智赋能成为抓手

　　今年以来，受多重因素叠加影响，各地新兴产业布局和发展面临诸多不确定性，外部风险日益复杂。在此背景下，大量企业已将数字化转型视为重塑竞争力的抓手。以伊利的"数字牛奶"为例，一头生活在智慧牧场的奶牛，自出生起就戴上"电子耳标"，包括呼吸频率在内的所有指标都被实时记录；奶牛养殖的原奶运到智能工厂，在自动化生产线上，由智能化装箱机器人、码垛机器人、缠绕机器人无缝配合，完成生产、抽检、灌装、装箱、码垛，将牛奶运输到消费者手中。此外，大数据智能洞察平台还会将消费者的需求反馈给研发端……串起这条牛奶产业链就是一个信息化数据。

　　"一杯数字牛奶的故事还将有更多的可能。"伊利集团副总裁赵昕告诉记者，如今乳业已经告别了销量带动企业规模增长的时代，产品多元化与个性化趋势明显。目前伊利正在有计划、有步骤地推进数实融合的能力建设，运用数字化手段来提升运营效率。

　　"新兴产业以其特有的韧性、抗挫能力及发展潜力，助推着经济稳增长。"朱克力告诉记者，在面临疫情等诸多不确定因素的当下，新兴产业应以科创引领、数智赋能为抓手，一方面，应稳住制造业大盘，以大数据、人工智能、区块链等新技术新业态赋能，协同推进集群化建设、平台化发展和数字化转型。在此过程中，互联网促进产业创新效率提升、助推实体经济转型升级，成为数字时代诸多新兴产业的战略母产业。

　　另一方面，朱克力认为，应推进产业补链强链，促进数字经济与绿色发展深度融合，积极培育绿色数字产业新生态，以改革和创新驱动产业链、供应链、价值链稳中求升。从而充分发挥新兴产业特有的韧性、抗挫能力及发展潜力，积极助推经济稳增长。

　　朱克力表示，高技术企业应培育打造主动拥抱数字化转型浪潮的"有效企业"，推动"有效市场"和"有为政府"更好结合，促进产业链上中下游、大中小企业融通创新。与此同时，应发挥产业互联网平台优势和科技龙头"数字连接器"作用，引导数字技术向制造业加速渗透融入，推动产业数字化、网络化、智能化发展，以科技向善理念引领共享创新，促进"先强带后强"。

家发改委官网，在其相继刊发和转发的相关文章或采访中，均涉及到了我提出的"战略母产业"。在我提出这一概念和基本理论后，我们做这个课题过程中，先后跟不少从事学术研究、政策研究的学者以及产业界的朋友探讨，也请到我们非常尊敬的一些老师，包括我国资深的IT产业专家胡延平先生，跟我一起起草这份"战略母产业论纲"。今天胡老师也来参加研讨会了，他对我国数字经济有着长期研究和观察，早在20多年前就组织过国内最早的数字经济和数字生态论坛，接下来，就有请他代表我们课题组，向各位老师汇报"战略母产业"可能涉及的若干问题和基本架构。

胡延平：朱院长已经把课题背景和必要性说得很清楚了，我就言简意赅，直接切入正题，就是对"战略母产业"的整个体系作个报告，提炼出来就是一个立论、两个看清、三大构成、四个益处、五个阶段、六个关键，以及我们接下来的九点预期。期待大家的批评指正。

一个立论，就是"战略母产业"。

两个看清，一是看清和把握经济发展的根驱动、核心引擎、第一生产力，二是看清科技与经济的根本走向、深层关系、范式转移。

三大构成，就是战略母产业的三层体系结构。

四个益处，从战略母产业认知产业形态，就让逻辑有了驱动、发展有了抓手、转变有了支撑、决策由此落地。

五个阶段，就是从产业科技革命的不同阶段理解战略母产业的作用。

六个关键，一会儿再说。

显而易见，对于数字经济、数字科技的认知，目前已经是高度重视、战略坚定、思路清晰，包括数字经济"十四五"规划已体现出足够的重视和清晰。就像后面相关论述提出的，我们还需要继续在理论层面进行探索和突破，为什么？因为很多事情可能在重视以后，抓手是怎样的、路径是在哪里、策略如何进行，这样一个庞大的经济和产业体系如何在治理基础上有所发展，能够在中观和微观层面做到清晰化。现在不同产业的关系怎么理顺，在庞大的科技产业体系中，哪些是根科技，哪些是源驱动？如何真正实现根科技对数字产业化、数字经济和社会发展的第一驱动？这些是我们需要重点探究的问题。

战略母产业着眼于四个层面：从科技层面来看，是创新的根科技；从产业层面来看，是产业的源驱动；从经济层面来看，是经济的新底座；从发展层面来看，是发展的新引擎。我们认为，战略母产业就是以新 IT 及相关产业为基础，对第一、第二、第三产业以及经济发展各个领域具有第一生产力意义，具有科技赋能、产业基石、经济底座、基础设施等意义上的创新驱动作用，能够从创新与效率、发展与变革角度，持续催化新科技、孕育新业态、缔造新格局的母科技产业集群。

为什么是从这四个层面进行？主要是三个认知：科技层面的认知、产业层面的认知、经济层面的认知。就像现在我们看到的 AI 对蛋白质结构的预测、基因科技的 Internet DNA，或者是基于超算和大算力的大模型，我们看到传感力、算力、智力和连接力正在成为科技创新本身非常重要的科技，就是"科技的科技"，这是母产业在科技层面的含义。

数字产业也好、数字科技也好、新IT也好、战略母产业也好，对我国下一个阶段无论是新IT产业本身，还是生物科技、能源产业或者其他战略性产业，都是具有这种高度的，不仅是效率意义，更加具有创新和科学探索的新的可能性。最近几年，诺贝尔奖的获奖者许许多多的获奖原因背后，不少都是在科学方法、工具、基础用途方面，让突破性的发现成为可能。下一阶段除了要看清科技和产业经济之间的关系，也要看清科技和科技之间的关系，看清母科技和战略科技之间的关系。

过去二十年代我们在讲IT信息科技，中间在讲ICT，包括互联网产业，现在又讲产业数字化、数字产业化。折中的提法也好，中性的概念也好，数字产业化和新IT、智慧科技可能是一回事，也是一个大的范畴，只是不同阶段，人工智能、大数据、云计算各有侧重，也有新的内涵，我们的认知是从信息经济往数字经济、智能经济、智慧经济来走。

中国过去短短三四十年的发展历程，我们经历了IT的几个阶段，也经历了经济发展形态的几个阶段，而从更长的历史周期来看，大家都有关于第三次产业革命、第四次技术革命的提法，我们的提法是第五次产业技术革命。不同阶段的战略母科技、战略母产业是不一样的。第一阶段侧重于热能与动能的相关科技，第二阶段侧重于电能作为通用能源，第三阶段侧重于规模化的工业制造和信息电子科技，第四阶段就是在七八十年代如火如荼的以计算机、软件、硬件、通讯为基础的产业科技革命，第五阶段则是新 IT、数字产业、数字科技。这个阶段的形态、范畴以及科技对科技、科技对产业、科技对经济的驱动和作用，客观上这样一个复杂的过程和机理表现出明显的不同。如果说过去的科技都是只作为工具和生产力，今天我们对科技的认知是要超越工具、超越生产力，或者是用第一生产力已经不足以提炼或者认知科技，尤其是母科技对我们各个领域的战略性科技创新的作用。

战略母产业的构成在我们看来有三个重要方面，有着不同的体系和方法，欧盟也好、美国也好，包括中国不同阶段的相关统计部门以及政府各部门，包括科技部、工信部、网信办等等，提法也不一样。过去我们是按计算机、硬件、软件和通信来区分，但现在从角色和功能出发，我们分为构建者、赋能者和服务者：构建者是指为整个数字产业、数字经济提供最重要、最基本的基础设施；赋能者是用数字科技赋能各行各业、千家万户，让软件、硬件、计算、数据、智能最终为大家所用，把这种能力给到每个企业、每个行业、每个人；服务者则是基于连接、基于数据，贴近于每个人、每个企业日常使用需求的场景，在零售、物流、制造提供数字化服务，可能是平台的角色，可能是垂直的服务，但本质上来讲都是数字基础设施的组成部分。

当然，我们也可以从严格意义上的产业结构、产业体系的角度把战略母产业指标化，形成内部结构。

战略母产业这个提法是朱克力院长 2022 年正式提出来的，但战略母产业领域的发展已经具有相当基础。我们从基本面看到构建者是华为、中兴、京东方、华星光电、联想超算等，包括咱们会议室所在的亦庄也是战略母产业构建的重要基地。赋能者包括浪潮、阿里、联想、百度、小米、用友等，其中运营商包括海尔、TCL等。服务者主要是互联网大企业和一部分软件企业，包括 ISV、MSI。三类有交叉、有重叠，但也各有侧重。我们看到华为是三层都有，侧重于第一层；联想重点在第二层；百度、阿里、腾讯这样的互联网企业现在也是三层都有。我们从战略母产业的基本面来看，现在数字产业已经有 20 多万亿行业收入规模，高新技术企业达 20 余万家，科技型中小企业逾 18 万家，其中规模以上企业 5 万多家；从产业体系完整度来看，仅次于美国，尤其从相关制造部门来讲，美国产品体系要更完整；需要补短板的地方也非常多，芯片系统、工业软件、高端制造等方面也正在进行转弯。

我们从战略母产业，再到数字经济或数智经济，现在已经是超过 39 万亿的规模，相关的服务商和服务网络都已经是以百万计，连接到 10 多亿的用户，其中有一定规模的个体工商户和市场经营主体达到 1.4 亿。我们的战略母产业从基本面来看是够全，规模够大，服务领域也够多，但现在显然处在一个从大到强的过程，其中也有很多需要解决的问题。可以看到，从半导体、元器件、芯片和智能设备、智能生态等，现在来看也是具有一定基础。当然，这里没有涉及到最近三五年来新投资的，比如 AI 加速、云端加速、FPGA 等等不同类别的芯片，可以说是非常丰富和有意思的。

经过对战略母产业的研究，发现我们不能只盯着构建者。哪怕是构建者这一层，在做核心科技的创新时，也必须是一个产业集群。产业集群像是一个生态，能够成就这个生态最关键的部分；也像是一片沃土，能够让不同的部分都得到长足的发展。"山头"或者说战略母产业的战略要地是有多个，不同细分领域有不同发展规律，总体上都有竞争保障和生态安全的需要。但从层次和梯度来讲，又是需要充分开放的产业生态协作体系，需要两翼作为市场依托。不管国内还是国外，全球化是中国战略母产业重要的分母，就是分母需要足够大。崛起的过程中，既需要抓面、也需要抓点，这是从认知上要清晰的问题。对战略母产业的研究，主要在于帮助我们厘清思路，明确抓手，进而落到具体的产业政策、具体的治理策略、具体的资源配置上面，能够更加明确我们到底应该怎么做。

我们意识到，数字产业化、产业数字化作为战略母产业非常重要的部分，需要继续进行治理和规范，使其风险以及安全问题能够解决。但从整个产业发展体系和中长期过程来看，这是一个不仅必要，而且绝对不可或缺的部分，既是现代服务业的支撑，也是战略母产业的重要土壤。无论是智能科技还是网络科技，能够连接和普惠各行各业各类企业，成为亿万个人和家庭非常重要的一个基础。

这方面，有位在座的老师，著名经济学家、国务院参事室特约研究员陈全生，在这方面看得比我们更清楚。他指出，要充分利用大数据优势发展数字产业集群。建立和发展数字产业集群的最佳途径，就是让一批现有的互联网公司充分利用大数据的优势，利用算力、算法转型升级，成为挖掘数字"钻石矿"的"掘进机"，成为挺进"数字蓝海"的"巡洋舰",成为数字经济中的市场经营主体。

邬贺铨院士原来也是中国互联网协会的理事长,现在是学术委员会的主任,他讲到互联网仍然是数字经济的主导力量之一,经历监管以后,希望互联网行业发展更规范有序。从算力、通讯等角度来看,互联网的梅德卡夫定律和吉尔德定律依然显著,网络的价值与之所连接的用户数的平方成正比,用户越多网络价值越大的规律依然继续,未来25年主干网的带宽每6个月增长1倍,数字经济的边际成本保持显著下降,数字经济的高创新性、长渗透性、广覆盖性等由此成为可能。中国拥有最广大的市场,我国数字经济的发展能够以全世界最低的成本获得最好的回报,可以说,互联网会继续是中国数字经济的主导力量之一。

清华大学社会科学院院长彭凯平老师讲到,当前数字化基础设施的快速发展,带动科技应用百花齐放,数字产业蓬勃发展,解决方案层出不穷,行业发展备受关注,创新技术与创新企业异彩纷呈,展现了数字创新无穷的魅力。目前,中国是全球最为活跃和最具潜力的数字经济与社会文化体之一,正在加速建设网络强国、数字中国。加快数字技术在社会各个领域的良性发展与切实应用,需要各行各业共同努力。

互联网服务业,尤其是技术创新、平台设施、应用服务,对我国发展数字经济也具有战略性的角色,特别是在基础设施的意义上。我们看到,百度、腾讯、阿里等尤其在人工智能、智能交通、自动驾驶以及量子计算领域取得长足进步,可能在接下来一个阶段,这种重要性是对我们已有的科研院所研究体系非常有效的。比如量子计算领域，我们看到它们都有不错的成绩，中国科大的潘建伟院士也有参与，他们所做的事情也是很有效的补充。众人拾柴火焰高，无论是解决卡脖子问题、强链保链补链还是发展数字经济，战略母产业都是需要产业集群的，现在显而易见已经是一个创新扩散的过程。

再看六个关键。第一，必须以长期主义解决诸多关键技术问题，也就是培养一批数字科技构建者，并且认识到产业协同、供应链采购、市场需求对于技术孵化、科技产业化的关键作用；第二，必须有一批为实体经济助力的数字科技赋能者，实体经济范围广、场景多、任务重，这方面既要解决颗粒度比较大的行业数字化问题，又要解决颗粒度比较小且个性化程度比较高的亿万企业的业务和专业问题，必须秉承专业主义，充分支持鼓励；第三，必须及时建设一批不同方面的新一代基础设施，这方面高度的开放性、公共性不可或缺；第四，在处理好发展和规范、经济与安全、低碳与能效问题的基础上，最大程度降低各行各业的发展阻力、创新成本，使得亿万市场经营主体尤其是中小微企业放心大胆也成为数字科技服务者，提升竞争力，让高质量发展必然而然；第五，为创新科技、新业态的涌现提供沃土，形成创新生态，洞悉并尊重创新扩散机理，让创新成为自然而然，使创新成为产业科技集群；第六，对第一、第二、第三、第四产业之间的关系有深度认知，深入进行数字经济发展的理论研究，做好数字经济发展顶层设计和体制机制建设。目前我们处在一个什么时间点呢？需要形成新的产业科技观和新的科技产业观，如此一来，数字经济的一些抓手问题就有希望迎刃而解。

前面说到一二三产业的时候提到第四产业，这也是我们比较早提出的一个概念，事实上恰恰就是战略母产业的内涵和外延，几乎是完全契合的。为什么要提出第四产业？因为现在已经有第二、第三产业，包括对国民经济社会发展的基本统计，尤其是在第二产业。明确一二三四产业之间的关系，厘清战略母产业，有助于我们锚定产业核心抓手，甚至从微观层面来讲有助于我们的工商、税务、统计进行相关的工作。现在很多企业几种业态都有，国家扶持一个企业是应该扶持某个部分，而不是扶持这个企业整体。一二三四产业中的战略母产业，为什么说是整个经济的数字底座？就是基础设施的部分、端边云网智数的技术平台，包括下面这些模块。

现在数字经济也好、国民经济也好，已经初步形成一个格局，就是以战略母产业为经济底座的数字经济格局，战略母产业向上对第一、第二、第三产业的赋能支撑、效能提升和作为创新引擎的作用正在日益显著，包括对每个人和每个家庭在智能时代的加持，提升个人的创新发展竞争力都很重要。针对智能交通这个领域，战略母产业的作用已经细致入微，从中可以看到是怎样的作用，包括用户场景和治理都是最前端、最普惠的技术。

我们认为，目前业界发展存在一个小小的偏差，尤其是元宇宙、Web3.0的虚热，事实上，实体经济、数实融合以及基于数实融合的数字经济，才是我们的现实路径，也是我们高质量发展的必然目标。战略母产业和经济社会之间的关系，就不展开论述了。由于时间有限，我就跟各位领导、专家、老师汇报这么多。

主持人： 目前无论是架构还是内容，都有一些需要完善的地方，下面就请各位就朱院长和胡老师提供的论纲初稿，提出宝贵的意见和建议。

陈全生： 上次我是在贵州的数字经济大会上发言，北京找了一帮人去那里研究数字经济，我心想：你们有电吗？最重要的是要把"互联网＋"和"＋互联网"搞清楚，否则的话光是大数据肯定是赔钱的，弄了那么多数据库。因为数据库放在那个地方费电，要用多少电来维持？数字确权问题解决不了怎么交易？确权涉及到脱敏，包括区块链多中心化，现实中要把这些弄清楚。因为以前我也讲过产业集群，产业集群是从企业集群而来，最开始是深圳招商引资，哪个县哪个镇哪个村，主要是把港资、台资、澳资引过来办厂然后搞出口，结果一个村里办了七八个厂，有化工的，有机械的，有搞药的，弄到一起，这个污染了，那个噪声了，至今也没有什么结果。后来感觉不行，深圳市重新提出调整，这个村专门搞机械，那个村专门搞化工，然后对污染采取彻底的治理。这个时候就引入日本的一村一品、一乡一品、一镇一品、一县一品，由企业集群变成产业集群。比如说好几个村就弄旅游鞋，你这个村做鞋垫，他那个村做鞋帮，我这个村做鞋的气眼，就是这么来的。搞互联网，可能也有这个概念。我确实感觉咱们这份材料准备得挺用心，但我年纪太大了，接受起来可能还需要一个学习的过程。

张文魁： 很高兴参加这次会议，看到这份研究报告，我个人还没有很深入地领会学习，但初步的感觉是做这件事情还是挺有意义。战略母产业是一个特别新颖的提法，需要接受时间的检验，应该说还是很有价值的。数字经济按照杭州 G20 峰会的提法，我国统计局做了数字产业、数字经济的划分标准，按照这个统计的话，2021 年我国数字经济增加值在 GDP 中的占比是百分之三十九点多，美国大概是百分之十。按照我国统计局划分的方法，数字经济占比已经百分之四十左右，"十四五"规划还有指标，北京市大概百分之五十……而美国才百分之十，我们已经百分之四五十了，弄得我们热血沸腾。但我个人觉得，这样统计的话，中国数字经济发展得似乎比美国还厉害：我们百分之四十左右的比例，有七万亿美元的体量；美国百分之十，只是两万三千亿美元的体量。我们已经是美国的好几倍了？我觉得这个统计方法好像有点问题。

陈全生：2019 年，中外合资和外资独资占中国全部出口高科技产品的百分之八十五，我们自己企业还不到百分之十五。相信 2020 年遇到疫情，2021 年突飞猛进，能够变成百分之四十。刚才我说的数据大家不要上网去查，就看科技部的科技年鉴。

张文魁：所以我国数字经济这个词也有点泛在的意思，好处就是我们可以很自豪，不好的地方就是没有那么精准，所以我们稍微收缩一点还是有意义的。我们讲到第几次产业革命，一般我们都认为第二次产业革命是电气化，但不能说只要用电的都是电气产业，需要重新厘清产业的性质和门类。刚才你们讲到第一路第二路第三路，主要还是着眼于新 IT 智慧产业，这也是有意义的。金融危机之后，国家出台了十几个战略性新兴产业的发展规划，不光是信息技术带动的新产业IT，还有能源技术带动的新产业ET、生物技术带动的新产业BT，也都属于战略性新兴产业。只不过这十年，能源技术的突破和生物技术的突破，没有信息技术的突破那么快，产业扩张没有那么宽，所以有点黯然失色。现在讲战略性新兴产业，有关文件还在说这些，但有点把那两个产业淡忘。曾经有一阵子生物技术说得很厉害，但没有像IT互联网发展得那么快。现在能不能用战略母产业取代当时的战略性新兴产业？因为目前也已经被国家发改委有点接受了（编者注：指国家发改委"两报一刊"、国家发改委官网先后转发采访朱克力提及"战略母产业"的报道），战略性新兴产业也是当年国家发改委搞了很多，如果被他们接受的话，还是能够处理好战略和政策的。要是借助于战略和政策，就需要更具体、更精确，包括吸取原来战略性新兴产业的经验和教训。如今数字经济已经专门有一个单独的规划（2021年12月国务院印发《"十四五"数字经济发展规划》），国家层面"十四五"就没出整体的战略性新兴产业规划了。如果要进一步在政策上推战略母产业，现在开始可以做好"十五五"规划的准备。

如果从历史发展和学术研究的角度来说，我个人更多的理解，不管是数字技术还是智慧数字技术或者单独的智慧技术，我更倾向于看作"新通用技术"。当然，叫什么名字都没关系。新通用技术在学术上至少已经有这种文献进行定量分析和定性分析。就像以前电气技术是通用技术，通用技术对经济增长的影响是广泛而持久的。这里先不讲对中国经济换道超车和国际竞争新优势的影响。如果看成新通用技术，脑子里的思路就会清楚。通用就是可以像电力技术一样渗透到所有生产和生活，现在每家每户都要用电，所以渗透力很强，一定会成为增长的引擎。新的通用技术就是新的增长引擎、创新动能、发展动力，这对我国下一步提振经济增速、人均 GDP 不断提升都有作用，我们更多的是看作一个新通用技术。作为新通用技术就会有很多创新出来，这些对提升生产率和经济增速有一定作用，肯定会面临治理问题。就像电气技术刚出来的时候也面临治理问题，就像《摩登时代》里讲的人类被机器左右，是不是要通过立法，从公共领域出台公法？劳动时间要有规定，不能想多久就多久，我们应该改善人类生产生活，促进经济发展。

战略母产业背后其实还有很多东西，需要后续研究才能让这个概念立起来、被接受、转化为战略和政策，所以是可以继续研究的。你们讲到三股力量，构建者、赋能者和服务者，其实服务者应该是被服务者？可以稍微改进和调整一下，我觉得好像不是特别合适。为什么 IT 发展得快，ET、BT 发展得稍慢一点？IT 过去十几年的发展，不是按照刚开始那种规划。记得 2008 年金融危机以后，美国 IBM 的老总被奥巴马邀请打造"智慧地球"，我们还有专门学习这个东西，然后智慧城市、智慧交通，其实更多的是物联网的概念。现在这些东西慢慢起来了，过去十几年，数字经济是被那些被认为不入流的东西发展起来的。比如电商，淘宝和京东不就是网络上的集市吗？刚开始被认为是很 Low 的东西。

陈全生：刚开始马云提出电商的时候，我是反对的。我说你也知道我的性格，这个不行，为什么反对？你搞电商都在网上交易，四个人口数据：公安部、统计局、计生委、民政部，最多的和最少的相差两千八百万，这些根本不在户口上的人在网上交易，得造成多少案件？后来马云直接到我的办公室，给我演示了一遍电商，我说你这个好。后来马云上市以后，专门给我打电话说，我们确实是按照这个做的。马云演示的是一个水泵厂的煤钱没还，只要把水泵输入进去马上就会自动跳出温馨提示，水泵厂跟人家做生意欠钱不还，所以就失信了。我当时正在搞信用体系建设，要是这样形成网络的话我就坚决支持，然后他就说这个有记录，可以看出是谁买的，好评差评。现在都得要求好评，要是有差评都得想办法抹掉，否则直接进入信用体系。

张文魁： Facebook 最早就是男大学生、女大学生谈恋爱，我国的社交网络开始也是。没有想到这个东西发展得这么快，包括算法技术开发得这么快，算力提升得这么快，都是那些不太入流的。刚开始被定为高大上的，都不行。新通用技术很多时候都是被需求带动起来的，因为没有需求的话技术是没有回报的，只有需求很强才会有很高的回报，优秀人才他才会学习这些东西。我们要强调企业家的作用，治理也要规范，不能乱来。你们这里讲的是其他互联网，百度搞的是自动驾驶，属于人工智能，京东好像就没提，陌陌好像也没提，这些好像不能入流。需求会对技术有牵引作用，算力的提高就是这么来的，手机要是跟军用的东西相比也没什么，但现在三纳米、二纳米的芯片用在 iPhone，不是用在什么高科技的东西上面。现在主要还是需求驱动，蒸汽机古罗马就有，但到 18 世纪才搞成工业革命，所以这个产业怎么弄法，怎么让企业家发挥作用，真正让企业在市场中发掘需求、寻找发展方向，促进经济发展。国家从战略层面支持哪些硬科技，这些也是需要的，就是两方面结合：国家战略支持和市场需求驱动。总之，这个课题还是很有意义的，当然也有有待改进的地方，希望你们能够继续把这项研究深化地做下去，发挥你们的优势。同时多在媒体上做点宣传，课题研究成果也需要扩散。

主持人：我们也希望课题研究成果跟战略和政策保持一致、实现融合，吸收过往产业发展过程中的经验和教训，能够从历史发展和学术研究的角度，把智慧技术理解为新通用技术。

付保宗：非常感谢提供这样一个机会。我和朱院长也是师兄弟，今天大咖云集，我主要也是来学习的。刚才听了张所长和陈主任讲的，收获确实非常大。这份报告我是从头到尾学习了一下，因为我本身是搞传统产业的，看了报告以后觉得眼前一亮，这个提法我还真是第一次听说，想了半天，最后觉得写的文字非常顺畅，里面很多新的东西我还没有完全消化，谈一谈我自己的三个体会。

战略母产业如果要广泛推广的话，需要深化内涵。这里有几个关键词："战略""母""产业"。其实"产业"就是同类企业的组合，传统产业有两种分类方式：按照产品、服务和技术划分，比如以前装配工业和消费品工业，新兴技术产业、生物产业，都是按照产品服务和技术类型划分，也是国际通行的划分方式。按照定位和作用划分，比如战略性新兴产业、基础产业、主导产业，某种程度上就是从定位和作用角度。当然，不可回避的就是和传统划分模式的关系问题，需要最终落实到产业上去才能下一步执行。我们战略性新兴产业已经有了，国家统计局又做了新的划分，因为国际标准就是这么来的，如果产业最终对不上的话就会成为空谈。现在数字产业叫做数字经济核心产业，也有相应的类别。我们不是一个一个去对，但至少要有这么一个逻辑，就是内部划分模式，我们的战略母产业出来以后到底跟哪些会有联系。

产业集群不是指一个行业，我理解的是区域产业的概念，就是一定区域内集中的产业叫做集群。产业集群就是在一定区域，无论区域有多大，相互关联的聚集在一起。你们是不同的产业类型，所以是地理概念，应该是产业树或者产业群。

"母"这个概念如果想用的话应该有几个特性：首先是基础性，要对很多方面有支撑，不能用基础产业替代，基础产业不一定是母产业。比如能源、原材料都算基础产业，拿来就用，好像必不可少，但似乎又缺点什么。其次是有加速和扩容的功能，用了以后就可以带动这些产业实现一加一大于二的乘数效应，所以还真想不出来别的词来替代，既然是"母"可能很多产业是它派生的，但还要加速成长。有乘数效应的产业就是母产业，不是所有基础产业都是母产业，需要有加速工程。为什么说数字是生产力而别的不是，就是这个原因。

所谓的"战略"一定是很重要的，不重要的不能叫战略；而且一定是前瞻性的，现在的不能叫战略，而是未来要实施的一个东西，大局观也叫战略。我觉得要解析战略母产业到底是什么概念，在此条件下明确判定边界是什么。为什么要搞战略？现在中美战略之争，就是产业之间打得一塌糊涂，为什么美国的芯片、半导体都拿过来？这些百分之百是战略母产业，牵涉到一个国家的国运和未来发展竞争格局，在这种情况下要实现战略，全世界都在争半导体，因为要有一定的产业附加值，这个产业出现以后肯定是对经济社会有很高的带动作用，自己的经济效益和社会效益都很高。实施这种战略要有产业控制力，如果没有控制力的话就把握不住根本，美国提出电池、矿物质、生物医药和半导体。

以上就是我认为的"战略""母"和"产业"这三个词，应该诠释得更准确一些，行业定义不需要太长，大家一目了然就可以，跟别的有什么不同。要是说跟别的有重叠和交叉是肯定的，但一定要有新元素在里面，放在时代背景下的话，为什么要提这个东西？就是因为当前有国际上的战略之争，国内也有经济高质量发展的要求，国际国内的产业结构调整和布局，需要所谓的战略母产业制高点。

刚才我讲的是判定标准和界定，因为本来就是从作用和定义导向出发，而不是从产品和服务角度出发。我理解的战略母产业特性问题，首先一定要有全局的关联性，这个产业一定是事关全局，局部的不能叫战略；同时要有融合性和前瞻性；还有一定要有动态性，不是一成不变的。每次带动工业革命的都是战略母产业，比如18世纪的战略母产业可能是蒸汽机。当然我们是"事后诸葛亮"总结，根据这些去判定，目前如果能够清晰说出来反倒不好讲了。动态性也有一定的不可预测性，这就和我后面想讲的治理上不是我们确定的，因为跟我所研究的传统产业治理模式应该是有根本不同，所以这个才是新东西。

关于治理也需要考虑几个关系。现在讲得比较多的都是市场和政府的关系，不同行业领域其实是不同的。我国工业母机也有工信部介入，当时有两种争论：一种是院士科技专家为主，要求举全国之力，以新型举国体制突破工业母机。但我作为经济界的，就不赞同这种做法。这和一般的航空航天和军事科技是不一样的治理模式，那个是不计成本非市场化的。事实证明，多年过去以后，工业母机不仅差距没有缩小，反倒扩大了。但有些干得还不错的，其实是民营企业。为什么现在半导体毫无疑问是战略母产业？美国半导体最顶级的就是EDA，目前只有三家公司，Mental被西门子收购，现在都在上EDA，这些都是新兴产业的母环节。林雪萍说这个行业刚开始是放水养小鱼、小鱼被大鱼不断吃掉的过程，每个小企业都在最艰难的领域使劲钻研，最后达到极致，但不去上市而是被大公司不断收购。这是典型的市场化和国际化形成的战略产业模式。我们恰恰相反，公司被资金资助以后，干到差不多自己上市就没有动力了，形不成合力，小鱼不断地被大鱼吃掉，再也没有任何小鱼和三个大鱼同台竞技。有些产业可以不计成本去搞，但有些产业需要考虑市场化和国际化的根本机制。EDA就是非常难的，战略母产业需要持续去做的话，就必须考虑治理结构。说起来很简单，实际上是很难的。

陈全生： 基础创新就是得出知识，然后把知识换成钱，一定是国家要拿钱来。李四光研究地震，然后看地震波，最后利用这个发现油田，变成一个勘探的办法。通过研究地震波的传导，发现油田是这种地震波，结果就发现了油田。不能等着国家投钱来搞具体项目，没道理的，全世界都是搞平台，你们是搞项目。举一个通俗的例子，就像图钉一样，人家是投资平台，那颗图钉就是创新技术，一按就下去了，那个面上有基础专家、科技专家、基金经理、资产评估、会计师事务所和律师事务所，一大波人在平台运作进行技术推广。而我们是专门弄了一根针，这样不行。

付保宗： 也包括开放发展和国际自主的关系。我们自己评价母产业绝对不是独立去搞，虽然现在逆全球，越是被打压，越是要死皮赖脸，不然有些领域没办法，有些领域可能就会游离于这套系统之外。真正强大以后再去挑战这种规则，自主创新不等于自己创新。

陈全生： 我以前就说过所有创新都是自主的，而且都是跨界的，跨的还是国界。如果我们根据各个地区的优势组成产业链，那么跟别人基于各国优势组成的产业链进行竞争，一定打不过人家，这是非常明显的。要是在宇宙飞船上看地球，就知道是怎么回事了。

付保宗： 再就是现实和未来的关系。刚才提到战略母产业一定是面向未来的，当然也是立足于现实基础的，所以应该是比较难界定得特别清楚，不然很多产业就发展不起来了。平台经济二十年前几乎没有，那个时候勾画出来是不可能的，我们既然是从定位和作用的角度定义产业树就是要以一种开放的状态。当然，现在也要留意一些开放的空间，传统产业都很难完全由一个国家界定清楚。

刚才两位专家也有提到需求和供给的关系。战略母产业的发展最终一定是有需求才行，要是没有需求支撑、没有需求引领，一定是不可持续的。企业没有竞争力，市场也很难长期发展。

　　最后还有战略母产业的纵向产业和横向产业的关系。你们说半导体是战略母产业，但也不是所有环节都很重要，风光电就比较容易被替代，现在设计好像已经攻克了一些；再就是核心的装备和材料，现在是在最高端的加工制造环境下建站。战略母产业需要考虑呈现形态的问题，即使将来逆全球化也要分工合作，需要掌控产业链、供应链的核心部分。这是我们掌控战略母产业最重要的抓手，我们不能说所有地方都已掌握战略母产业。

　　主持人：刚才课题组对战略母产业三个关键词进行了清晰的界定，提出广泛、融合、前瞻和共享这四个特点。发展战略母产业，有些可以不计成本，有些既要算好小账、也要算好大账。

　　杜创：我拿到这份报告比较晚，刚才听了听，觉得有几个亮点：战略母产业这个概念是一个比较新的提法，当然还有一些需要完善的地方。其中有句话给我印象特别深，就是生态的问题。创新不是要爬一个山头，而是要爬一片群山。这跟我们对创新的理解有些关系。

　　战略母产业这个概念，跟我们讲的数字产业或者 IT 产业究竟是什么关系？是不是只是突出战略性和母产业的作用？如果我们纠结这个概念，就是以新 IT 产业为基础。新 IT 产业这个概念是不是更明确地介绍一下？这跟传统 IT 信息产业是什么关系？整个定义很长，也有很多定语，落脚的是母科技产业集群，是不是指很多细分产业的有机组合？如果是这样的话，可能就需要完整地列出来，究竟包括哪些产业？如果只是数字产业的子集的话，不是等同于数字产业，可能需要完整地列出来，不是每个产业列出一两个，而是要完整地列出来。

我们最好论证一下是不是有相互联系、相互促进的关系，起到一个集群的作用。

刚才张所长也有提到，赋能者和服务者是什么关系？因为我也研究过一段时间人工智能产业的课题，其实内部划分通常就是三种：产业技术的基础，比如数字产业和人工智能产业的技术基础；或者是产业的数字化，现有产业进行数字化的提升；从无到有，创造一些新的数字产品。我见过的很多分类都是这样，包括人工智能产业的分类，就是为人工智能产业提供技术基础的产业，产业的智能化、智能的产业化。详细列出三类也可以，但目前交代得似乎不是特别清晰，尤其是对赋能者和服务者的区分，具体是什么关系？

好几位老师也谈到对创新的理解。一些关键领域的创新可能不是某一个点，而是整个一片的创新才有可能，包括研究现有的创新例子。曾经有人研究过苹果手机的出现，一般认为是颠覆性创新，但也不是完全从无到有，而是一个系统的提升。苹果手机的创新其实只是集成了12项关键技术，比如微处理器和芯片、固态硬盘、液晶显示器、互联网、移动网络、全球定位系统等等，共有12项关键技术，都不是苹果公司自己的。苹果其实是在一个高度发展起来的创新生态的基础上，出现这样一个东西。如果只是瞄准某一项技术，从头开始做好像也是很难。比如做两到三纳米的芯片，我们落后的并不是这一件事情，而是要想把芯片切出来，就要有光刻机，但设计在美国、光刻机在荷兰，要把光刻机造出来也不是荷兰一家能够做到，要利用全球的创新生态系统。我们看到的是尖端的芯片这一小块，其实整个创新是一个大的生态系统在里面分工合作的关系。我们要爬的是一片群山，而不是一个山头，需要深入论证战略母产业在其中起到的作用。

不管最后怎么定义战略母产业，应该是想说一些特殊的产业，能够撬动整个经济的发展。其实，有不同的论证方式。就像刚才张所长提到，通用技术起到过这样的作用；如果从商业模式的角度，可以使用平台的概念，起到一个撬动作用。我们在经济学上研究，平台是一个支撑点，能够连接很多方面。最简单的是双边平台，比如电商平台，连接消费者和厂家、中小商户。通过电子交易搜集数据，连接第三方制造业的厂家，围绕电商生态发展起来一大堆。所以平台会起到一个连接作用，就是把经济中的方方面面连接起来。一个母产业的作用类似于平台的作用，可能会有很大的相似性。就是从这个角度，能够论证母产业究竟是怎么发挥作用，能够在技术和商业模式的角度起到这些作用。

戎珂：刚才从各位嘉宾学到很多。我第一次看到这份报告，感觉全世界也没有几个母产业，就像根技术一样。我看到其中有这一段话，科技型中小企业有18万家，这是战略母产业的体量吗？我就有点疑惑，感觉叫母产业的话应该是以根技术为主的。如果是这个定义的话，只要ICT基本都是母产业，所以定义还是需要精细一下。

母产业到底是怎样的产业结构？是不是个数很少，某个平台会有一些生态空间，然后可以继续发展？如果提母产业的话，是不是各个国家都有所为有所不为？我们国家要做几个母产业？是不是也要考虑一下？

　　我相信，母产业的产业价值应该是达到万亿级或者千亿级以上。沈阳的 GDP 收入有一小半是宝马给的，所以对一个城市来讲，到底想在未来达到什么竞争优势？

　　母产业肯定是一个大的平台产业，包括技术平台和商业模式平台，肯定是一个搭台的产业。母产业决定的是发展权。什么叫做发展权？如果最核心的硬件都不是你做的，这样就很危险；如果是从最底层技术开始的，上面就会像光束一样散开。现在是操作系统办公和数据库办公，然后要在应用层面办公。母产业要解决的问题，是未来国家发展的市场空间问题、技术空间问题、商业模式空间问题，所以涉及到发展权的问题。一个产业能够带动十个产业或者带动一百个产业，这样的发展才算是母产业。我们知道，一个操作系统需要上万个 App，如果能够做到 Linux 内核，发展空间就是上万个 App；要是做不了的话，只做云服务器操作系统，可能只是几千个 App。

　　关于生态培育问题，也是刚才杜老师讲到的。现在就是美国断供，中国到底是委曲求全还是硬刚？我的感觉肯定是抛弃幻想、投入战斗。我跟华为也有很多合作，感觉没有什么可以等待的，每个应用技术都要以最坏的打算来做研究。我写过一篇文章叫做"第二生态"，包括硬软云网这些重要的母产业。第二生态肯定是自主可控＋兼容开放，因为这项技术都很好，相互卡脖子最好，所以我们一定要把第二生态坚定不移地建立起来。其实就是建立我们定义的母产业，或者国外定义的几十个非常关键的技术。

　　什么叫做母产业？可以随便找出 30 个关系到国计民生的产业，

每个产业都有万亿级别的产值。围绕母产业的竞争就是生态的竞争，计算产业是英特尔，操作系统是微软，云服务是亚马逊，数据库是甲骨文，这些都是美国的公司，构成了美国的第一生态。我们怎样培育第二生态？既然要提母产业，这个概念是很棒的，需要发展建设这个生态。

要想通过技术改变产业，未来就叫产业互联网，做到万物相联。其实包括好几层：最底层的是数字基础设施层，然后是平台层，再上面是应用层。如果是这三个层的话，是不是应该有基础型母产业、平台型母产业和应用型母产业？要把生产范式作为一个基座，有些基础能力的汇集，包括制造和物流等等，所以未来战略母产业会不会有这样的分层？我觉得母产业的特征就是发展生态培育。

龙海波：非常高兴能够和大家探讨战略母产业这个新的概念，前面几位专家发言非常精彩，我也学到了很多，许多观点确实是不谋而合的。之前我看过这份报告，所以从几个方面谈一谈自己的认识。

战略母产业这个概念是非常棒的，就看怎么把内涵界定得更清楚。现在提出这个概念，确实是恰逢其时。我在国务院发展研究中心创新发展研究部工作的时候，一直研究科技革命和产业变革。其实科技和产业是两回事，之前研究技术的变迁，认识到技术和产业并非完全同步。有些学者提出双周期的理论，就包括技术革命和金融资本。产业变革往往滞后于科技变革，一般来说这个周期是十年到二十年。尽管之前就有了数字经济的雏形，技术变革就慢慢开始了，但后来也经历了一段泡沫扩张无序，到现在逐步恢复。为什么说现在提出恰逢其时？在经历无序竞争后，有些资本在生态演变中起起伏伏，许多数字企业经过了几轮迭代。这一轮的监管完善以后，数字生态相对稳定有序，治理与发展已经比较平衡了。在这个时候，提出战略母产业的概念是合乎时宜的。要在之前提出的话可能会不知所措，但现在提出来，就跟我们所处的时间节点耦合了。

当然，数字经济规划出台以后怎样进一步解读？我们从新的维度观察，技术本身发展和国家政策变化是不是一致？中央围绕数字经济，包括大数据、区块链、人工智能、量子科技，对这些产业和技术，都专门组织过政治局集体学习。我们以这些技术变革为先导，逐步将其转化为政策导向，为产业发展奠定坚实基础。再往下，重点在基础硬件层面，也是我们目前技术发展短板，卡脖子的关键环节。经过长时间的铺垫和努力，目前产业架构已经逐步清晰起来。现在朱院长又提出战略母产业这样一个提法，就是顺势而为。

报告的总体框架还是比较清晰的。引言提出了若干问题，有些问题已经回答，有些问题还在提出。前面专家指出，其中有些是新的概念，有些是原有概念，这些概念之间是什么关系？有的可能是用一个概念解释另外一个概念，有的则是把新IT列入战略母产业之中，意味着除此之外，还有其他产业也是战略母产业？我想，其实这些产业是并行的，虽然交集很大，但在具体形态上可能呈现出"月牙"形的差异。我们需要深入探究，这个"月牙"到底代表什么。如果这里所说的只是一般的应用场景或普遍的赋能作用，并将其归入母产业范畴，是否意味着我们对母产业的理解存在某种偏差呢？

当然，今天这份报告还是"论纲"。下一步深入到"论述"，就要从学理的角度，阐述政策的适用性和对未来的展望。战略性新兴产业已经从七大类扩展到现在的九大类，母产业则让人联想到工业母机。那么战略母产业的范围是大还是小？维度是单一的还是多维的？是自生态还是产业集群？我个人也觉得，战略母产业的外延不宜过大。讲究量还是讲究质？

战略母产业包括卡脖子技术，但卡脖子技术未必都是数字技术。最近几年 IT 发展得相对好，但其他领域卡脖子技术也有不少。非数字领域的卡脖子技术怎么办？比如新型材料和生物医药。我们所说的产业数字化和数字产业化比较明晰，如果全包括的话，就跟之前的电能一样，只要有灯的地方都是应用范围。不管是第四次还是第五次产业技术革命，这是势能到动能的能量转化。什么叫做智慧科技？不仅是人工智能，否则就狭隘了。能不能再有几个变化？有些学者认为，现在的科技都是信息化后面的延伸，所以叫做数字化。但数字化的核心是什么？现在把数据纳入新型生产要素，正成为经济增长新的动能。可以看到，前面几次工业革命，包括资本、知识、技术、管理等生产要素，技术是在其中的。现在技术、知识、信息、数据，作为全要素生产率的来源，具体增长规律是怎样的？这些取决于对战略母产业的定义。当然，这些是更加精细化的，需要下一步讨论，看怎么把要素更好地融入进去。

提出这个概念，就要往政策方向引导，而不仅仅是学理性的。数字经济的规律就是大者恒大、小者恒小，所以多数还是做专做精、专精特新，形成一种自生态，也就是第二生态。因为第一生态已经被人家占据了，要在现有政策框架基础上弄好。

经济新底座或者数字新底座，跟现在我们说的新型基础设施到底是什么关系？我们提出的不限于新型基础设施，主要是两种认识：一种就是通用技术，另一种就是卡脖子技术。个人认为，通用就是解决面的问题；卡脖子就是解决节点的问题，可以是通用的也可以是不通用的。解决不了卡脖子问题的话，可能会影响整个产业。

最近我也在学习，关于大力发展制造业和实体经济，强调数字经济和实体经济的融合。以前可能大家都觉得数字经济是虚的，现在强调融合以后，我们的母产业在一二三产业之间怎么融合？要更聚焦一点，更凝练一点。无论是研究还是引导，有望做出更大的成绩。

丁继华：今天确实是来学习的，各位都是我的前辈。前段时间朱院长说正在做这个课题，最近我又看到江小涓老师发了关于平台企业治理的文章，我想应该是可以围绕这个领域做些事情的。我们一直在推动企业合规，但从数字经济和平台经济治理方面推动合规的很少，没有多少案例，而工业企业挺多的。国务院国资委最新发布的《中央企业合规管理办法》，2022年10月1日正式实施，要求在"十四五"期间所有企业建立合规管理体系，国家标准化委员会也要发布合规管理体系标准，这也是可以认证的。其实数字经济的合规同样很有必要。下面，我想结合治理的问题来谈一谈。

我们的战略性产业怎么遵循规律？其实这种规律是合规的根本，如果只是想支持的话，可能就会出现问题，包括前面讲的大基金可能不符合发展的规律。我们怎么制定一套规则，能够让产业中的企业发展得更好，其实就包括怎样将创新进行引导。比如现在中央企业提出"链长"企业，肯定是要达到链条合规的生态才有可能做到，攻克一些卡脖子的技术，应该有一套合规治理的机制。过去搞过很多卡脖子技术，有的研究成果也会申请技术创新，但研究成果可能是抄来的，有的甚至涉嫌犯罪直接被抓起来，极端案例比如汉芯造假。这样的项目肯定影响卡脖子的攻关进程，所以需要制定一些规则。

现在我们也要促进企业发展规范。比如腾讯提出科技伦理"科技向善"，美国的马斯克也在搞智能平台，提出一百多个要求，讨论这些治理的规则。需要引导科技向善或者科技伦理，包括现在 ESG 治理都是在谈可持续发展。科技向善和科技伦理如何实现企业自治？这些就是比较关键的，企业需要主动承担公示的责任，涉及一些伦理原则和法理要求，包括强制性法理义务、志愿性承诺义务，就是针对企业和针对组织需要承担的责任。

我们现在推进企业合规也做了很多工作，包括国务院国资委最近发布的《中央企业合规管理办法》，其中都是强调遵守法律法规，没有强调"链长"企业怎么遵守伦理道德规范。现在中小企业日子这么不好过，很多都是供应链上的企业，签了合同以后把项目做了，能否及时交付、及时付钱？能否真正公平竞争？现实中，很多国有企业都不愿意跟民营企业合作。我们讲的不仅是法理方面的合规，也包括道德层面、伦理层面的合规。

通过研究跨国企业行为，特别是伦理道德方面，有八个原则值得我们在发展战略母产业过程中加以注意。一是信托原则，对于战略母产业，政府肯定是要扶持，就要有一个信托原则，能不能把委托的项目尽职做好？二是产权原则，比如数字平台拿了别人的数据，怎么把这些数据产权保护好？三是可靠原则，作为战略性母产业，不信守承诺，就会从屠龙变成恶龙。四是透明原则，要避免欺诈，管理过程中要透明，不能把公司的材料给大家公布出来，那样就是不太可信的，战略性母产业就需要更加透明。五是尊严原则，现在已经不可能再回避了，英国、德国、美国的供应链法案，都通过立法层面打击供应链在人权方面的不合规，如果没有通过人权合规管理的话，产品就进不了国际市场，过去是机器控制人、现在是数据控制人。六是公平原则，作为战略母产业要争取发展权，能不能公平竞争？七是责任原则，承担企业作为社会成员的责任。八是响应原则，必须对利益相关者的关切作出响应。

现在中央企业开始推合规管理，作为战略母产业需要从硬的方面引导，攻克卡脖子技术，变成国家战略性公司。后疫情时代，美国和欧洲都在加大战略性公司的保护，我们也应该给予支持，当然可以做成"链长"企业加大创新。政府出台的政策，企业其实已经在实践了，还是要让企业自己规制规范，只要不违法犯罪、不出现重大犯罪行为，就都可以鼓励发展。

我们既要影响政府，也要引导行业发展。昨天我去了京东方，发现确实是那种母产业，说是平台都还不足以证明其地位。我们去他们最新建的实验室参观，包括 AR+ 家具，包括把故宫的画全部数字化，把我们的文物都数字化。要是用眼睛的话看不清晰，通过他们的技术可以看得非常清晰。我觉得需要一些案例来支持，证明如何延伸、如何孵化，建立起一种连接，这些都可以做非常深入的研究。

陈全生： 所有事情都是实践在前，理论在后。因为理论产生于实践，所以先有实践后有理论，有了理论才能更好地指导下一步实践。所有的制度和法规，都是有违法违规在前，根据状况制定法规然后不断完善。法律也是不断地有修正案的。

丁继华： 前几年搞的 P2P 小微贷，本来应该发展成很好的商业模式，但就是因为不合规，自己把自己做死了。

陈全生： 我非常认真地看了这份报告，包括错别字我都改过。我觉得这项研究汇聚了精锐的力量，下了很大的工夫，挺好！继续往下研究，应该和"十四五"规划紧密结合。因为是要解决长期的问题，起码和"十四五"的问题要结合在一起。如果数字经济发展解决的是卡脖子问题，是不是定成了战略母产业，就把卡脖子的问题解决了？真的要好好理清楚，要有进一步的问题导向，然后和"十四五"提出的四个问题紧密扣在一起。还有一些卡脖子问题，其实不是数字经济能够解决的。比如我们的猪肉供应，卡脖子在哪里？就是种公猪身上，我们种公猪的问题解决不了，每年 50 多亿美元去买英国的猪精液，2021 年进口法国的 27000 头种公猪，因为我们的种公猪不行。这就要研究种公猪怎么发育、成熟，怎么长得壮，怎么肥肉少瘦肉多，怎么稚嫩可口，这些完全是基础研究。

解决卡脖子的问题，不可能全靠数字经济。包括数字鸿沟的问题，涉及各部门、各单位，包括不同人群，甚至同一个单位、同一个公司之间的互相打架、互相封锁。中电信、中移动、中联通之间信息还不互通，更别提别的互联互通。我们14亿人这么大的数据量怎么利用起来，数字经济本身是经济的边际效应递增、边际成本递减，第一批数据拿来计算变成第二批数据，第二批数据和第一批数据可以改成第三批数据，第三批数据和第二批、第一批数据可以形成第四批数据，每次都可以获利有成果。我们弄清楚，用一次给一次还是一次付清？这就是确权的问题，如果不解决确权的问题，怎么解决数字鸿沟的问题？数据要素产权清晰才能进行市场化运作，不然就像贵州，到现在也赚不了钱，不能互相交流就会出问题。

要想确权就得脱敏，脱敏就得保护国家秘密，保护企业商业秘密，保护个人利益隐私，要把某些关键词去掉，但是又不影响数据的应用、分析，也不影响确权。要想确权就得有规定，所以就涉及到法律和信用，信用信息和法律信息放在一起。美国18项法律确定哪些信用信息可以公开，哪些信用信息必须保护，如果要弄战略母产业，怎么解决这些问题？这些对"十四五"有什么作用？往上报送之前，一定要找几个专门研究科技学问的，就是把科技当成一门学问的研究，不是研究某个科技，就是研究科技哲学的那几个人，把科技母产业和驱动源科技都要说一说。否则来几篇抬杠的文章，就给你整趴下了。

这使我想起一个问题：学习数学是干什么的？我们往往认为就是要掌握公式、学会计算。我是1983年给教育部副部长当秘书，有一次到希腊，人家说你们的基础课学什么？在我们希腊，就是代数、几何、音乐和天文。为什么这四门要作为基础课？因为希腊认为，这是人生观、世界观的教育，这和你们的革命教育相似。我当时就有点傻了，我们 80 年代德育教育，主要就是培养无产阶级革命接班人。然后他就解释，作为人生观、世界观的教育，学习代数，不是学习什么方法、公式、计算和应用题，而是学习抽象思维的能力，就是放在自然界走到哪里都能找出数字。抽象思维能力，就是现实生活中把复杂问题简单化的能力。而学习几何，则是学习逻辑思维的能力，因为所以、因为所以，三个小因为、一个大所以，由表及里、去伪存真，根据逻辑过程推出正确结论。逻辑思维和抽象思维是人们认识世界的最基本能力，所以几何和代数作为基础课，小学学、中学学、大学还要学一年。学习音乐，是因为音乐是人类共同的语言。不用任何培训，大家都知道拿刀子划玻璃很难听，小鸟叫声很好听，这个音乐非常欢快，那个音乐特别低沉。不用任何培训，男人女人黑人白人都可以得出同样的结论，美的享受、丑的辨别。那么，学习天文是为什么？他说，你们从中国到希腊，就是从亚洲到欧洲，我们都在太阳系九大行星之一的地球上，你们是在银河系中无数个太阳系中的一个地球的一个亚洲的一个中国，我们每个人就是一粒尘埃，所以要敬畏天体、敬畏自然、敬畏上帝。敬畏就是要自律，人在干、天在看。

我们的基础教育到底怎么弄？基础科学研究到底怎么搞？数字经济之所以这么奥妙，是因为抽象思维。比如从思维来看，不是互联网＋各行各业，应该是各行各业＋互联网。互联网要为各行各业服务，怎么解决这个行业最头疼、最难解决又不会解决的。互联网、大数据帮助各行各业解决这些问题，实现产业数字化、数字产业化。要特别谨慎而客观地提出一些新的名词，比如母产业、子产业，战略产业、战术产业，战术母产业、战术子产业。一定要客观、周严、谨慎，这样才不至于被别人拿出来攻击。你们讲到重置经济底座，表述的时候不能让大家以为这是中央的词，我专门查了"十四五"规划没有这个词。要把解决目的导向搞清楚，确保做到整个过程的严谨，相信以后还能看到新东西。

主持人：非常感谢陈参事的精准把脉和指导意见。今天有幸请到各位专家做了精彩点评，再次感谢在座的领导和老师带来宝贵意见与建议。（研讨结束）

【相关报道】

"新型数字经济治理与高质量发展"研讨，专家共议"战略母产业"

2022 年 9 月 21 日，"提升战略母产业 培育竞争新优势"专题研讨会在京召开，来自国家高端智库、产业主管部门和首都高校等共十多位知名专家学者出席并发言，为数字经济的高质量发展建言献策。

新冠疫情以来，数字经济在应对疫情、助力产业复苏、保障民生各个方面发挥着非常显著而特殊的作用，成为推动经济发展的新动力。随着数字经济的快速发展，一些成长中的新情况、新问题也随之涌现。战略母产业的提出，对于准确理解数字经济以及产业相关发展规律、构建新型数字经济治理体系可谓意义重大。

会上交流了《战略母产业论纲（讨论稿）》。中国信息协会常务理事、国研新经济研究院创始院长朱克力和 IT 产业专家胡延平代表课题组，介绍了战略母产业的提出背景和问题导向、初步定义和基本内涵。战略母产业这一创新提法由朱克力首创，现已初具理论体系并进入了国家产业主管部门的视野。

据介绍，战略母产业（SCI，The Strategic Source Industries），是指以新 IT（Intelligent Technology，智慧科技）产业为基础，对第一、第二、第三产业以及经济发展各领域具有第一生产力意义，发挥科技赋能、产业基石、经济底座、基础设施等层面的创新驱动作用，能够从创新与效率、发展与变革角度，持续催化新科技、孕育新业态、缔造新格局的母科技产业集群。

作为IT新产业组成部分之一的互联网服务业，是战略母产业的重要力量。在规范治理、风险可控、安全保障等基础上，围绕推动平台经济规范健康持续发展，各级各类政府部门采取了多项治理措施且初见成效，互联网服务业在垄断、不正当竞争等方面的状况大有改观。

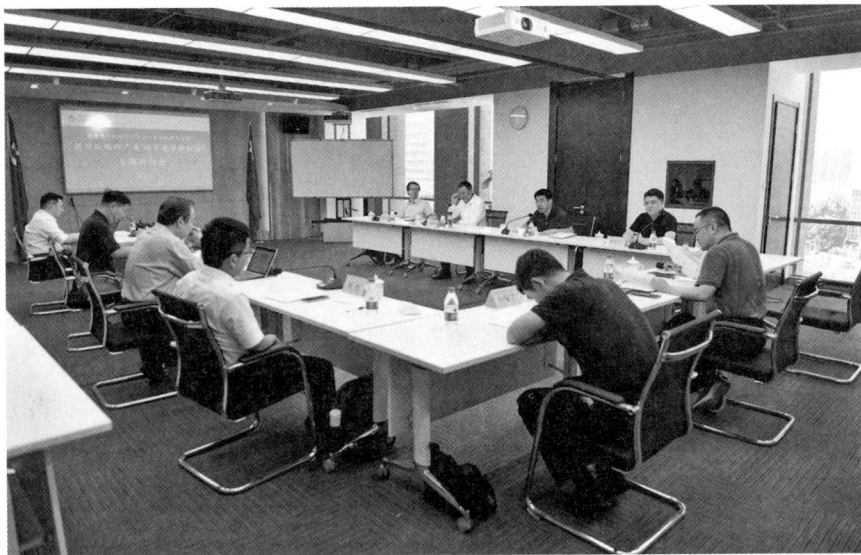

现场，多位专家围绕数字经济治理相关问题展开研讨

著名经济学家、国务院参事室特约研究员陈全生表示，要把"互联网+"和"+互联网"搞清楚，互联网要为各行各业服务，实现产业数字化、数字产业化。既然是战略母产业，就要解决这样的核心问题。

国务院发展研究中心企业研究所副所长张文魁指出，通用技术会对经济增长产生广泛而持久的影响，数字技术作为战略母产业新的通用技术，就是新的引擎、新的发展动力、新的增长动力。新通用技术会催生很多创新出来，对提升生产率、提升经济增速有一定作用，但也会面临治理问题，电气技术刚出来的时候也曾面临治理问题。

国务院发展研究中心研究员、中国国际发展知识中心研究组织处处长龙海波表示，新的产业变革通常是在技术变革之后。在数字经济崭露雏形时，技术变革就慢慢开始了，后来也经历了一段泡沫、扩张和无序。经过几轮迭代和监管完善，现在的数字生态已比较完整、相对平衡稳定，正是提升战略母产业的绝佳时机。

中国社会科学院经济研究所微观经济研究室主任杜创认为，创新是一个大的生态系统在内部分工合作的关系。"我们要爬的是一片群山，而不是一个山头"，需要深入论证战略母产业在其中起到的作用。如果从商业模式的角度定义战略母产业，可以强化平台的逻辑。平台可以起到一个重要的连接作用，把经济中的方方面面连接起来。

清华大学社科学院经济学研究所副所长、全球产业研究院副院长戎珂指出，战略母产业肯定是一个大的平台产业，包括技术平台和商业模式平台。战略母产业要解决的问题是未来国家发展的市场空间问题、技术空间问题、商业模式空间问题。一个产业能够带动十个甚至一百个产业或行业，自然就是母产业。

国家发改委宏观经济研究院产业所主任付保宗认为，谈及战略母产业的发展与治理，要考虑市场和政府的关系，两者的关系在不同领域的体现并不相同。有些产业是需要集中力量部署，有些产业需要考虑市场化和国际化的根本机制，不能统一而论。

世界银行中国合规项目资深专家、中国贸促会全国企业合规委专家丁继华指出，发展战略母产业，有些原则值得注意。比如信誉原则，对于战略母产业，相关企业要合规使用政府支持资金。比如响应原则，目前中小企业搞的合规管理办法相对缺失，作为战略母产业要从硬性方面引导，出来一批国家的战略性公司。后疫情时代美国和欧洲都在加大战略性公司的保护力度，中国也应该给予大力支持。

（来源：新华网、光明网，2022-09-23）

"新型数字经济治理与高质量发展"研讨，专家共议"战略母产业"

2022-09-23 11:11:57 来源： 光明网

9月21日，国研智库在京组织召开"新型数字经济治理与高质量发展"课题研讨会。来自国家高端智库、产业主管部门和首都高校等共十多位知名专家学者出席并发言，围绕"提升战略母产业，培育竞争新优势"为数字经济高质量发展建言献策。

【专家支招】

提升"战略母产业"，培育竞争新优势
——南方都市报对话朱克力

南都：如何进一步强化广东的产业集群优势？

朱克力：要继续保持或进一步扩大广东的产业集群优势，一方面要牢牢稳住制造业大盘，借助大数据、物联网、人工智能、区块链等新技术、新模式、新业态赋能实体经济，协同推进集群化建设、平台化发展和数字化转型。在此过程中，要重发挥区域联动作用和产业协同效能。另一方面，针对新兴

【专家支招】

提升"战略母产业"，培育竞争新优势

南都：如何进一步强化广东的产业集群优势？

国研新经济研究院创始院长、湾区新经济研究院院长朱克力：朱克力：要继续保持或进一步扩大广东的产业集群优势，一方面要牢牢稳住制造业大盘，借助大数据、物联网、人工智能、区块链等新技术、新模式、新业态赋能实体经济，协同推进集群化建设、平台化发展和数字化转型。在此过程中，要重发挥区域联动作用和产业协同效能。另一方面，针对新兴产业支撑不足、重点行业缺芯少核等问题，要用对用好链长制等机制，围绕产业链部署创新链、围绕创新链布局产业链，进一步推动提升产业基础高级化、产业链现代化水平，通过补链强链推动价值链跃升，深度融入全球产业链之中。

产业支撑不足、重点行业缺芯少核等问题，要用对用好链长制等机制，围绕产业链部署创新链、围绕创新链布局产业链，进一步推动提升产业基础高级化、产业链现代化水平，通过补链强链推动价值链跃升，深度融入全球产业链之中。

南都：数字经济如何在稳增长方面发挥更大的作用？

朱克力：若要数字经济在稳增长方面发挥更大的作用，一是运用产业互联网平台连接和激活实体经济，带动企业转型升级。要支持发展产业融通平台，推行普惠性的上云用数赋智服务措施，帮助企业实现产业供需调配和精准对接，促进生产、流通、服务降本增效。

二是在全国范围内率先构建省域数据要素市场体系。广东无论是数据资源总量，还是数据共享水平均走在全国前列，并成为广东的重要战略资产，应以数据要素市场化改革为突破口，打通数据要素价值创造、价值交换、价值实现的全链条。

三是以绿色发展引领数字化、以数字化赋能绿色发展。研用绿色化与数字化相互融合的新技术，积极培育绿色数字产业新生态，促进数字经济与绿色发展深度融合。发起成立"湾区绿色数字联盟"，加快确立绿色数字标准、推进绿色数字金融，以数字化赋能大湾区城市及能源、交通、农业和建筑等行业提升能源效率，缩小区域、城乡和行业间的"数字鸿沟"和"绿色鸿沟"，为经济高质量发展提供新动能。

南都：广东省经济总量连续 33 年雄踞全国第一，未来如继续保持优势？

朱克力：一是制造业优势要保持和强化。同时应以更大力度加快向智能制造、工业互联升级，推动工业企业数字化、网络化、智能化和绿色化技术改造，不断培育新发展动能，不断加速产业优化升级。二是民间投资信心要保持和提升。应以大力度加快构建市场化、法治化、国际化营商环境，打造吸引创新创业的"强磁场"。三是敢为人先的创新精神要保持和延续。广东创新能力全国领先，高新科技引领风潮，应以更大力度推动互联网与数字经济创新发展，不断提升数字科技新生态为代表的"战略母产业"，持续培育区域竞争新优势。

（来源：南方都市报 App，2022-09-18）

上篇·动能篇

因势利导构建数智竞争力

中国要在全球新一轮科技革命和产业变革中"换道超车"加速崛起，应当客观认知并有力提升"战略母产业"的地位，构筑经济增长新动能和国家竞争新优势。战略母产业以拥有强大创新能力和辐射带动作用的新 IT 产业为基础，成为数字经济时代新兴产业发展的"孵化器""催化剂""加速器"以及"呵护力"之源。其不仅自身发展迅速，还通过技术溢出、产业关联等方式，因势利导带动其他产业构建数智竞争力，加快创新升级，形成强大的产业生态。

第一章

战略母产业与高质量发展

想象这样一个场景：在一个充满活力的智慧之邦，从智能制造的工厂到无人驾驶的街道，从精准农业的田野到云端服务的楼宇，每一个角落都跳动着智慧科技的脉搏……

事实上，这个场景中每个环节的运转，都离不开一股神奇而平凡的科技产业力量加持。

这股力量，我们称之为"战略母产业"（SCI，The Strategic Source Industries）。它是以新 IT（Intelligent Technology，智慧科技）产业为基础，对第一、第二、第三产业以及经济发展各领域具有第一生产力意义，发挥科技赋能、产业基石、经济底座、基础设施等层面的创新驱动作用，能够从创新与效率、发展与变革角度，持续催化新科技、孕育新业态、缔造新格局的母科技产业集群。

作为科技创新的"赋能机"、产业基石的"打桩机"、经济底座的"夯实机"、基础设施的"盾构机"，战略母产业日益成为数字时代引领高质量发展的新质生产力。

一、战略母产业以新 IT 为基础

战略母产业立足于深厚的新 IT 基础，好比是挺立于数字时代的弄潮儿。它这种刻在基因里的基础地位，往小里说，体现在对第一、第二、第三产业的深度渗透与融合（这是显性能力，主要靠市场激发）；往大处讲，在于对经济发展各领域的全面引领和推动（这是潜在能力，更需要政策引导）。

这意味着，在政策与市场协同发力下，因势利导、不失时机提升战略母产业，可加速其实现"从数智竞争力到新质生产力"的价值迭代升级。也就是说，让战略母产业从赋能第一、第二、第三产业"数智竞争力"的构建，迈向全面引领和推动经济实现"新质生产力"的飞跃。

若是传统 IT，对应于 Information Technology 即信息技术；如今作为新一代信息技术的新 IT，则对应于 Intelligent Technology 即智慧科技（或智能科技）。新 IT 作为战略母产业的技术基础，涵盖了产业互联网、大数据、5G、云计算、人工智能等新一代信息技术，这些智慧科技的融合应用，正在重塑传统产业格局。战略母产业的基础性地位，正是建立在这些技术对传统产业进行数字化、智能化改造和提升的能力之上。通过引入新 IT 技术，在提高生产效率的同时也降低成本，能为千行百业转型升级提供强大的技术支持。

对于第一产业而言，智慧科技可应用于精准农业、智能灌溉、自动化收割等领域，实现农业生产的高效化和精准化。通过数据分析可更科学地种植，减少资源浪费，提高农产品产量和质量，既有助于提升农业的整体竞争力，还能有效应对气候变化和市场需求变化。

在第二产业中，智能制造、工业互联网等技术应用，使制造业生产效率和质量得到显著提升。通过自动化生产线和智能机器人，企业能够实现高效、精准的生产，同时降低人工成本和提高产品质量。此外，新IT技术具备帮助企业实现供应链管理、产品追溯等功能，可进一步提升制造业的智能化水平。

而对于第三产业，新IT技术应用使服务变得更便捷、高效和个性化。例如，企业通过大数据分析可更准确掌握消费者需求，提供定制化服务；通过云计算和人工智能技术，则可实现服务自动化和智能化，提升客户满意度。

以上彰显的是，战略母产业如何赋能第一、二、三产业构建"数智竞争力"。随着数字经济不断发展，新IT技术越来越拥有成为推动经济增长重要力量的潜能。这种背景下，战略母产业的基础性地位，越来越有望在全面引领和推动经济实现"新质生产力"飞跃上加以体现。即通过提供先进的技术解决方案和服务，帮助各行业实现数字化转型，从而提升整个经济体系的效率和竞争力。这种引领作用固然体现在对传统产业的改造上，更重要的是带来孕育新经济、新业态的可能性。

需要注意的是，战略母产业的基础性地位并非一蹴而就，而是建立在持续的技术创新和产业升级基础之上。技术在不断进步、市场在持续变化，战略母产业也需要不断创新和完善自身，以适应新的发展需求。政府、企业和研究机构等各方也需要步调一致，加强产学研用的合作，推动战略母产业持续发展和升级。

战略母产业的基础性地位，与产业链条的完整性、生态系统的健全性也密切相关。完善的产业链条，能确保战略母产业的稳定发展；而健全的生态系统，可为其提供更多的创新机会和发展空间。因此，加强产业链协同创新和生态系统建设，成为提升战略母产业基础性地位的重要途径。

值得一提的是，战略母产业的基础性地位，远不止体现在对各产业的直接支撑作用上，更在于对经济增长方式转变和产业升级的推动作用。随着数字化转型加速推进，战略母产业将成为引领未来经济发展的重要力量。通过加强技术创新、完善产业链条和生态系统建设等方面努力，可进一步巩固和提升战略母产业的基础性地位，为经济可持续发展注入新的活力。

在此过程中，需关注到战略母产业发展可能带来的各种挑战和风险。包括技术创新的不确定性、市场竞争的激烈、数据安全和隐私保护等问题，都应给予充分的关注与应对。只有全面规划和科学管理，才能确保战略母产业在推动经济发展的同时，实现自身长足发展。

以新 IT 产业为基础，战略母产业在数字时代扮演着至关重要的角色。其基础性地位，既体现在对各产业的深度渗透与融合上，更在于对经济发展各领域的全面引领和推动作用。通过加强技术创新、完善产业链条和生态系统建设等方面的努力，有望进一步巩固和提升战略母产业的基础性地位，使之真正成为经济高质量发展的新动能。

二、战略母产业的创新驱动作用

除了以新 IT 产业基础在经济发展中占据重要地位，战略母产业更以其创新驱动作用为经济体系带来深远影响。创新驱动作用具体表现在科技赋能、产业基石、经济底座以及基础设施等多个层面，通过持续的技术创新和模式更新，催化新科技、孕育新业态、缔造新格局，从而推动产业经济全面升级与深刻变革。

首先，战略母产业通过科技赋能，为传统产业持续注入新的活力。新 IT 技术的应用，如大数据分析、云计算和人工智能等，助力传统产业实现更高效的生产、更精准的管理并带来更优质的服务。例如，在制造业中，通过引入智能制造技术，生产线可实现自动化和智能化，大幅提高生产效率和质量。在服务业中，借助大数据和人工智能技术，企业可更精准地洞察消费者需求，提供个性化的服务，从而提升客户满意度和忠诚度。

其次，战略母产业是众多产业基石，为新兴产业发展提供坚实支撑。新兴产业发展往往依赖于先进技术和创新模式，战略母产业是这些技术和模式的源泉。通过技术创新和模式更新，战略母产业不断孵化出新的产业方向和业务领域，为经济发展注入新的增长点。例如，随着 5G、物联网等技术快速发展，推动智慧城市、无人驾驶等新兴产业崛起，给经济社会发展带来新的机遇。

再者，战略母产业作为经济底座，为整个经济体系稳定运行提供保障。经济底座的稳固与否，直接关系到经济发展的可持续性和稳定性。战略母产业提供关键技术和核心服务，确保经济底座的坚实。如在金融领域提供科技解决方案，既能提升金融服务的效率和便捷性，还可增强金融系统的安全性和稳定性，为经济健康发展提供有力保障。

同时，战略母产业还扮演着基础设施的角色，为经济社会发展提供必要的公共服务。基础设施是经济社会发展的重要支撑，而建设和运营关键的信息基础设施，如数据中心、云计算平台等，能为各行各业提供高效可靠的信息服务。这些基础设施的建设和运营，在提升信息资源利用效率的同时，还推动着经济数字化和智能化进程。

在此基础上，战略母产业的创新驱动作用，体现在催化新科技、孕育新业态、缔造新格局的能力上。随着技术进步和市场变化，战略母产业通过持续的技术创新和模式更新，不断开辟新科技领域和新市场空间。这些新科技和新业态的涌现，为经济发展注入新动力，为社会进步带来新机遇。例如，随着人工智能技术快速发展和应用普及，智能教育、智能医疗等新业态兴起，正在为人们生活带来更多便利和福祉。

战略母产业的创新驱动作用，对推动经济体系升级和变革具有重要意义。在传统经济增长动力逐渐减弱的情况下，通过技术创新和模式更新，战略母产业为经济发展持续提供新的增长点和发展动力。这种创新驱动作用，有助于提升经济整体竞争力和可持续发展能力，进而促进社会进步和民生改善。

　　要充分发挥战略母产业的创新驱动作用，重在政府、企业和研究机构等各方协同发力。政策支持层面，需制定相关发展规划，引导资本、人才等资源向战略母产业聚集；企业主体层面，应加强技术创新和研发投入，提升自主创新能力；研究机构层面，则要加强与企业合作交流，推动科技成果转化和应用。

　　当前，战略母产业以科技赋能、产业基石、经济底座和基础设施等多重角色，在经济发展中发挥着举足轻重的创新驱动作用。通过持续的技术创新和模式更新，战略母产业不断催化新科技、孕育新业态、缔造新格局，为整个经济体系升级和变革提供强大动力。

三、战略母产业赋能高质量发展

　　在新一轮科技革命和产业革命的浪潮下，高质量发展已然成为全面建设现代化国家的核心目标。这一转型看重的不是经济增长的绝对速度，而是更强调增长的质量、效益与可持续性。在此时代背景下，战略母产业正成为赋能和推动高质量发展的重要支撑。

　　战略母产业之所以能够在高质量发展中发挥重要作用，首先得益于对发展质量的深刻理解和不懈追求。传统产业的发展往往侧重于规模和速度，而在高质量发展的新阶段，对产品和服务的质量要求达到前所未有的高度。战略母产业依托新 IT 技术的深厚基础，能够实现产品和服务的精细化、个性化，从而满足市场和消费者对高品质生活的追求。例如，在智能制造领域，通过精准数据分析和精细生产控制，确保每一个产品都达到甚至超越既定的质量标准，为消费者提供卓越的使用体验。

除了对质量的极致追求，战略母产业还注重发展的效益。这里的效益不单指经济效益，更包括社会效益和环境效益。通过技术创新和模式更新，不断优化资源配置，提高生产效率，降低成本，从而实现经济效益最大化。同时关注产业社会责任，致力于通过技术手段解决社会问题，如通过智能环保技术减少污染排放，通过智能医疗技术提高医疗服务水平等，以此实现社会效益的提升。

可持续性是高质量发展的又一重要维度。面对全球气候变化和资源紧张挑战，可持续性已成为产业发展的必然选择。战略母产业在发展过程中始终贯彻绿色、低碳、循环理念，通过采用新能源、节能技术以及资源回收利用等手段，在降低自身环境负荷的同时，为其他产业树立可持续发展的典范。更重要的是，战略母产业通过技术创新，推动整个社会经济体系向更加绿色、低碳方向转型，为实现全球可持续发展目标贡献中国智慧与中国方案。

从经济学视角来看，战略母产业对高质量发展的推动作用，还体现在其对产业结构优化的引领上。在新一轮科技革命和产业革命推动下，产业结构正在发生深刻变革。战略母产业以技术优势和创新能力，引领产业结构向更高端、更智能、更绿色方向发展。这种引领作用，一方面提升整个经济体系竞争力和抗风险能力，另一方面还为未来经济增长奠定坚实基础。

战略母产业在推动高质量发展过程中，也面临诸多挑战和困难。

如何保持技术创新持续性、如何应对国际竞争压力、如何平衡经济效益和社会效益等，都是需要深入思考的问题。正是这些挑战，激发战略母产业不断创新、不断进取的动力，为其未来发展提供无限可能。

如今，以其对质量、效益和可持续性的不懈追求，战略母产业正成为推动高质量发展的新引擎。在新一轮科技革命和产业革命背景下，有理由相信，战略母产业将继续发挥独特优势和作用，引领经济走向更繁荣、更可持续的未来。

四、战略母产业与全要素生产率

在经济学中，全要素生产率（TFP）是衡量生产效率的关键指标，反映技术进步、管理改善和制度创新等因素对经济增长的贡献。战略母产业释放新质生产力的重要标志是全要素生产率大幅提升，进而推动经济持续健康发展。这一过程，主要通过促进产业创新效率和实体经济转型来实现。

首先，战略母产业通过促进产业创新效率提升，为全要素生产率的提高奠定坚实基础。创新是经济增长的源泉，而战略母产业是创新活动的引领者和实践者。凭借在新 IT 技术领域的深厚底蕴，战略母产业不断孵化出新技术、新产品和新服务。这些创新成果在产业中的应用，极大提高生产效率和质量。更为重要的是，通过构建开放创新生态，战略母产业推动产学研用深度融合，加速科技成果的转化和商业化进程。创新效率的提升，在直接推动战略母产业自身发展的同时，更通过技术溢出效应，带动相关产业实现技术进步和效率提升，从而对整个经济体系的全要素生产率产生积极影响。

其次，战略母产业通过助推实体经济转型升级，进一步提高全要素生产率。实体经济是一国经济的根基，其转型升级对于经济整体效率和竞争力提升具有重要意义。凭借先进技术和创新模式，战略母产业为实体经济提供强大的技术支持和解决方案。无论是智能制造、绿色能源还是数字经济等领域，都发挥其关键引领作用，推动传统产业向更高效率、更低能耗、更环保方向转型。在转型过程中既提升实体经济生产效率和质量，更在宏观层面上推动整个经济体系的全要素生产率提升。

从更深层次的角度来看，战略母产业在提升全要素生产率方面，还体现在对资源配置的深度优化上。在市场经济条件下，资源有效配置是提高生产效率的关键。通过强大的技术实力和创新能力，战略母产业引导资源向更高效、更有潜力的领域流动。资源配置的优化，意味着资源利用效率的提高，也在一定程度上促进资源错配和浪费等问题的解决，进而影响到整个经济体系全要素生产率的进一步提升。

战略母产业对全要素生产率提升具有长远战略意义。随着全球经济深入发展和竞争格局变化，全要素生产率提升成为国家竞争力的重要标志。通过促进产业创新效率和实体经济转型升级，战略母产业为国家整体竞争力跃升奠定坚实基础。这种竞争力的升级有助于应对当前经济挑战，更为未来经济长远发展孕育着强大潜能。

充分发挥战略母产业对全要素生产率的提升作用，同样离不开政府、企业和社会各方共同努力。政府应加大对战略母产业支持力度，制定相关政策和规划，引导其健康发展；企业要加强自身创新能力建设，提高技术水平和市场竞争力；社会各方也积极参与和支持战略母产业的发展，共同推动经济持续健康发展。

应当看到，通过促进产业创新效率提升、助推实体经济转型升级，整个经济体系的全要素生产率将大幅提振。这具有深刻的经济学意义，对推动经济持续健康发展具有长远的战略价值。因此，未来发展必须充分发挥战略母产业的引领作用，共同推动中国经济迈向更高质量、更有效率、更加公平、更可持续的发展新阶段。

第二章

数字产业集群与数实融合 [①]

党的二十大报告指出，建设现代化产业体系，坚持把发展经济的着力点放在实体经济上。数字经济以其高创新性、强渗透性、广覆盖性，持续促进创新、降本增效、深化分工，深刻影响实体经济、科技创新、现代金融和人力资源的发展与协同，成为建设现代化产业体系重要引擎，助推中国经济"换道超车"，将为中国式现代化提供坚实的数字底座。

2022 年 12 月召开的中央经济工作会议提出，要大力发展数字经济，提升常态化监管水平，支持平台企业在引领发展、创造就业、国

---

① 本书作者朱克力博士与国务院发展研究中心研究员张文魁、龙海波等多位专家共同起草，系"新型数字经济治理与高质量发展研究"结题报告（简本）。即将结题之际，党的二十大提出"促进数字经济和实体经济深度融合，打造具有国际竞争力的数字产业集群"。鉴于此，本结题报告使用了"数字产业集群"一词来指代此前讨论的"战略母产业"（前者一定程度上是后者的具象化表达）。结题报告题为《促进数实融合发展 培育数字产业集群》，整体沿袭此前《战略母产业论纲（讨论稿）》的问题导向、研究思路并择其精要，试图及时而深入解读和总结我国促进数实融合发展、培育数字产业集群的路径与经验，为今后我国持续做强做优做大数字经济、重塑国家竞争新优势提供切实有益的参考。

际竞争中大显身手。

作为"新型数字经济治理与高质量发展研究"课题成果，基于我国数字经济发展现状和趋势，立足新时代数字中国战略部署和顶层设计，围绕党的二十大报告提出的"促进数字经济和实体经济深度融合，打造具有国际竞争力的数字产业集群"深入解读，总结我国促进数实融合发展、培育数字产业集群的路径与经验，旨在为今后持续做强做优做大数字经济、重塑国家竞争新优势提供切实有益的参考。

促进数字经济和实体经济深度融合成为实现高质量发展的关键路径，发展数字经济、深化数实融合亟须打造具有国际竞争力的数字产业集群，在此过程中，应更好发挥数字科技的先导作用。为此，结合国内数字生态助力一二三产业融合发展、大中小企业融通创新的有关案例，从来自一线的数实融合实践中，管窥我国企业探索共享创新之路，为持续推进中国式现代化夯实数字化支撑。最后，提出促进数实融合发展、培育数字产业集群、建设世界一流企业的相关政策建议。

一、为中国式现代化提供数字底座

数字经济是指以数据资源作为关键生产要素、以现代信息网络作为重要载体、以信息通信技术的有效使用作为效率提升和经济结构优化的重要推动力的一系列经济活动。显然，数字经济的快速发展建立在现代信息通信技术以及互联网技术、数据采集和传送、算力等一系列数字技术的基础之上。数字技术的最新发展和未来可能突破还包括人工智能、深度学习、量子计算和量子通信、碳基芯片、生物芯片、虚拟及增强实现、脑机接口等技术。

应该认识到，数字技术是新通用技术。因此，其渗透性将远远超过目前范围，几乎会应用到所有行业、所有领域，就像驱动前两次工业革命的蒸汽动力和电力技术那样。其对经济增长的推动力的强劲性和持久性，也会超过许多人的想象。在新一轮科技革命和产业变革下，作为新通用技术的数字技术催生了数字经济新动能，并驱动诸多产业获得创新发展，正在成为经济增长的新引擎，一些数字科技企业已形成较大规模并在全球范围内持续提升影响力。

我国有关部门把数字经济划分为数字产品制造业、数字产品服务业、数字技术应用业、数字要素驱动业、数字化效率提升业等5个大类，并把数字经济诸多产业分为产业数字化和数字产业化两大部分。产业数字化部分，是指应用数字技术和数据资源为传统产业带来的产出增加和效率提升，是数字技术与实体经济的融合，涵盖智慧农业、智能制造、智能交通、智慧物流、数字金融、数字商贸、数字社会、数字政府等场景，体现了数字技术与各行业的深度渗透和广泛融合。数字产业化部分，是指为产业数字化发展提供技术、产品、服务、基础设施和解决方案，以及完全依赖于数字技术、数据要素的各类经济活动，包括计算机通信和其他电子设备制造、电信广播电视和卫星传输服务、互联网和相关服务、软件和信息技术服务业等行业。数字产业化部分是数字经济的核心产业。

国家互联网信息办公室发布的《数字中国发展报告（2021年）》

显示，2017 年到 2021 年，我国数字经济规模从 27.2 万亿元增至 45.5 万亿元，年均复合增长率达 13.6%，占国内生产总值比重从 32.9% 提升至 39.8%，成为推动经济增长的主要引擎之一。数字产业规模快速壮大，2017 年到 2021 年，规模以上计算机、通信和其他电子设备制造业营收由 10.6 万亿元增长至 14.1 万亿元；规模以上软件业营收由 5.5 万亿元增长至 9.5 万亿元；规模以上互联网和相关服务业营收由 7101 亿元增长至 15500 亿元。数字化转型加快推进，农业数字化水平快速提升，精准作业、数字化管理等推广普及。农村电子商务蓬勃发展，2021 年全国农村网络零售额 2.05 万亿元，是 2017 年的 1.6 倍。制造业数字化转型向纵深推进，工业互联网应用已覆盖 45 个国民经济大类。2017 年到 2021 年，规模以上工业企业关键工序数控化率、数字化研发设计工具普及率分别由 46.4%、63.3% 上升至 55.3%、74.7%。

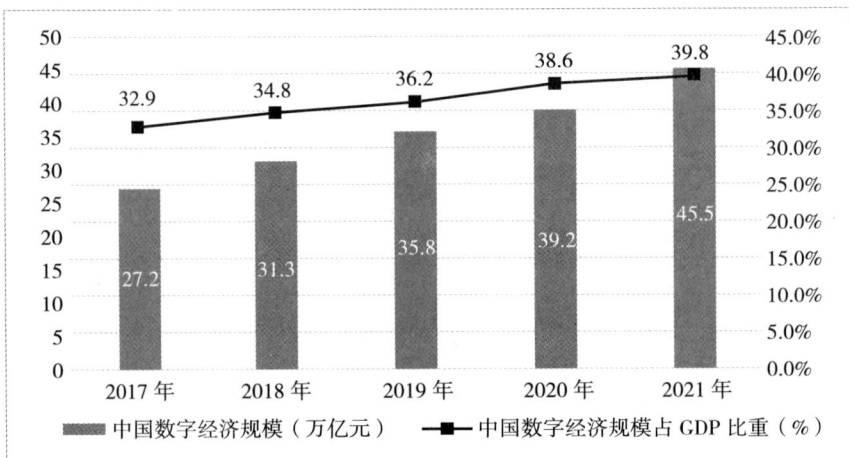

图 1　2017—2021 年我国数字经济规模及占 GDP 比重

来源：中国信息通信研究院

在过去 20 多年里，我国互联网产业获得了巨大发展。《数字中国发展报告（2021 年）》显示，从 2017 年到 2021 年，我国网民规模从 7.72 亿增长到 10.32 亿，互联网普及率从 55.8% 提升至 73.0%，特别是农村地区互联网普及率提升到 57.6%；我国电子商务交易额从 29 万亿元增长至 42 万亿元，网上零售额从 7.18 万亿元增长至 13.09 万亿元。中国互联网络信息中心（CNNIC）数据显示，截至 2022 年 6 月，中国网络购物用户规模达 8.41 亿，占网民整体的 80%；2013 年中国网络购物用户规模仅为 3.02 亿，占网民整体的 48.9%。另据《中国互联网络发展状况统计报告》显示，到 2020 年底，网络支付用户规模达 8.54 亿，占网民整体的 86.4%；网络视频用户规模达 9.27 亿，占网民整体的 93.7%，其中短视频用户规模为 8.73 亿，占网民整体的 88.3%；互联网政务服务用户规模达 8.43 亿，占网民整体的 85.3%；我国互联网上市企业在境内外总市值达 16.80 万亿元，较 2019 年底增长 51.2%；当年网上零售额达 11.76 万亿元，较 2019 年增长 10.9%，其中实物商品网上零售额 9.76 万亿元，占社会消费品零售总额的 24.9%。根据工信部的数据，到 2021 年 3 月底，我国企业关键工序数控化率达到 52%，数字化研发设计工具普及率达到 73%，工业互联网平台连接工业设备总数达到 7300 万台，工业 App 突破 59 万个；截至 2020 年三季度，我国光缆线路长度达到 4983 万公里，移动电话基站数达到 916 万个，互联网宽带接入端口 93682 万个。

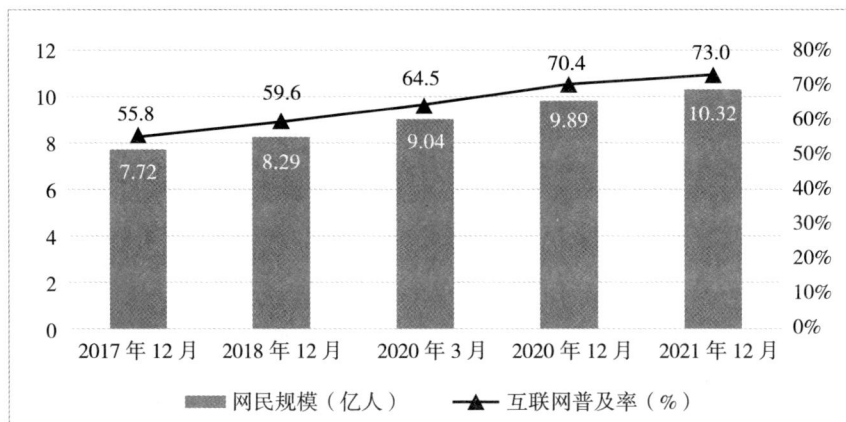

图2　2017—2021年我国网民规模及互联网普及率

来源：CNNIC

　　我国政府正在继续推动数字经济大发展。国家公布的"十四五"规划纲要指出，要前瞻谋划未来产业，包括类脑智能、未来网络等产业，打造未来应用技术场景，加快产业形成和发展。工信部等部门印发了《工业互联网创新发展行动计划（2021-2023年）》，从"建平台、用平台、筑生态"三方面共同推进工业互联网平台升级和发展。可以预期，我国数字经济，无论是产业数字化部分，还是数字产业化部分，在未来几年及更长时间，都将得到长足发展。

　　我国领导人强调，要不断做强做优做大我国数字经济。"做强做优做大"涵盖数字经济发展的质量、结构和规模三个维度，锚定了我国数字经济发展有机统一的三个目标。无论是提升质量（做强）、优化结构（做优）还是壮大规模（做大），要加快发展数字经济，关键路径在于党的二十大报告提出的"促进数字经济和实体经济深度融合，打造具有国际竞争力的数字产业集群"。

在经济发展全局中，数字经济所处的位置进一步明晰。党的二十大报告对"建设现代化产业体系"进行了战略部署，提出要坚持把发展经济的着力点放在实体经济上，强调"加快建设制造强国、质量强国、航天强国、交通强国、网络强国、数字中国"。短短一句话，包含了六个领域的产业战略，都是发展实体经济、建设现代化产业体系的具体支撑。这些领域看上去是并列关系，但在表述上有着细微差异。前五个领域，制造强国、质量强国、航天强国、交通强国、网络强国，无不以"强国"为后缀。唯有紧跟其后的数字中国例外，最终用的是"中国"。对于其中深意，可由浅入深从三个层面来予以理解。

一是正视我国数字经济大而不强、与数字强国差距较为明显的现状。我国数字经济的规模已经连续多年位居世界第二，当前我国网民数量、数据资源、数字化应用场景全球领先，市场潜力巨大。与此同时，我国数字经济还存在大而不强、快而不优等问题。尽管我们培育了一批数字经济战略型企业，但与全球第一数字强国的美国同类企业相比，更需加快追赶步伐。也就是说，想成为数字强国更应谋定后而动，先努力做好自己，从数字中国做起。不过，鉴于其他几个领域同样有大而不强等共性，这个层面不足以说明个中差异，还要重点理解以下两个层面。

二是区分中国在不同领域扮演的角色，从跟跑者、并跑者再到领跑者。前五个领域中国是跟跑者，最多是并跑者。在这些领域，国际上已有强者占据领先的标准和模式。制造强国、质量强国、航天强国、交通强国、网络强国，分别是德国、日本、俄罗斯、美国、英国走过的路。而在数字化领域，中国不仅是全球数字化用户领先国家，还在 2021 年超越美国成为全球数据生产量最大的国家。数字经济是全球产业竞争的制高点，中国有机会在这个新赛道上，"换道超车"蹚出自己的路，从并跑者跃升为领跑者，制定数字经济的中国标准、中国模式。因此在战略上强调是"数字中国"。

三是对中国式现代化底座的有机概括，数字中国是这些底座的落点。数字经济发展不仅为中国带来实现换道超车的宝贵机会，同时为实现高质量发展和中国式现代化提供坚实的数字底座。制造强国、质量强国、航天强国、交通强国、网络强国，也在各自领域提供底座支撑。随着数字技术融入实体经济及千行百业，持续释放对经济发展的放大、叠加、倍增作用，数字经济正成为"底座的底座"。从工业时代迈向数字时代是历史必然，也是最大的确定性，能兼容其他领域融合发展的莫过于数字化，由此，将数字中国放在众多产业战略的最后，作为各项强国目标的战略锚点和落脚点。

关于数字中国的表述，这三重理解本身并无对错或高下之分，逻辑上是层层递进的关系，对应了我国数字经济发展的基本现实及未来前景。而顶层设计不会仅从现状来命名或定义某个产业战略，往往更多关注其在全局中的角色定位和发展愿景，因此，后两个理解层面更具战略前瞻性，也更匹配"做强做优做大"的政策基调，应当作为今后观察数字经济发展取向的一个认知起点。

二、助推中国经济加快"换道超车"

数字经济发展速度之快、辐射范围之广、影响程度之深前所未有，逐渐成为改变未来产业形态、塑造全球竞争新优势的关键力量，其背后也蕴含着经济结构调整和产业转型升级的必然，为开辟产业新领域新赛道提供了新机遇。我国数字经济规模持续快速增长，总量连续多年位居世界第二。与此同时，我国拥有10亿多网民产生的全球最大数据资源、近2亿多受过高等教育或拥有各类专业技能的人力资本，以及超大规模的市场优势和门类齐全的产业配套。可以说，无论是在规模还是结构上，"换道超车"都已具备充分条件，而数字经济作为构建新发展格局的重要力量，具有以下几个方面的积极深远影响。

从促进创新看，旨在形成需求牵引的创新模式，进一步提升资本运营效率。当前，新一轮科技革命和产业变革推动全球数字经济价值链加速重构，特别是大数据、云计算、人工智能、区块链等新技术不断迭代，量子计算、类脑计算等未来技术层出不穷，数字经济已成为依靠创新驱动推动经济增长的重要引擎。因此，必须牵住创新驱动的"牛鼻子"，把发展数字经济自主权牢牢掌握在自己手中，这有助于进一步增强产业链供应链韧性、提升数字经济价值创造力，朝着智能化、服务化、生态化方向发展。如何充分利用好海量数据和丰富应用场景，真正形成以需求牵引创新模式、以提升供给质量有效扩大需求的良性互动，成为新型数字经济治理与高质量发展重要议题。因此，要不断拓展数字技术的能力边界和交易边界，拓宽数智化的应用场景和想象空间，更好发挥科技创新的引领作用、产业链发展的牵引作用、数字化转型的赋能作用，真正将数字经济领域创新成果转化为制造业等实体经济提质增效、转型升级的"创新红利"。

不同于传统的农业、工业经济形态，数字经济呈现以数据作为关键生产要素，通过对其进行深入挖掘和分析，并以此为基础实现产品和服务模式创新，"云 + 网 + 端"成为数字经济的主要运行框架。在这种情况下，海量数据资源不断积累和新型基础设施不断完善，对扩大社会再生产、提高社会生产效率具有重要作用，而且也提高了社会资本的集聚速度与集中程度。目前，我国在网络社交、电子商务、交通出行、数字文化、金融科技等领域已实现"换道超车"，带来"平台经济""共享经济"等新业态新模式，数字化变革的创新溢出扩散效应得到充分发挥。以零售业为例，企业前期集中对消费端业务进行数字化转型，现在越来越多的企业专注于数据中台搭建，通过数字化实现更精细的场景应用创新，包括供应链优化和销量实时精准预测，逐步推动从单点应用到全局优化，从而倒逼产业结构加速调整，进一步提升资本运营效率。

在降本增效方面，通过增加要素供给、降低交易成本，推动要素优化配置。数字经济高渗透性、高协同性特征促进要素匹配更有效率、更加精准，从而优化了各类要素资源配置。相较于传统精益生产，数字经济时代下的降本增效是通过数字技术价值新创造和数字技术赋能，进而推动工作流程、方法和制度整体改进，促使企业组织形态朝着网络化、扁平化、柔性化模式转变。一般而言，数字经济包括数字产业化和产业数字化两部分，在降本增效上体现各有侧重。

数字产业化是新供给创造出来的新需求，这是将大数据作为新型生产要素参与要素供给的重要表现形式。正如"大数据之父"维克托·舍恩伯格所言，大数据是人们获得新的认知、创造新的价值的源泉，大数据还是改变市场、组织机构，以及政府与公民关系的方法。增加数据生产要素供给，是对已有劳动力、土地、资本、技术等要素配置的持续优化，即通过进一步强化市场竞争加快生产要素合理流动，提高新要素组合的投入产出比。特别是要推动大量存储于各类平台的数据要素实现优化配置。

产业数字化则侧重于改变生产组织方式，可能使产品的生产逐渐突破企业自身边界，不断提高全要素生产率。对于企业数字化转型而言，就是要利用数字科技对传统产业进行全方位、全链条改造，搭建一个或多个贯穿企业内部和外部活动的交易架构，达到降低企业交易成本、提高交易频次、完善交易体验的目的。比如，依托数字化平台充分发挥全球要素集聚作用，让中小企业参与其中，提高不同产业之间的协作效率，同时通过汇集大量的交易数据，从而实现更大范围的要素流动。

在深化分工方面，不断催生工作新形态，推动产业向技术与资本密集型升级。数字经济不能完全脱离实体经济而存在，与实体经济融合发展是深化产业分工的重要前提。研发设计、产品制造、产品销售和售后服务等不同环节附加值水平的高低与技术工艺垄断、潜在应用市场规模、不同群体需求导向相关。其中，数据是最重要的要素禀赋，同时也是产业链中最关键的传播介质，人才是参与产业链分工最关键的竞争优势来源。这些都深刻影响着产业形态、流向、价值分配等方面，决定着企业参与数字经济分工的基础条件和产业链所处位势。已有研究表明，数字经济价值创造是对数据、人才等要素的知识价值导入，属于高知识密集型产业。企业数字化转型是实现数字经济与实体经济深度融合的微观着力点。

随着数字经济蓬勃发展，与数字技术相关的新职业越来越多，且经过了长期实践发展逐步定型，也意味着数字产业领域进入到深度分工阶段。国家职业分类大典（2022 年版）首次标注了数字职业，从数字产业化和产业数字化两个视角，围绕数字语言表达、数字信息传输、数字内容生产三个维度进行分类，目前共标注数字职业 97 个，包括区块链工程技术人员、数据安全工程技术人员、信息管理工程技术人员、数据分析处理工程技术人员、人工智能工程技术人员、数字化解决方案设计师等。数字经济不仅创造了大量就业机会，也导致工作形态出现了从线下到线上、从固定到灵活、从单一到多元等方面的转变。中国信息通信研究院 2021 年发布《数字经济就业影响研究报告》指出，数字产业化领域招聘岗位数量占总招聘岗位数量的32.6%，占总招聘人数比重为 24.2%。到 2025 年，数字经济带动就业人数将达到 3.79 亿。

数字技能已成为蓝领最为重视的职业技能。"数字工匠"是既具有现代工业技术技能水平，又掌握智能化网络化技能、善于渗透融合数字技术改造提升传统产业的复合型技能人才，这类人才是传统工业与数字技术融合创新、推动产业转型升级的基础支撑。根据中国劳动和社会保障科学研究院编制的《数字生态就业创业报告》，2021年微信生态衍生4618万个就业机会，同比增长25.4%。其中视频号、公众号、小程序分别有47.3%、31.7%、28.9%的从业者愿将当前从事的工作作为终身职业。

与欧美发达国家相比，我国数字经济推动劳动密集型产业发展较快，而对于技术和资本密集型产业数字化发展相对滞后。但从最新数字职业分类看，技术和资本密集型特点在数字化变革趋势下逐渐显现，对从业人员的教育背景、技术资质等提出了较高要求，领军型人才和人才团队对数字经济产业发展至关重要。进入新发展阶段，无论是消除数字壁垒、弥合数字鸿沟、推动数字经济健康发展，还是打造国际竞争新优势、培育合作增长点、促进全球经济复苏，都迫切需要加快构建数字合作新格局，其背后是不断演进迭代的数字技术和互联互通的数字基础设施。因此，要继续保持全球数字经济分工领先地位，在技术、场景应用等产业链关键环节进一步增强竞争力，加快实现对发达国家新兴产业的全面赶超。

三、促进数实融合发展的四大路径

实体经济是一个国家经济的命脉所在，数字经济是科技革命和产业变革的前沿阵地，二者相辅相成、互为支撑。近年来，在"互联

网 +""数字中国"等一系列"数实融合"发展战略指引下，我国数字经济和实体经济融合呈现逐年稳步增长趋势，体现了以数据为关键要素、数字技术与实体经济深度融合的发展主线，是市场需求拉动、科技创新驱动、数字产业推动、数字基础设施和人力资本支撑等共同作用的结果。当前，我国正从制造大国加快向制造强国迈进，促进数字经济与实体经济的深度融合既是推动产业基础高级化、产业链现代化的必由之路，也是应对外部环境诸多不确定挑战的战略选择。要把握数字化、网络化、智能化方向，加快数字技术对传统产业进行全方位、全链条的改造，积极推进制造业、服务业、农业数字化转型。

　　要素融合是数实融合的前提条件，通过深度改造生产函数并不断创造融合新业态。生产活动的开展需要生产要素投入，而早期生产活动主要依靠土地、劳动力等生产要素。随着数字经济和实体经济融合逐步从消费领域深入到生产领域，数据与其他生产要素的融合提上重要议程，这取决于大数据、云计算、人工智能等新一代数字技术成熟和商业化应用程度。截至 2021 年，全国软件业务年收入达 9.6 万亿元，工业互联网核心产业规模超过 1 万亿元，大数据产业规模达 1.3 万亿元，成为全球增速最快的云计算市场之一。2021 年世界互联网大会乌镇峰会致辞指出："当前互联网发展跃升到全面渗透、跨界融合的新阶段，数字技术深度改造生产函数并不断创造新业态。"由此可见，数据对于包括制造业在内的国民经济各行业创造的价值越来越重要，并深刻影响着生产函数的实际效用。但同时也应看到，不同行业、不同区域、不同群体之间的数字化基础不同，发展差异明显，甚至有不断扩大趋势，数据改造生产函数需要建立在已有数字化基础上之上，从要素替代、效用倍增、性能提升、投入延展等方面逐步深化对数实融合的认识。

第一，数据作为数字经济关键要素进入生产函数，会逐步替代土地、资本等生产要素。换言之，在相同产出下会减少一种或几种生产要素投入，更加凸显要素融合中数据的基础性作用。第二，数据能够让其他生产要素在投入保持不变情况下形成更大产出，主要体现在数据要素融合价值和新增价值的创造转化，进一步拓宽了投入产出渠道。第三，数据与其他生产要素相互作用，充分发挥其边际收益递增、边际成本递减和反复开发利用的独特优势，从而优化其产出结构、质量和性能。第四，数据作用的发挥需要其他生产要素投入作为支撑。例如，数字新型基础设施建设需要大量的资本投入，同时还蕴含着许多知识技能，在实际运行中也需要持续的能源和人力投入。

技术融合是数实融合的重要内容，通过构筑数字化应用内核推动向纵深发展。数字技术是应用牵引的技术形态，应用频率越多、范围越广、程度越深，数字技术发展水平也就越高。推动数实融合的有力结合点，就是要通过技术融合建立制造业应用场景与数字产业之间的联系，突破数字领域基础技术和关键共性技术，不断创造实体经济高质量发展新需求。长期来看，制造业通过数字化转型实现产业数字化，加速向数字化、网络化、智能化方向延伸拓展，软件定义、数据驱动、平台支撑、服务增值、智能主导的特征日趋明显。我国拥有超大规模市场优势，企业数字素养和应用技能普遍较高，对数字化应用需求旺盛，各类最前沿的技术难题、最广泛的数字需求、最丰富的数据资源、最多样的应用场景都集中在以制造业为代表的实体部门。把制造业的应用场景建立起来，新技术、新产品的落地验证和迭代升级就有了数字试验空间，由此可能会催生一批具有世界影响力和全球竞争力的数字产业和数字企业，为数字产品和服务提供新的可能。

在具体政策实践中，政府相关部门积极推动数字技术嵌入实体经济，利用数字技术推进实体经济产业升级，加速数字化转型向各领域纵深发展。随着国家发改委《数字化转型伙伴行动》倡议、国务院国资委《关于加快推进国有企业数字化转型工作的通知》、工信部《中小企业数字化转型指南》等相继出台，企业数字化转型更加重视产业孵化、培育及壮大发展，从而形成数字经济的核心驱动力。比如，数字孪生技术正在为创新构建一个通向零成本试错之路的新模式，创新频率、迭代速度越来越快，品牌及分销、运营分析周期、新产品上市周期等创新闭环周期大幅压缩。与此同时，通过对全球创新资源的广泛连接、高效匹配和动态优化，加快工业、交通、建筑、文化教育产业等实体经济领域产业数字化转型，构建多主体协作、多资源汇集、多机制联动创新生态。

物理融合是数实融合的关键载体，通过数字有机联接形成具有公共属性基础设施。数字经济时代，5G 基站、大数据中心、工业互联网等数字化基础设施成为联通物理空间和虚拟世界的载体，更加突出"高速泛在、智能敏捷"，推进跨行业跨界融合和互联互通。目前，我国近 50 个国民经济大类已与工业互联网展开融合，具备行业、区域影响力的工业互联网平台超过 150 个，重点平台工业设备连接数超过 7900 万台套，服务工业企业超过 160 万家，工业 App 数量达到 28 万余个。通过与制造业深度融合，进而在新型基础设施、应用模式和工业生态上推动创新发展，实现对人、机、物、系统等全面连接。从微观企业层面看，依托新型数字技术将生产各环节全部数字化、网络化。比如，物联网就是在具体实体对象中嵌入传感器、作动器或其他数字化装置，可以连接和组网以用于采集和交换数据。数字孪生充分利用物理模型、实时动态数据感知更新、静态历史数据等，在虚拟空间中完成相对应的实体装备或生产过程的全生命周期映射。

面向未来，工业元宇宙将成为数字经济和实体经济强交互、深融合的新载体，是复杂先进的新数字化工业经济系统、智能制造的"未来形态"，推动制造业数字化向更高层级跃升。既包括基础层虚实融合的工业要素，也包括应用层全系统全生命周期创新应用等，通过强化物理世界与信息世界的联动，保障信息为物理世界服务，实现全生产要素互联、显性化智能决策与辅助生产管理，以及产品全生命周期的透明化管控。《工业元宇宙创新发展三年行动计划（2022—2025）》明确提出，要夯实工业元宇宙基础设施，完善产业支撑体系，拓展现实和虚拟经济融合发展新空间，旨在推动建设一批"工业元宇宙＋垂直行业"的工业元宇宙开放平台，这些都赋予了产业新基建新的内涵和要求，可以促进数字资产和实物资产的融合"孪生"，加速技术变革、组织变革和效率变革。

流程融合是数实融合的核心环节，通过生产系统数字化推动制造业转型升级。数字经济时代，借助大数据、云计算、人工智能、物联网等数字技术，企业原有流程的运行模式正在发生巨大变化，构建"信息化""自动化"和"智能化"的端到端流程，由此驱动新一轮流程再造和优化。2019 年 10 月，加特纳（Gartner）提出了 Hyperautomation（超自动化）的概念，并将其列为 2020 年十大战略技术趋势的榜首。大型工业企业通过"业务协同 + 数据共享"的数字化流程促进高效协同，使得生产系统越来越具有自感知、自学习、自决策、自执行、自适应等功能，真正做到以用户为中心。在此过程中，业务流程和管理流程打通，同时与数据仓形成环流，最终以数字表达的主流程进一步对接所有子流程，推动生产系统一体化大协同。从某种意义上来说，数字化流程系统就是一个超级强大的"任务自动派发器"，数字化流程引擎自动地将一个个"工作任务"派发给不同岗位上的"人员"。

目前，越来越多的制造企业希望通过提高效率、实现可持续性和改进产品质量来获得竞争优势。具有示范意义的"灯塔工厂"就是制造业数字化转型升级的重要一环，中国已上升至 42 家。十年来，我国深入实施智能制造工程和制造业数字化转型行动，深化云计算、大数据、人工智能与制造业融合发展，发布国家智能制造标准体系，建成 700 多个数字化车间 / 数字工厂，实施 305 个智能制造试点示范项目和 420 个新模式应用项目，培育 6000 多家系统解决方案供应商。制造业推动着智能化制造、个性化定制、网络化延伸、数字化管理新模式等加速普及，流程融合进入与数据、技术、物理融合相互促进的高质量发展新阶段。

四、积极培育和打造数字产业集群

发展数字经济需要协同推进数字产业化和产业数字化，推动数字经济和实体经济深度融合，打造具有国际竞争力的数字产业集群。《国民经济和社会发展第十四个五年规划和 2035 年远景目标纲要》特别强调，要加快推动数字产业化和推进产业数字化转型，打造数字经济新优势。国务院印发的《"十四五"数字经济发展规划》也对数字产业化提出要求：到 2025 年，数字产业化水平显著提升。具体而言，数字技术自主创新能力显著提升，数字化产品和服务供给质量大幅提高，产业核心竞争力明显增强，在部分领域形成全球领先优势。新产业新业态新模式持续涌现、广泛普及，对实体经济提质增效的带动作用显著增强。

作为数字经济发展的基础，数字产业化是指为产业数字化发展提供数字技术、产品、服务、基础设施和解决方案，以及完全依赖于数字技术、数据要素的各类经济活动。也可将其理解为随着人工智能、云计算、区块链等数字技术的不断成熟，通信技术以及数据提供的能力与信息的规模化、产业化发展而逐渐形成的新型产业体系。而产业数字化则是指应用数字技术和数据资源为传统产业带来的产出增加和效率提升，是数字技术与实体经济的融合体。

推进数实融合，发展数字经济，为实现高质量发展提供了坚实的数字底座。随着数字技术融入实体经济及千行百业，持续释放对经济发展的放大、叠加、倍增作用，数字经济在经济全局中的角色定位越发重要。在此过程中，应正确认知和处理好"数实关系"。一方面，实体经济是国民经济的顶梁柱，是发展经济的着力点，也是数字技术发挥用武之地的主战场；另一方面，数字经济是融合性经济，是其他产业发展和各种资源高效配置的融合剂，同时也是助推剂、催化剂、增效剂。在数实关系中，实体经济与数字经济是一体两面的，当数实融合到达一定程度之后，传统意义上的实体经济形态，必然会转化为数字经济条件下的新型实体经济形态。

数实融合作为"十四五"期间我国做强做优做大数字经济的重要任务，是数字产业化和产业数字化的协同途径、构建新发展格局和推动高质量发展的新动能。持续推进数实融合，可以不断催生网络化协同制造、大规模个性化定制、远程智能服务等符合市场需求的新业态新模式，成为引领实体经济特别是传统制造业数字化转型的动力源泉。数实融合的要义在于"以数强实"，即通过数字化手段，大幅增强企业尤其是实体企业的竞争力。放在更大的历史视野来看，当前产业数字化的大幕才拉开不久，数字技术和数字经济在促进创新、降本增效、深化分工等方面的作用，还远不能与蒸汽革命、电力革命等同日而语。但随着云计算、人工智能、远程交互等软硬件技术持续突破，"以数强实"将迸发更大能量，成为新一轮产业革命的驱动器。数字经济赋能效应明显，能有效推动传统产业优化资源配置、调整产业结构，实现传统产业转型升级。

在"以数强实"的逻辑下推进数实融合，亟须进一步提升数字产业规模，打造具有国际竞争力的数字产业集群，让数字科技企业更充分发挥自身在平台、技术、数据等方面优势，有效助力实体经济发展，赋能产业转型升级。既需要在稳定市场预期的基础上实施高水平监管，也需要进一步为行业高质量发展营造高水平开放环境。当前形势下，我国一些关键核心技术领域被"卡脖子"，这就要求数字经济在内的各行各业，积极推进科技自立自强。在此过程中，必须遵循科学规律和市场规律，正确处理好科技创新与对外开放的关系，坚持高水平对外开放，发挥我国巨大消费市场在构建双循环新发展格局中的作用，在扩大开放中强化自主科研。有高水平监管提供安全保障，有高水平开放提供创新空间，我国数字经济将更加蹄疾步稳，实现可持续高质量发展。

打造和培育数字产业集群，应成为数字产业化推进的核心环节。数字产业集群以数字技术为通用技术、以数据要素为关键要素，对各行各业及经济发展具有持续而深远的影响。它是科技赋能的体现，也是产业创新的基石；不仅是经济成长的底座，还是社会进步的基础设施。在新科技孵化、新业态孕育、新格局构建的过程中，数字产业集群展现出强大的创新与效率驱动力，为发展与变革注入持续动能。面对全球科技竞争、产业转型升级、经济高质量发展等挑战，培育数字产业集群具有划时代的战略意义。为了更好地在新一轮科技革命与产业变革中抢占先机，需要深刻认识并加大数字产业集群的培育力度，以此构筑经济增长的新引擎、产业创新的新底座，为经济高质量发展注入新动能，塑造全球竞争新优势。

如果从协同维度来看，数字产业集群的协同，具体包括纵向数字产业集群、横向数字产业集群和跨产业协同发展。①纵向数字产业集群：由产业链上游至下游，推进基础技术、数字化运营服务、实体经济应用三方面协同发展，突出数字科技平台的技术与业务领先优势，助力数字化落地。②横向数字产业集群：对于处于产业链相同层级的同业公司，发挥业内高数字化程度的企业标杆作用，助力中小创新企业发展，实现业内技术与信息双向流动，提升产业整体竞争力，构建企业创新共同体。③跨产业协同发展：在传统数字产业链外，构造科技机构研究、业内企业应用、金融机构资本投入一体化，实现创新链产业链资金链融通。

五、更好发挥数字科技的先导作用

数字科技由互联网经自身创新和监管引导升级而来，目前已升级到位，融入国家创新发展大局，成为打造具有国际竞争力的数字产业集群的重要力量。

从互联网到数字科技，近年来中央有明确论述，各级政府部门也陆续形成了系统有效的治理架构。近两年，围绕推动互联网平台经济规范健康持续发展，各级各部门在规范治理、风险可控、安全保障等基础上，采取了多项治理措施且初见成效，过去存在的垄断、不正当竞争等方面的状况已经大有改观。

2022 年 4 月 29 日召开的中央政治局会议强调，推动平台经济规范健康持续发展，完成平台经济专项整改，对平台经济实施常态化监管，集中推出一批"绿灯"投资案例。在历经两年集中整改后，互联网平台经济去芜存菁，焕然一新，对宏观经济的重要性、战略性、支撑性随之提升。升级为数字科技后的互联网，无论是稳经济、促就业、保增长方面的作用，还是与实体经济融合、高质量发展方面的价值，都更加值得期待与肯定。

我国之所以高度重视数字科技融合创新发展，将其作为创新战略的先导力量，是由于数字科技发展对我国创新创业乃至经济转型升级持续产生不可或缺的推动作用。

一是数字科技的创新发展，有利于助推创新创业。随着移动互联网的普及以及大数据、云计算的广泛运用，数字科技引发了新一轮产业革命，在培育起一个巨大市场的同时催生一系列新技术、新产品、新业态和新模式。我国积极推动数字科技与创新创业有效融合，引导人才、技术、资金、管理等要素资源积聚整合、开放共享。

二是数字科技的集约高效，有利于助推经济从要素驱动向创新驱动转型。通过激发全社会创新潜能和创业激情，不断提高劳动生产力，培育新的发展动能。数字科技具有集约高效特征，促进人才、资本、创意有机结合，使创新创业活动更加活跃。

三是数字科技的开放共享，有利于促进社会就业、乡村振兴及共同富裕。此外，各级政府发挥互联网和数字科技的开放、透明、公平等特性，推进我国改革开放取得显著进展。

当然，在推进数实融合、加快发展数字经济的过程中，数字科技并不仅仅在国内支持实体经济创新发展，对外也要积极参与我国与包括东南亚在内的国际社会广泛开展数字经济开展合作，加入《数字经济伙伴关系协定》（DEPA）等，为我国更好地与美国等国家竞争数字贸易话语权增添力量。目前，我国数字科技企业在东南亚打造了一个泛中国数字生态，为我国与东盟形成数字经济伙伴关系营造了其他竞争者完全不具备的有利条件。

六、数字生态助一二三产融合发展

促进数字经济与实体经济深度融合，既是做强做优做大数字经济的关键所在，也是实体经济实现转型升级、高质量发展的必由之路。实体经济对于一个国家来说至关重要。当前，我国实体经济已进入由大到强的发展阶段，诸如创新研发能力不足、劳动力成本增加、生产效率低等问题，严重制约了实体经济的转型升级之路。面对新的挑战与机遇，实体经济亟须来一场数字化转型，让数字技术为传统产业升级赋能，通过这场数与实之间的"双向奔赴"，实现质量变革、效率变革、动力变革。

实体经济包括一二三产业即农业、制造业、服务业。当前，服务业数字化快于制造业，更早获得数字化转型收益，正渐进向经济各方面扩散。充分运用数字技术和数据要素，通过产业链条延伸、产业融合、技术渗透、体制创新等方式，将资本、技术以及资源要素进行跨界集约化配置，达到第一产业、第二产业和第三产业的全面融合发展，成为数实融合的核心命题。近年来，无论是宝钢股份与宝钢工程携手打造的首个连铸数字孪生工厂，还是踏歌智行与中环协力合作打造的鄂尔多斯永顺宽体车无人运输项目，都是"以数强实"推进数实融合的现实案例。前者通过构建一个虚实协同、综合集成的钢铁"工业元宇宙"，改变炼钢厂生产组织运行方式，打造少人、高效的数字孪生连铸产线示范；后者则在全国率先实现宽体车无安全员常态化作业，可按矿山调度指令在无人操作的情况下完成高精度循环作业，达到低成本、高效率的矿区生产经营目标。

与此同时，我国数字科技力量立足经济社会需求，不断拓展数字生态，以此作为持续推进数实融合的重要抓手，在服务实体经济、助力中小企业、催生新业态新模式、提供新岗位新就业等方面，日益发挥不可或缺的创造性价值，成为推动经济高质量发展的重要力量。

一是服务实体经济，从"连接"到"激活"。在解决企业内部连接和效率方面，以我国拉链行业龙头企业浔兴股份为例，其将内部办公系统挪到数字平台后，借助数字化和可视化极大地提升了工作效率，甚至改变了其承接客户需求、处理订单的逻辑，实现了柔性生产、个性化定制、极速交付，极大提升了其市场竞争力。近期又将国际物流承运的场景也进行了数字化改造，将多家国际物流承运商连接起来，有国际物流需求时可直接将需求推送给承运商，后者可通过共享的应用入口直接报价，方便厂家进行比价等综合考虑。而过去不同主体数字化系统间烦琐的身份认证、安全等问题也得到零成本解决。

广东壹号食品公司则借助数字化平台，让传统养殖业实现数字化。壹号土猪开发了一套营销管理系统，在养殖端实现每头猪信息化档案建设，生产信息实时可看，1 家农户可养上千头猪，极大地提高了生产效率及生猪存活率；在销售端，通过数字化工具连接了内部员工系统及外部营销人员，实现了每个门店、农场的数据已做到准确、及时、系统管理、数据可量化。过去十年，营收成倍增长，但管理人员成本却保持了十年前的水平，真正实现了降本增效。

三一重工打造的全球连接设备超过 80 万台的根云工业互联网平台，离不开与之合作的数字科技企业强大的云计算、大数据、底层存储与算力支撑。通过大数据预判和智能调配，让挖掘机等大型设备的故障维修，实现 2 小时内抵达现场，24 小时内完成维修，大大减少了因为大型关键设备停机，给生产带来的损失。同时，智能预判也带来零部件的高效周转，易损件备件的库存率低于同行 40% 以上，帮助三一重工每年节约超过 3 亿元资金。数字营销系统为三一重工与用户之间建立起的便捷、通畅、高效的专属沟通渠道，帮助三一重工实现旗下 100 余家代理商营销能力的长期建设与健康发展。

二是助力中小企业，形成快速数字化通道。近两年，各部门都出台相关举措支持中小微企业发展。2021 年，央行及多部委联合下发有关金融机构降费让利的通知，各大银行、机构以及支付平台纷纷跟进。以财付通公司为例，2021 年 9 月至 2022 年 6 月，微信支付在支付服务手续费方面已累计让利约 30 亿元，惠及小微商家超过 2000 万。

2022 年 8 月，社科院针对上海地区中小微企业经营状况的调研也显示，受访的中小微企业主要困难体现在经营成本方面，超过 5 成的受访者认为房租成本高，近 4 成受到订单少、缺少业务的影响。总体来说，个体企业经营中面临的主要困境源自经营成本和经营能力，如何降成本、促进能力提高是改善其运营的关键。从受访者反馈来看，税费负担已经不再是主要困难。除了手续费的减降，中小微企业还从互联网平台获得了其他支持，比如来自平台的数字化经营指导等。

通过人与人、人与物、人与组织之间的广泛连接，大量中小企业形成以公众号进行信息传播、以小程序提供产品服务、以移动办公平台实现内外管理、以视频号输出品牌内容、以在线支付完成价值传递的快速数字化之路。随着"泛连接"的加深和数字工具的迭代，中小企业的数字化转型还在不断向纵深发展。比如，基于移动商业崛起，线下实体突破时空限制，覆盖价值增长近 6 倍，企业服务从"日落而息"进化成"24 小时不打烊"，企业得以一站式解决组织架构、客户关系、生产要素、运营决策的数字化问题。

三是催生新业态新模式，赋能产业新发展。以数字技术为核心的数字生态广泛连接了海量用户，为经济社会发展提供了有效助力。新模式、新业态不断生成，传统行业持续深化数字化转型，衍生出更多就业收入机会和众多新职业新岗位。疫情期间，实体门店线下业务冲击较大，零售、餐饮、旅游和物流等行业的中小微企业对于数字化转型的需求尤为迫切，数字生态对此发挥了积极作用。其通过提供大量数字化工具，不断完善数字化服务能力，使中小微企业可以突破时间和空间限制，将业务从线下转到线上，稳定业务并开拓更多市场。同时还能协同就业人群，全面提升工作效率和就业质量。以零售业为例，目前，围绕私域流量运营，已经延伸出专业为零售主提供服务的私域流量管理产业链。

中央财经大学绿色金融研究院发布的《绿色支付助力碳中和目标》指出，绿色支付能够发挥联结作用，为其他产业绿色升级赋能。一方面，促进实体经济绿色转型。电子支付通过高效、便捷的信息化方式促进了资金流动与货物流动，提升了生产、资源配置和交易效率，同时催生共享经济、餐饮外卖等新型产业的蓬勃发展，加快了传统线下业态数字化改造和绿色转型升级。而绿色支付带来的绿色属性，可以进一步引导生产端和消费端的绿色低碳转型，在绿色生产、绿色消费、绿色生活等多方面发挥积极作用，助力整体市场的绿色转型变革。另一方面，赋能绿色产业可持续发展。绿色支付"无接触式"特性在疫情下发挥的作用日益凸显，对于隔离条件下的产业链、供应链提供了安全高效的支付服务，保障绿色产业于疫情期间在商业上的可持续发展。

四是提供新岗位新就业，厚植新职业沃土。私域运营、网络协同制造、在线办公、电子商务、数字文娱、互联网营销师、网约配送员等从业模式和职业岗位，为数字时代下的高校毕业生、小微商户、蓝领工人、返乡下乡创业人员等群体提供了新的就业收入机会。在创造各种新兴职业的同时，也产生了多种就业方式，更加适合青年人就业创业。

数字技术的公开、透明、留痕等特点也可用于助力灵活就业人群的保障。在线支付务工卡打造了覆盖入职－打卡－签约－投保－领薪全流程的数字化解决方案。实现从招工、就业、签约、上工打卡、发薪及日结保险保障的全流程线上化体验。直播助农带动农村电商发展势头迅猛，使得农村产业市场深度拓展。视频号以其创作门槛低，用户广泛成为帮助农民增收的有力工具。数字科技的创新应用，带动农村一二三产业融合发展。依托视频号、小程序及在线支付等数字化能力，打造"好看乡村"新农人扶持计划和"百县千村万人助农直播"计划等助力全国县域和乡村地区创新创业蓬勃发展。随着普遍教育水平的提升和数字技术的发展，数字生态门槛日益降低，成为许多农村青年进城务工的好选择。

七、培育数字产业集群的策略建议

加快发展数字经济，促进数字经济和实体经济深度融合，是建设现代化产业体系的必然要求。要培育以世界一流企业为主体的数字产业集群，将数字技术全产业链、全生命周期地融入实体经济，进一步健全数字经济治理体系，积极营造推动数字经济持续健康发展的良好生态。

第一，加强科技创新引领，改善创新发展环境，提升数字领域国际话语权。数字技术创新的过程贯穿产业融合全过程，将在未来产业发展中占据重要地位。从集成电路、互联网，到大数据、物联网、云计算、区块链、人工智能等，再到量子计算、量子通信等前沿关键数字技术与生命科学、材料等基础学科的交叉创新，形成庞大的技术簇群，为数字经济发展夯实了底座根基。当前及今后一个时期，要推进数字关键技术自主创新，加强基础研究和前沿科学探索，深化数字技术应用，着力解决核心技术自主创新能力不强、产业链创新链协同不够等问题，充分激发数字技术等综合优势和各类市场主体创新活力，在国际竞争中抢占先机。

一是不断提高数字技术基础研发能力，加强关键核心技术协同攻关。新形势下，基础创新不仅要加大专项研发投入，更依赖于跨学科交叉多元投入，把握颠覆式创新带来的供给创造需求新范式。围绕关键核心技术布局数字技术簇群创新生态体系，形成以技术簇群发展加速关键核心技术研发、以新技术涌现加速技术簇群内在融合。特别是要加快高端芯片、关键基础软件等领域研发突破和迭代应用，提升大数据通用技术水平，强化自主基础软硬件支撑能力，建设高水平产业共性技术平台。

二是探索组建数字技术创新联合体，用好超大规模市场和丰富应用场景优势。鼓励数字经济相关领域龙头企业牵头，联合产业链各环节核心企业、终端用户以及高校、科研院所组建以需求为导向的创新联合体，着力打造贯穿基础科研、芯片／设备研发、数字化及产业应用的产学研用一体化平台。旨在解决制约产业发展的关键共性技术问题，运用市场机制带动全产业链协同创新。同时要坚持"以用促研、研用结合"，以应用及海量数据提升我国数字技术模型迭代优化，加快完善以企业为主体、产学研用相结合的技术创新体系。

三是积极参与国际规则和标准制定，推广已成熟技术应用好做法。提升国际话语权的前提是在相关国际科技组织中主动作为，特别要主动参与信息通信、人工智能、智慧城市等数实融合重要领域的国际化标准和规则制定，推动自主开源框架、组件和工具研发。持续发挥世界互联网大会（乌镇峰会）的品牌效应，多维度、层次展现数字经济与实体经济深度融合的精品案例，为深化全球数字发展倡议、全球数据安全倡议等国际共识贡献多业态场景及规则。

第二，优化数字治理机制，实施常态敏捷监管，促进科技向善服务实体经济。做强做优做大数字经济，要提升数字治理体系和治理能力现代化水平，但也不能仅依靠技术赋能进行数字治理。要聚焦数据、算法、平台及多业态场景，实行立体化、多层次、整体性协同治理，优化数字治理体制机制及规则体系，推动数字治理向数字善治转变。当前及今后一个时期，数字治理要兼顾"基于数字化的治理"和"对数字化的治理"两方面，以数据安全为底线、平台规范和算法优化为重点，着力解决隐私泄露、数据垄断、信息茧房，以及传统监管体制机制不适应等问题，最大限度保障数字经济发展活力和秩序，推动数字经济更好服务和融入新发展格局。

一是探索数据高效利用机制，推动分级分类数据保护和使用。针对不同数据特性、不同数据主体、不同场景需求，开展数据权益（占有权、使用权、处置权等）确权。借鉴数据价值链理论，让参与数据要素价值创造各环节的市场主体获得数据共有权益，涉及数据组织方、风控服务方、算法提供方、数据加工方、算力提供方、质量评估方等主体。在确保数据安全可信、权属界定清晰的基础上，以技术手段为主打通"政—企"数据双向流动通道，建立定价交易制度体系和流通平台，完善数据交易市场、数字新基建和行业数据空间等基础平台建设。

二是构建多层次平台监管体系，寻找统筹安全与发展的精细治理结合点。有效监管超大型平台企业利用流量优势、跨边网络外部性等在跨界竞争中无序扩张行为，在促进平台经济健康发展的同时，规范其行为的合法性与合理性。特别是明确平台企业行为违法的判断基准，提高法律适用的可预测性与可操作性，尽快推出一批平台经济"红绿灯"案例。建立多元协同、跨域合作、专业互补的联合执法框架，探索以"场景应用"为抓手，运用风险、信用、科技等各类监管方式，重点推进"风险＋信用"分级分类监管，创新实施场景化综合监管。

三是改进算法推荐机制及制度规制，健全反歧视法规和伦理规范。算法客观性预设会导致算法认知与算法伦理政治价值的深层次冲突。应按照《关于加强互联网信息服务算法综合治理的指导意见》《互联网信息服务算法推荐管理规定》等有关要求，积极推动算法监管进入全周期监管，从行为方式到技术本身，包括建立算法备案制度、算法安全评估制度、科技伦理审查制度、个人权利保护制度等。尤为重要的是，切实提升算法监管的技术水平和调查取证能力，同时加强机器学习算法认知过程的可解释性。

第三，提升人力资本水平，促进就业适应技术变革，拓展新就业形态。数字生态以数字技术为底座，持续推动数据、信息、资金、人才等要素循环流动。线上线下集聚、信息网络共享以及大数据算法高效匹配实现人力资本从集聚到共享，同时也更好适应了数字技术变革。以平台经济为代表的数字经济吸纳就业能力不断增强，新职业新岗位持续涌现，带动就业形态多样化、从业者能力和素质得到提升。当前及今后一个时期，人力资本提升既要发挥平台经济蓄水池作用，多渠道拓展增量、扩大就业有效空间，也要注重不同层次人力资本结构优化，不断培养数实融合的复合型人才，提升全民数字素养和技能，实现新型就业和新兴职业与数字素养、职业技能的深度融合。

一方面，依托数字技术赋予就业新动能，持续稳定和扩大就业。应深刻认识数字经济发展对我国劳动力市场带来的长期影响，顺应就业数字经济新形态，进一步巩固数字经济发展带来的就业红利。从劳动力需求侧看，实行差异化就业政策，合理保障劳动力有序流动。比如，数字经济发达区域就业政策应侧重对第三产业数字化发展的就业创造与就业吸纳，并推动制造业数字化转型，进一步增强劳动力市场的灵活性。健全针对新就业形态劳动者的社会保障体系，重点关注社保缴费分摊、劳动权益维护和工作福利保障、失业救济等。从劳动力供给侧看，适应数字化发展新趋势，加快培育数字化人才队伍。将数字素养和技能纳入教育体系，推动学科专业建设、教学内容与数字经济发展实际需求精准对接，探索设立数字重点学科技术研究基地平台。针对数字生态中的新型就业和新兴职业劳动力群体开展数字技能培训。与此同时，还要不断提高数字型、技术型技术岗位的工资待遇与社会认可度。

另一方面，发挥数实融合产业带动作用，分类挖掘人力资本潜力。要促进信息通信、人工智能等产业发展，推进数字产业化，逐步形成以先进技术为依托的数字产业链和数字产业集群。涉及的人才群体及方式主要包括：一是强化科学、技术、工程、数学人才战略布局，面向全球吸引顶尖技术人才。二是重点关注集成电路、网络安全、人工智能等数字产业领域"卡脖子"高端人才，积极开展相关国际科技合作。三是重视通晓数字技术和工业制造的双料复合型人才，开展大规模知识更新继续教育。四是实施卓越工程师计划，努力培养理想坚定、大师领航、专业导向、实践练兵的高水平数字化工程技术人才，达到"善于用数字化解决复杂工程问题"的能力要求。

第四，加快建设世界一流企业，支持生态型数字经济平台创新发展。数字经济时代，需要有一批能够体现国家实力和国际竞争力、引领全球科技和数字产业发展的世界一流企业做支撑。对标世界一流企业，我国数字科技龙头企业的市值和净利润规模较小，国际竞争能力和影响力有待进一步加强，特别是国际化收入占比较低，与我国数字经济规模在全球第二的排名不相称，数字化支撑能力和数字技术原创能力亟待提升。当前及今后一个时期，要按照"补短板、锻长板、布前沿"的战略布局，鼓励加强关键核心技术研发，探索数字经济新业态新模式，放大数字产业集群效应，积极培育具有产业生态掌控能力的一流企业和行业领军企业，推动数字经济做强做优做大，牢牢把握发展的自主权。

一方面，以企业数字化转型为抓手，进一步提升数字化支撑能力。通过数字化进一步夯实产业整体合作水平，带动相关产业链中的中小企业加快数字化转型。一是强化数字技术与实体经济深度融合，推进产品创新数字化、生产运营智能化、用户服务敏捷化、产业体系生态化，着力培育具有强大活力创造力的市场主体。二是聚焦人工智能、大数据、云计算等新兴数字产业，发挥数字龙头企业整体优势和产业多元化优势，着力推动数字业务高质量发展。三是围绕链接生态形成数字化共生能力，从平台建设、应用上云、板块融合、产业生态等维度，着力构建产业数字化平台。

另一方面，以打造现代产业链"链长"为抓手，进一步提升数字技术原创能力。一是紧扣国家重大战略需求和产业发展瓶颈，聚焦核心电子元器件、高端芯片等关键领域，加快关键核心技术攻关，着力构建"基础研究＋技术攻关＋成果产业化＋科技金融＋人才支撑"全过程创新生态链。二是加快5G、大数据中心、工业互联网等数字新型基础设施建设，探索构建新型数字平台，不断提升对不确定性的快速响应能力，进而增加产业链供应链韧性。三是超前布局6G、未来网络、类脑智能、量子计算等未来科技前沿领域，吸引国内外开源项目与机构在北京、上海和粤港澳大湾区等国际科技创新中心落户，形成以公共平台、底层技术、龙头企业等为核心的数字技术创新生态。

（朱克力　龙海波）

【相关报道】

数实融合最新研究报告
深入探讨数字产业集群培育路径

2023年1月17日，"新型数字经济治理与高质量发展研究"课题成果《促进数实融合发展　培育数字产业集群》在北京发布。会上，国务院发展研究中心副主任隆国强发表讲话，对课题成果予以充分肯定。

党的二十大报告指出，坚持把发展经济的着力点放在实体经济上。加快发展数字经济，促进数字经济和实体经济深度融合，打造具有国际竞争力的数字产业集群。中央经济工作会议也提出，要大力发展数字经济，提升常态化监管水平，支持平台企业在引领发展、创造就业、国际竞争中大显身手。

数实深度融合是高质量发展的关键一招

《促进数实融合发展　培育数字产业集群》报告（以下简称报告）基于我国数字经济发展现状和趋势，深入解读党的二十大报告相关规划，总结我国促进数实融合发展、培育数字产业集群的路径与经验。

国务院发展研究中心副主任隆国强表示，在席卷全球的新一轮科技革命和产业变革中，数字技术和数字经济是主力军，要从中国式现代化的高度重视其发展。他以共享经济兴起提升自行车使用效率为例，强调从效率提升的视角看待数字经济价值。数字经济持续促进资源节约和效率提升，是高质量发展的应有之义。

隆国强还指出，发展数字经济应注重发挥市场和政府"两只手"的作用，在监管方面要遵循数字经济发展规律，将其置于全球竞争的视野。中央财经大学中国互联网经济研究院副院长欧阳日辉建议以市场化、法治化、国际化"三化"原则持续优化营商环境，给市场以信心和确定性，不断做强做优做大数字平台。

中国社会科学院高端智库首席专家蔡昉也对报告作出高度评价。他指出，数字经济不是单个独立的产业，而是正渗透在国民经济的一二三产各方面。此外，虽然人口老龄化已成趋势，但是数字经济天生可以成为一种具有包容性和分享性的新经济形态，通过体现新的发展理念，数字经济能够帮助老年人在内的群体提高劳动参与率和扩大消费，这些都会给经济发展带来新的机遇。

打造具有国际竞争力的数字产业集群

报告强调，数实融合的要义在于"以数强实"，即通过数字化手段，大幅增强企业的竞争力。因此，亟须进一步提升数字产业规模，打造具有国际竞争力的数字产业集群，让数字科技企业更充分发挥自身在平台、技术、数据等方面优势，有效助力实体经济发展，赋能产业转型升级。

数字产业集群的构成，主要包括构建者、赋能者、服务者三路力量。第一路主攻战略高地和卡脖子工程，强链补链，专精特新，夯实产业基础。第二路主攻数字化，助力各行各业数字化转型升级，帮助上亿市场主体"武装"起来。第三路以其数字技术的一技之长，投入各行各业，融入到实体经济当中，在垂直市场领域与传统行业企业一起良性竞争、共同发展。

值得一提的是，数字科技企业在三路中并非完全锁定的，其身份可能会动态调整，甚至兼而有之。如腾讯与有关部门共同开发RISC-V芯片属于第一路，而其产业互联网的部分，则属于第三路。具体到产品层面，以微信为例，前者通过微信支付、小程序、企业微信等产品组合提供了丰富数字化工具及路径选择，助力各类企业数字化转型与发展。

对此，清华大学社会科学学院经济学研究所副所长、清华大学全球产业研究院副院长戎珂表示，数字技术提升后的产业互联网将成为我国数字化转型的关键。

数字生态助推一二三产业融合发展

报告指出，我国数字科技力量立足经济社会需求，不断拓展数字生态，以此作为持续推进数实融合的重要抓手。在中国社会科学院财经战略研究院副院长夏杰长看来，构建健康有序的数字生态系统，要发挥好数据要素的作用，牵引中小企业数字化转型能力提升。

服务实体经济，打通从连接到激活的链路。以拉链行业龙头企业浔兴股份为例，其将内部办公系统挪到企业微信后，借助数字化和可视化极大地提升了工作效率，甚至改变了承接客户需求、处理订单的逻辑，实现了柔性生产、个性化定制、极速交付，极大提升了其市场竞争力。

助力中小微企业发展，形成快速数字化通道。以移动支付为例，前者在中国的高普及率和低费率，为中小微企业的经营和纾困提供了重要助力。社科院针对民营中小微企业的调研显示，76.5%的受访企业基于微信支付提供的基础支付能力和进阶经营工具开展数字化经营。

催生新业态新模式，提供新岗位新就业。以数字技术为核心的数字生态广泛连接了海量用户，新模式和新业态不断生成。随着传统行业不断数字化转型，新的就业机会和众多新职业新岗位不断涌现。以零售业为例，目前，围绕私域流量运营，已经延伸出专业为零售主提供服务的私域流量管理产业链。

（来源：光明网、中国日报网，2023-01-18）

第三章

发挥战略母产业四大功能

在长期研究及推动数字经济和产业发展的过程中，不难理解"战略母产业"在推动经济高质量发展中扮演的角色。它以拥有强大创新能力和辐射带动作用的新 IT 产业为基础，成为数字经济时代新兴产业发展的"孵化器""催化剂""加速器"以及"呵护力"之源。

更多的奥秘，其实就蕴藏于这四大功能之中。正因如此，战略母产业不仅自身发展迅速，还源源不断地通过技术溢出、产业关联等方式，因势利导带动其他产业构建数智竞争力，加快创新升级，形成强大的产业生态。

一、"孵化器"：产业生态摇篮

之所以将战略母产业冠以"母"字，"孵化器"功能是其中重要而直观的一个方面。顾名思义，犹如一个温暖的巢穴，孕育着无数创新的种子，让这些种子在适宜的环境中苗壮成长。这一功能关乎技术、产业和市场的培育，更深刻影响着人才成长和产业生态构建，是其不可或缺的"三大摇篮"——创新的摇篮、人才的摇篮、生态的摇篮。

（一）创新的摇篮：从创意到产业的跨越

新 IT 产业在自身发展的同时，通过提供先进的技术平台和丰富的数据资源，为新兴企业和创新项目提供肥沃的土壤。这些以新兴技术为基础的产业代表着技术的前沿，更是创新思维的试验田。在这里，每一个创意都有可能被孵化成一项颠覆性的技术，每一个技术突破都有可能催生一个新的商业模式，进而形成一个全新的产业。

创意的孵化是一个复杂而微妙的过程，需要适宜的环境、充足的养分和耐心的呵护。正是这样一个理想的孵化器，通过提供先进的技术平台，使创意能够快速转化为技术原型；其拥有丰富的数据资源，使技术能够在真实的市场环境中得到验证和优化；还具有敏锐的市场洞察力，能够捕捉到商业模式创新的火花，并将其点燃。

经过孵化，一个又一个的新兴产业和业态在这里破壳而出，展翅高飞。这些新兴产业代表技术创新，更代表市场新机遇和增长新动力，正以惊人的速度成长，迅速占据市场的一席之地，成为推动数字经济发展的重要力量。

（二）人才的摇篮：精英的汇聚与成长

战略母产业的"孵化器"功能还体现在对人才的培育上。汇聚各行各业的精英人才，为其提供交流、合作和成长的平台。在这个平台上，人才之间可相互学习，碰撞出创新的火花；可以得到专业的指导和支持，将自己的创意和想法转化为实际的产品和服务。

人才是创新的第一资源。因此，在这些新兴领域，不遗余力地吸引和培养人才。通过提供培训、实习、创业指导等多元化人才培育方式，为数字经济发展培养大量高素质、高技能的人才。经过进一步孵化，这些人才在提升自己能力的同时，也为数字经济的发展贡献自己的力量。

更重要的是，通过新 IT 的强大影响力和吸引力，汇聚来自不同领域、不同背景的精英人才。这些人才在新兴产业平台上交流思想、碰撞创意，共同推动技术进步和产业发展。其智慧和才华在这里得到充分的发挥和认可，也为战略母产业发展注入源源不断的创新活力。

（三）生态的摇篮：产业生态的构建与协同

战略母产业的"孵化器"功能还表现在产业生态构建上。通过整合产业链上下游资源，形成紧密的产业关联和协作网络。这种产业生态的构建，提高产业整体竞争力，为新兴产业发展提供有力支撑与必要保障。

经过孵化，一个又一个新兴产业生根发芽、茁壮成长，交织形成多元化、协同化的产业生态格局。既有助于提升整体产业创新能力和市场竞争力，也为数字经济发展提供了更为广阔的空间和机遇。

作为产业生态核心和引领者，通过与其他产业紧密合作和协同创新，共同推动数字经济加快发展。以其强大的技术实力和市场影响力，引领整个产业生态发展方向与节奏。同时也以其开放和包容态度，吸引越来越多产业和企业加入生态中来，共同分享数字经济发展红利。

战略母产业的"孵化器"功能，在推动数字经济发展中发挥着举足轻重的作用。既为新兴企业和创新项目提供沃土和无限可能，又为人才培育和产业生态构建提供有力支撑。经过一轮轮的孵化，无数的创新种子得以茁壮成长，不断绽放出璀璨的光彩，共同推动数字经济及更多产业发展。

二、"催化剂"：融合创新发展

在推动经济高质量发展中，战略母产业扮演着"催化剂"的重要角色。如同一剂强效催化剂，正在加速各产业间的融合与创新，推动传统产业转型升级，焕发新的生机与活力。在新 IT 技术的驱动下，传统产业的生产方式、商业模式和管理理念都发生深刻变革，生产效率得到大幅提升，市场竞争力显著增强。"催化剂"功能可以体现在对传统产业的改造与升级上，更能在创新资源集聚与整合、市场需求激发与创造等多方面展现出强大推动作用。

（一）传统产业的转型升级：焕发新生机

通过提供先进技术和创新商业模式，助力传统产业实现数字化转型。这一转型过程，可提高生产效率和产品质量，降低运营成本，从而显著增强市场竞争力。以制造业为例，传统的生产方式往往依赖于人工操作和经验判断，生产效率低下且质量控制难度大。而经过新技术的催化，制造业引入自动化生产线、智能机器人等先进技术设备，实现生产过程的数字化和智能化。在大幅提高生产效率的同时，可通过精准的数据分析和质量控制手段，确保产品质量的稳定性和一致性。

同时，战略母产业还推动着传统商业模式的创新。通过引入互联网思维和大数据技术，传统产业得以重构价值链和商业模式，实现更高效的市场响应和更精准的客户服务。例如，零售业在新技术催化下，发展出电子商务、社交电商等新型商业模式，既拓宽销售渠道，还能通过数据分析和个性化推荐等手段，提升客户体验和忠诚度。

（二）创新资源的集聚与整合：形成强大合力

战略母产业的"催化剂"功能还体现在对创新资源的集聚和整合上。就像一块磁铁，吸引着各类创新要素向其汇聚，包括资金、人才、技术等。这些创新要素在新技术的催化下，产生强烈的化学反应，形成强大的创新合力。

通过建立创新平台、孵化器、加速器等多元化的创新载体，为创新要素提供良好的集聚和整合环境。这些创新载体，一方面为创新团队和企业提供物理空间和基础设施支持，另一方面通过提供创业指导、技术培训、资金支持等多元化服务，促进创新资源优化配置和高效利用。在这种环境下，创新要素得以充分流动和碰撞，形成众多具有市场潜力的新技术和新产业。

同时，还通过其强大的市场影响力和号召力，吸引大量社会资本和风险投资的关注和支持。这些资金为创新项目和企业提供重要的资金保障，推动新技术的研发和应用以及新产业的快速发展。在新技术的催化下，创新资源得以充分集聚和整合，形成推动经济高质量发展的强大动力。

（三）市场需求的激发与创造：推动持续增长

战略母产业的"催化剂"功能还表现在对市场需求的激发和创造上。通过提供个性化的产品和服务，满足消费者多样化的需求，激发市场的潜力和活力。通过深入挖掘市场需求，不断推出符合消费者需求的新产品和服务，推动市场繁荣发展。

以持续迭代发展的互联网行业为例，通过提供个性化的搜索引擎、社交媒体、电子商务等平台，满足消费者对于信息获取、社交互动和便捷购物的需求。这些平台通过大数据分析和机器学习等技术手段，不断优化用户体验和服务质量，激发市场的潜力和活力。同时，还通过不断创新和升级，创造新的市场需求。例如，智能手机普及和移动互联网发展，推动移动支付、共享经济等新兴业态成长，为消费者提供更加便捷和高效的服务体验。

此外，还通过跨界融合和创新合作等方式，不断拓展新的市场领域和应用场景。例如，在医疗健康领域，通过与医疗机构、科研机构等合作，推动远程医疗、智能诊断等新兴业态的发展，为医疗健康产业带来新的增长点和市场机遇。

由此而言，战略母产业的"催化剂"功能在推动经济高质量发展中发挥着重要作用，加快各产业间的融合与创新，推动传统产业转型升级和焕发新生机；通过集聚和整合创新资源，形成强大的创新合力；通过激发市场需求潜力和活力，推动经济持续增长和发展。在此不断催化下，经济高质量发展步伐将更加稳健有力。

三、"加速器"：数智转型升级

在数字经济发展浪潮中，战略母产业除了作为基石和摇篮，还发挥着"加速器"的作用。就像一辆高速行驶列车的马达，驱动各产业和各领域快速前进。在新 IT 技术的强力驱动下，各产业生产效率和市场响应速度都得到显著提升，市场竞争力也随之增强。这种"加速器"功能，体现在对各产业数字化转型和智能化升级的推动上；在创新成果快速转化和应用、产业结构优化和升级等多个方面，也展现出强大的加速能力。

（一）数字化转型与智能化升级：提升产业竞争力

通过提供先进的技术和创新的商业模式，帮助各产业实现数字化转型和智能化升级。这一转型过程既能提高生产效率和产品质量，还能显著降低运营成本，从而增强市场竞争力。

在传统制造业中，战略母产业的"加速器"功能尤为显著。通过引入自动化生产线、智能机器人、物联网等先进技术，传统制造业实现生产过程的数字化和智能化。这可以大幅提高生产效率、减少人力成本，通过精准的数据分析和质量控制手段，确保产品质量的稳定性和一致性。同时，还能推动制造业商业模式创新，如定制化生产、服务型制造等，让制造业更好地满足市场需求，提升客户体验。

在服务业中，战略母产业同样发挥着重要的"加速器"作用。通过引入互联网思维和大数据技术，服务业得以重构价值链和商业模式，实现更高效的市场响应和更精准的客户服务。例如，在零售业中，电子商务、社交电商等新型商业模式加快发展，在拓宽销售渠道的同时，通过数据分析和个性化推荐等手段提升客户体验和忠诚度。

（二）创新成果的快速转化和应用：推动技术进步

战略母产业的"加速器"功能，也体现在对创新成果的快速转化和应用上。就像一座桥梁连接着科研机构和企业，将最新的科研成果迅速转化为实际的生产力。

通过建立产学研用一体化的创新体系，促进科研成果的快速转化和应用。这种体系为科研机构提供资金支持和市场导向，为企业提供技术来源和人才支持。在该体系下，科研成果得以迅速转化为实际应用，推动技术的不断进步和产业的持续发展。例如，在人工智能领域，通过支持科研机构的研发工作，推动深度学习、自然语言处理等关键技术的突破，并将这些技术应用于智能制造、智慧城市等多个领域，产生巨大的经济效益和社会效益。

同时，还通过建立创新平台、孵化器、加速器等多元化的创新载体，为创新成果提供良好的转化和应用环境。这些创新载体为创新团队和企业提供物理空间与基础设施支持，并通过提供创业指导、技术培训、资金支持等多元化服务，促进创新成果的快速转化和应用。

（三）产业结构的优化和升级：提供新增长点

战略母产业的"加速器"功能，还表现在对产业结构的优化和升级上。通过推动传统产业向数字化、智能化方向转型，提高产业的整体素质和竞争力。

通过提供先进技术和创新商业模式，帮助传统产业实现转型升级。这一转型过程可提高产业附加值和市场竞争力，并为经济发展提供新的增长点和动力源。例如，在农业领域，通过引入智能农业装备、精准农业技术等先进手段，推动农业生产的数字化和智能化。在提高农业生产效率和质量的同时，还能减少资源浪费和环境污染，为农业可持续发展提供新的路径。

与此同时，通过培育新产业和新业态，为经济发展提供新的增长点和动力源；通过提供资金支持、技术研发、市场推广等多方面助力，推动新产业和新业态快速发展。

战略母产业的"加速器"功能，在促进数字经济发展中发挥着重要作用。一方面，帮助各产业实现数字化转型和智能化升级，提高产业竞争力；另一方面，通过加快创新成果转化应用和优化产业结构升级，为经济发展提供新增量、蓄积新动能。

四、"呵护力"：筑基护航输血

从基石、摇篮到加速器，战略母产业不知疲倦，在数字经济发展中展现出强大的"呵护力"。战略母产业及其相关政策体系，将呵护更多的新兴产业，通过提供稳定的技术支持和市场保障，助其抵御市场风险，实现健康成长和持续发展。

（一）稳定的技术支持与市场保障：为新兴产业筑基

新IT技术的强力驱动，为新兴产业带来坚实的技术支撑和市场保障。这种"呵护力"既体现在技术层面的稳定支持，更在于实施战略母产业的支持政策，为新兴产业创造一个稳定可靠的市场环境，持续抵御外部风险，从而实现健康成长。

重在建立健全技术支持体系，为新兴产业提供创新驱动的发展动能。包括带来前沿的技术解决方案、持续的技术创新动力。这一体系涵盖技术研发、技术应用、技术转移等多个环节，确保新兴产业能够及时获取最新技术成果并转化为实际生产力。同时，运用各种市场保障机制，为新兴产业提供稳定的市场需求和销售渠道，帮助快速打开市场，实现规模化发展。

以人工智能产业为例，通过提供强大的计算能力、丰富的数据资源和先进的算法模型，为人工智能企业提供坚实的技术基础；通过市场推广、政策扶持等手段，为人工智能产业创造广阔的市场空间和应用场景，推动产业快速发展和广泛应用。

（二）创新生态的营造与维护：为新兴产业护航

战略母产业的"呵护力"，还体现在对创新生态的营造和维护上。包括建立完善的创新体系和机制，为新兴产业提供良好的创新环境和条件，推动创新要素集聚和创新成果涌现。

重在建立健全创新生态体系，为新兴产业提供开放包容的发展空间。通过整合创新资源、优化创新环境、完善创新机制等方式，营造开放、协同、包容的创新生态。这样的生态，能吸引大量创新人才和团队，还可促进跨学科、跨领域创新合作，推动创新成果快速转化和应用。在此过程中，建立健全知识产权保护制度和创新激励机制，依法保护创新者合法权益，持续激发全社会创新活力。

以生物科技产业为例，通过建设生物科技园区、提供研发资金支持、建立产学研合作机制等方式，为企业创造良好的创新生态。在促进生物科技领域的技术突破和成果转化的同时，将推动生物科技产业与医疗健康、农业等多领域融合发展。

（三）人才与企业的培养和支持：为新兴产业输血

战略母产业的"呵护力"，也表现在对人才和企业的培养和支持上。通过提供专业化的培训和服务，帮助人才和企业提升技能和能力，增强市场竞争力，为数字经济持续健康发展提供有力的人才和企业支撑。

重在建立健全人才培养体系，为新兴产业提供源源不断的人才支持。这一体系涵盖高等教育、职业培训、继续教育等多个层面，确保人才培养的全面性和持续性。与此同时，通过提供企业支持服务，如创业指导、融资协助、市场拓展等，帮助新兴企业克服初创期的困难，驶入发展的快车道。

总的来看，战略母产业的"呵护力"不容忽视。一方面，通过提供稳定的技术支持和市场保障，助力新兴产业更好抵御市场风险，实现健康成长。另一方面，通过营造和维护创新生态，为新兴产业创新发展提供有力支撑和坚实保障。此外，通过培养人才和支持企业，为数字经济持续健康发展提供人才与市场支撑。我们看到，更多的新兴产业正在茁壮成长，将为数字经济繁荣发展贡献持久力量。

第四章

提升战略母产业的渗透力

中国要在全球新一轮科技革命和产业变革中"换道超车"加速崛起，应当客观认知并有力提升"战略母产业"的地位，构筑经济增长新动能和国家竞争新优势。

数字经济时代，亟须明确"战略母产业"价值定位并加以因势利导。为此融合了笔者发表于《经济日报》的多篇"洞见"专栏文章以及接受人民网采访的相关观点，对应数字时代"战略母产业"助力经济社会发展若干领域的五个现实场景。希望通过这些各自相对独立的碎片化解读，为人们更好理解与提升"战略母产业"的渗透力及价值前景增添注脚。

一、促进高技术产业创新发展

商务部数据显示，2022年一季度我国吸收外资同比快速增长，高技术产业引资同比增长52.9%，其中高技术制造业增长35.7%，实现了"开门稳"。近年来，受政策、技术、市场共同驱动，以电子信息、航空航天、生物医药等为代表的高技术制造业逆势增长，整体保持稳中向好发展态势。

高技术制造业生产、投资、效益增速，均遥遥领先于制造业平均水平。其投资比重和结构加速优化、利润加速提升、产业集群加速形成。作为畅通国民经济循环和构建新发展格局的关键一环，高技术制造业对工业经济的引领带动作用显著增强。

分行业看，医药、电子及通信制造业利润增势强劲；从产品看，新能源汽车一马当先，机器人基础与前沿技术迭代加快，商业应用涌现并稳步落地；从要素看，大数据、人工智能、5G 与制造业深度融合，引领新产品、新业态、新模式及价值链创新；从动能看，互联网促进高技术产业提升创新效率，助推实体经济转型升级，成为数字时代诸多新兴产业的"战略母产业"。

也要看到，当前世界局势更趋复杂严峻，相关产业发展受原材料价格高企及"双碳"目标约束影响，面临超预期挑战。在技术壁垒高筑、供应链遭遇阻滞等重压下，高技术企业生产经营成本节节攀升，对产业链供应链稳定构成威胁。此时亟须加大保供稳价和帮扶力度，助力企业降本增效。

就我国高技术制造业自身而言，存在原创技术动力还不够强、科技成果转化不畅、创新能力提升仍有空间等制约，强化这些弱项非一日之功。未来中国制造行稳致远的重要支撑在于，通过激活经营主体、夯实产业基础、补齐技术短板、构筑创新生态，不断增强内生动力。

激活经营主体。应促进各类创新要素向企业集聚。广大企业需主动拥抱数字化转型浪潮，成为"有数企业"①，实现"有效市场"和"有为政府"更好结合。

夯实产业基础。在加大研发投入的同时，要健全政府投入为主、社会多渠道投入为辅的机制，加强对基础前沿研究和原始创新的支持。依托企业、政府、高校、科研机构等，紧跟战略性新兴优势产业需求增强自主创新能力。

补齐技术短板。锚定我国高技术制造业面临的"卡脖子"问题，抓住关键核心技术攻关的"牛鼻子"，促进高技术制造业技术进步与新基建同频共振。加大针对关键核心技术领域的知识产权保护力度，在短板领域深化对外开放与合作。

构筑创新生态。推动产业链上中下游、大中小企业融通创新。强化数字赋能，发挥产业互联网平台优势和科技龙头"数字连接器"作用，引导数字技术向制造业加速渗透融入，推动产业数字化、网

---

① "有数企业"是笔者提出的数字时代企业新范式（朱克力，2022）。具体而言，面向数字经济时代，企业作为市场经营主体和创新力量，应当主动融入或积极助推以数字化、网络化、智能化及绿色发展为特征的数字经济浪潮，对于政策要求、社会诉求、市场需求、企业边界、内外风险等"企之大者"心中有数。其中，大企业还要对关乎国家发展大局的"国之大者"心中有数。符合这些特征的各类经营主体，称之为"有数企业"。企业、市场和政府的理想状态是，"有数企业"在"有效市场"和"有为政府"共同引导和支持下健康发展并持续进化。

进一步而言，"有数企业"对政策要求心中有数，遵守国家法度，因此也是"有度企业"；对社会诉求心中有数，履行社会责任，因此也是"有责企业"；对市场需求心中有数，保持创新能力，因此也是"有能企业"；对企业边界心中有数，拥有界限意识，因此也是"有限企业"；对内外风险心中有数，具备灵活韧性，因此也是"有韧企业"。（注：详见本书第七章）

络化、智能化发展，以科技向善理念引领共享创新，促进"先强带后强"。

二、构建世界一流供应链体系

2022 年 3 月 25 日，《中共中央 国务院关于加快建设全国统一大市场的意见》提出要"培育一批有全球影响力的数字化平台企业和供应链企业"。随后，国资委召开对标世界一流采购交易管理体系推进会，对建立完善企业采购交易管理体系、全面提升供应链管理水平进行再部署、再推进。这表明，要加快培育具有全球竞争力的世界一流企业，高质量提升供应链现代化水平是必不可少的一个环节。

当前，新一轮科技革命和产业变革突飞猛进，新技术不断涌现，我国企业在供应链安全、敏捷柔性、价值创造、生态协同等方面多维推进，有力促进降本增效和转型发展，系统带动产业链上下游自主创新，不断提升供应链稳定性和竞争力。强大、可控、有韧性的供应链体系初步成型，并与产业链深度融合，有利于促进我国企业增强综合国际竞争力，推动相关产业高质量发展，进一步实现经济发展的质量变革、效率变革、动力变革。

不过，在肯定成绩的同时，也要清醒看到，作为企业全流程全链条的关键性因素，当前我国企业的供应链管理仍然存在一些短板弱项。长期以来，信息技术应用不足使企业间难以有效连接与协同，产业链各环节未能形成灵活高效的集聚互动格局。以采购环节为例，为找到性价比合理的原材料，采购部门要逐家比较，效率不高且存在信用风险。一些企业寻源信息不全面、了解市场价格不充分，致使采购价格长期居高不下。因此，对标世界一流采购交易管理体系、高质量提升供应链现代化水平势在必行。

进一步而言，提升企业供应链现代化水平，不仅是建设世界一流企业的必然要求，也与加快数字经济发展息息相关。随着大数据、人工智能、区块链、5G 等数字技术与供应链各环节融合创新，数字化智能化已成为发展供应链的基本方向，正在多维场景中不断创造新的价值增长点。一些整合协同度高的供应链平台、行业带动力强的供应链领先企业，积极融入数字化发展，面对政策、市场需求以及风险挑战，都可以稳妥有效应对，正成为提升供应链现代化水平的主力军。

具体而言，在参与提升供应链现代化水平与竞争力的过程中，要聚焦问题导向、目标导向，稳步积极推动供应链管理转型升级。

一方面，要发挥相关企业的数字赋能作用。加速数据和信息在供应链体系流转，持续维护供应链安全稳定。面对复杂严峻的形势，应加快打造多中心、多节点并联供应网络，开辟多元化产品进口和供应渠道，加强战略核心物资储备，有力维护供应链安全稳定。同时，要切实发挥"稳定器""压舱石"作用，开展极端情况下的供应链压力测试并形成"保供"预案，防范风险，未雨绸缪。

在采购交易管理环节，应完善基于数字化智能化的采购交易管控体系，建立健全面向更大范围的寻源询价机制。做好供应商管理信用体系建设，充分运用采购交易形成的辐射网络，探索发展供应链金融等新业态，切实纾解中小企业融资难、融资贵等问题。

另一方面，构筑相关企业的共享创新生态。应促进产业互联网发展，提升数字时代新兴产业"战略母产业"，发挥一些企业投资规模大、辐射领域广、引领带动强等优势，拓展供应链长度，推动供应链上下游、产供销有效衔接协调运转，为畅通国民经济循环、构建新发展格局提供有力支撑，从而加快建设一批产品卓越、品牌卓著、创新领先、治理现代的世界一流企业。

三、系统布局国际竞争新赛道

2022年12月召开的中央经济工作会议强调，抓住全球产业结构和布局调整过程中孕育的新机遇，勇于开辟新领域、制胜新赛道。党的二十大报告指出，要开辟发展新领域新赛道，不断塑造发展新动能新优势。可以说，制胜新赛道正成为我国深度参与和引领新一轮产业变革、重塑国际竞争优势的重要战略目标。

纵观全球历史，看准方向并领跑新赛道是制胜之道。看企业发展，三星电子因看准方向，大量投入研发存储器和液晶面板，如今全球市场占有率稳居前列，已成为国际电子产业头部企业；诺基亚虽然抓住通信产业发展机遇在20世纪取得巨大成功，却与触屏手机失之交臂。看国家进步，英国曾因蒸汽技术而崛起，美国凭借信息技术而强大，无不是抓住新赛道机遇而成为时代的弄潮儿。

当前，大数据、云计算、人工智能等关键技术驱动的"战略母产业"正在赋能各个领域，新产业、新业态、新模式加速迭代。新赛道主要以新技术或新模式为核心竞争力，是分工更细、技术更高、迭代更快、更利于形成优势的新兴产业或细分领域，具有引领性发展、颠覆性创新、爆发式成长等特性。如果说科技创新是推进竞争力提升和现代化先行的关键变量，那么制胜新赛道就是产业迭代升级与"换道超车"的必由之路。

放眼国内，各地在竞逐新赛道方面不遗余力。有的推动发展集成电路、人工智能、生物医药、新能源等先导产业，有的前瞻布局工业互联网、卫星互联网、机器人等新兴产业，有的超前谋划区块链、太赫兹、量子通信等未来产业。应当注意的是，制胜新赛道既要抢占新技术前沿，也要努力在不确定性中锚定其中的确定性。比如，数字化和低碳化，是引领未来产业发展、贯穿全球产业链供应链价值链的重要力量，可作为各地培育差异化新赛道的共性基座。

制胜新赛道，无疑需要更为系统的方法论。结合各地已有的一些创新实践，基于从科技到产业的转化规律和推进方式，其基本路径是，在看准方向、锚定价值的基础上提前布局，在推进过程中持续激活人和场景的力量。具体而言，可重点从三方面协同发力。

突出创新驱动，布局新赛道。注重从新赛道的起点出发，以推动重点产业链与未来产业发展为主攻方向，打造具有国际竞争力的产业集群。运用产业生态圈理念，将创新与产业化紧密结合起来，构建以企业为主体，涵盖基础研究、技术创新、成果产业化、科技金融全链条的创新生态链，吸引各类创新资源要素高效配置和集聚协作。与此同时，应实施一系列创新驱动政策，梳理完善相应法律，营造有利于各种超前的高科技和新应用竞相涌现的良好氛围与法治环境。

坚持以人为本，培育新赛手。人才资源是第一资源，制胜新赛道的一个关键在于"赛手"，以及激励其跑出好成绩的新机制。应着眼于新赛手成长，加快培育一批平台型龙头企业、区域性科技服务机构和更多"专精特新"企业，围绕紧缺人才制定针对性政策，根据新赛道产业人力资本需求规模与层次，搭建高素质、高质量人才引育管理体系。既要提高人才自主培养质量和能力，也要加快引进高端人才，为各类人才发展提供更优质保障。

深化场景供给，建设新赛场。想要真正跑通新赛道，必须尊重产业规律，遵循需求导向和场景驱动。新赛道依托的新赛场，由大量可验证需求和可落地场景构成。应通过搭建产业新生态载体，优化场景供给流程，形成产品接入、场景实测、推广示范的全流程场景生长链条，加速技术转变为现实生产力。在挖掘国内市场的同时，应着眼全球，在全球范围开掘制胜新赛道的更大需求和更多场景，瞄准世界一流创新资源开展合作，深度融入全球分工体系并增强国际影响力，实现从跟跑、并跑到领跑的跃升。

四、拓展行业数字化应用空间

从新 IT 的技术优势和数据要素出发，拓展行业数字化应用空间，是丰富"战略母产业"现实商业场景的重要方面。

以餐饮行业的数字化为例，国家信息中心 2023 年发布的《中国餐饮业数字化发展报告》提出，外卖是餐饮业数字化催生出的一种全新业态，已成为餐饮业发展的生力军，更是推动餐饮业数字化发展的主力军。数据显示，截至 2022 年 12 月，我国网络外卖用户规模达 5.21 亿，2022 年网络外卖收入占全国餐饮业收入（不含团餐）比重超过 20%。外卖对方便人们生活、拉动日常消费、分享数字化发展红利等贡献日益彰显。餐饮业数字化有着广阔的应用空间，正在形成堂食与外卖"双主场"相互促进的消费格局。

民以食为天。作为实体经济的重要组成部分，餐饮业是稳增长和促消费的传统优势产业，也是扩就业和惠民生的重点供给领域，走在生活服务业转型升级的前列。随着扫码点餐、移动支付、在线外卖等数字生活应用场景持续拓展与深化，餐饮业数字化已成为数实融合的先行者和示范者。《"十四五"数字经济发展规划》明确提出，引导住宿餐饮等传统业态积极开展线上线下、全渠道、定制化、精准化营销创新。对餐饮业经营主体而言，数字化转型的要义在于，从采购和生产到运营和营销，再到交易和管理，都充分运用数字技术和数据要素，促进效率与质量提升，从而不断满足消费者多样化多场景需求。

当前，伴随大数据、云计算、人工智能等新兴技术深度应用，餐饮业数字化转型也日益深入。在此过程中，从数据价值挖掘到数字生态治理，从新兴业态发展到跨界深度融合，无不面临着一些亟待破解的深层次问题与挑战。为此，要营造更好发展环境，推动餐饮业数据要素化，强化平台经济赋能引领作用，完善相关配套支持政策，加快促进餐饮业数字化转型发展。

提升数据要素化发展水平。应通过加强餐饮数据采集存储，深化餐饮数据加工分析，推动餐饮数据流通共享，进而充分挖掘利用数据要素价值，为餐饮业转型发展提供创新活力。同时要推进行业数字化治理，引导和保障餐饮业持续健康发展。

构建餐饮数字化新生态。一个良好的数字化生态需要各方共同努力营造，实现政府、协会、平台企业、餐饮企业和消费者等参与主体的良性互动。外卖在建立餐饮业数字化新生态领域作出了有益探索。应进一步支持平台企业赋能行业发展，在构建餐饮业数字化新生态方面发挥积极作用，提升餐饮业整体数字化水平。

加快发展外卖等新业态。外卖已成为餐饮业数字化的代表形态，也是未来引领餐饮业高质量发展的重要力量，正推动着餐饮业数字化向纵深发展，形成数字消费闭环，带动餐饮业供应链数字化。要以促进外卖发展为抓手推进餐饮业数字化转型，充分发挥其丰富供给、促进消费、稳定就业等作用，构建多部门协同管理机制，加强政策统筹衔接与协调配合，创新灵活就业群体管理模式，助力行业高质量发展。

推动餐饮跨界融合发展。强化科技含量、文化元素与用户体验，鼓励餐饮业与文旅、休闲娱乐、健康养老、运动体育、交通等行业场景深度融合，拓展餐饮业数字化发展新场景。与此同时，将餐饮业数字化链条向农产品和生产制造领域延伸，为建设现代化产业体系提供更多支撑。

五、赋能品牌建设与质量管理

近年来，通过质量引领和创新驱动，中国品牌在质量提升发展道路上取得了一系列重要进展。包括全民品牌意识日益增强、品牌发展氛围越发浓厚，知名企业和知名品牌不断涌现且影响力、认可度和美誉度显著提升，一批以中国产品、中国技术、中国标准为支撑的自主品牌产品深受国内外消费者青睐，以质量提升推动品牌建设成为经济高质量发展的有力支撑，正在加快实现中国制造向中国创造、中国速度向中国质量、中国产品向中国品牌的"三个转变"。

与此同时，随着中国品牌在产品质量和研发创新能力等方面的不断提升，加之品牌出海新基建的加速成熟，中国品牌出海开始进入新的阶段，呈现一些新的特点和新的趋势。例如相关品牌本身产品日益精品化，创新研发设计差异化趋势逐渐加强；部分以原创产品立身的国内新兴品牌与传统实力品牌同台竞技，正在国际市场上跃升为新主力；此外，中国品牌也陆续开辟欧美以外的新市场和新渠道，包括东南亚、中东、南美等新兴市场成为我国品牌出海的重要阵地。

我国完备的制造业体系和发达的互联网经济，在本土品牌出海过程发挥着不可或缺的积极助力作用。其中，正是凭借完备的制造业体系，得以形成一个强大、可靠、有韧性的产业链供应链体系，为中国品牌出海提供有力支撑和安全保障；而以发达的互联网经济及其与更多智慧科技驱动的新IT产业为基础，作为数字时代诸多新兴产业的

"战略母产业"，在本土品牌出海过程中发挥着新型基础设施的功能，以数智赋能、共享创新等特性提升品牌对需求的匹配响应，持续拓展品牌的虚实边界及其在外部市场的影响力和渗透力，实现本土品牌出海的价值沉淀和长效发展。

加强品牌建设和质量提升，推动经济发展质量变革、效率变革、动力变革，对加快构建新发展格局起到了必不可少的积极助推作用。一是通过优化品质、创新供给，激活市场潜在消费需求，有利于扩大内需和促进消费升级，持续激发经济增长内生活力；二是自主品牌、质量管理有助于企业增强市场竞争优势、突破资源环境束缚，进而畅通国民经济大循环、加快形成全国统一大市场；三是推动中国产品和服务价值向全球价值链的"微笑曲线"两端跃升，进一步培育中国品牌的国际竞争新优势。

而在陌生市场中寻找自身坐标，是品牌出海的定盘星。中国品牌要在海外市场打造国际竞争新优势。从战略上，应主动融入"双循环"新发展格局，以开拓国际市场作为自身发展的新契机和新舞台，以品牌出海促进经济高质量发展；从战术上，应协同推进"品牌四化"创新策略，即以品牌专业化安身立命、以品牌标准化外向延伸、以品牌集群化抱团发展、以品牌差异化独步天下，使品牌经济成为未来增长新动能。

面向未来，中国品牌要在质量提升中走在前列、闯出新路。一方面，应深刻认识自身现状及发展中存在的主要问题、制约因素和空间潜力，着眼于提高供给体系质量、适应消费结构升级，通过体制机制创新和科技文化融合，加强质量安全监管与品牌保护，营造有利于品牌发展的优质营商环境；另一方面，要面向全球市场，激活新经济、新科技、新文创等新要素，并强化品质化、本土化、差异化等特点，通过提高企业质量管理水平来增强品牌培育能力，在质量提升中推动品牌建设，构筑一批凸显企业价值、创新能力、工匠精神的高质量品牌集群。

【相关报道】

"参与者生态"尚处初级阶段

朱克力：应发挥数字科技力量作为"战略母产业"的积极作用

"好企业"的标准，正在被重新定义。公司要盈利，但公司的使命不能止于盈利。

2022年9月22日，在由《每日经济新闻》主办的"2022中国平台经济ESG趋势与实践"研讨会上，国研新经济研究院创始院长、新经济智库首席研究员朱克力回顾了"参与者生态"的诞生过程，并表示，"参与者生态"是数字化发展中，各参与方共建共治共享的利益共同体。但目前还处于一个初级阶段，从认知到实践都存在多方面的挑战。

"在此过程中，尤其应更大程度发挥数字科技力量作为'战略母产业'的积极作用，促进制度和技术的有效协同。"朱克力提议称。

他还表示，数字经济是手段，绿色发展是目的，不能为了数字化而数字化。关键是咬定青山、锚定绿色，以"双碳"目标为导向，引导数字经济始终行驶在绿色发展的轨道上，成为高质量发展的新动能和主引擎。

从"所有者主导型经济"转向"参与者生态型经济"

"从CSR到ESG，在上千年的商业史和经济史上无疑是新事物。"研讨会上，朱克力回顾了"参与者生态"理念的诞生背景。

在"参与者生态"理念出现之前，商业还是典型的所有者经济，所有者也就是股东的利益是第一位的。

朱克力表示，商业底座脱胎于传统工业社会，社会治理结构主要承袭于 19 世纪，在社会治理结构中，包括由居民、个人和企业组成的私人领域，和基本由政府处理相关事务的公共领域，二者泾渭分明。

然而，随着公共领域的问题越发复杂，进入现代社会后，处理社会关系和社会问题需要投入越来越多的资源和越来越高的成本。进入 20 世纪后，非营利的社会组织快速发展，解决了不少公共领域的问题。

局限性依然存在。所以，营利性的企业也开始做起了公益，通过倡导"商业向善"（business for good），千千万万商业性的企业站起来承担社会责任，向善的力量扩大了千百倍。

朱克力提到，由营利性企业做公益的做法，是 20 世纪 90 年代在英国等地开始出现的，一开始并没有取得社会共识。因为当时公司治理面临的主要问题，是在所有权和经营权分离的情况下，不少大公司的高层经理人员，即所谓"内部人"，他们脱离了股东"控制"，进而追求自身利益。

所以，当时在世界范围内兴起了"公司治理革命"，要点就是解决内部人控制失控的问题，强化所有者也就是股东对公司的最终控制。

转折点发生在 1995 年，美国经济学家玛格丽特·布莱尔（Margaret M.Blair）指出，强调所有者对于公司的监督与控制是不够的。她提出，承担公司风险的不只是股东（stockholders），还有包括员工、社区的居民、供应商、销售商等其他利益相关者（stakeholders）。所以，公司不但要对股东负责，还应该对其他利益相关者乃至整个社会负责。

"可以说，这是促使基于传统工业时代的所有者主导型经济发生转变的一次重要倡导。"朱克力认为，在ESG实践中，平台经济提出要构建"参与者生态"，实际上是"利益相关者经济"更为积极的一种表达，"因为这里强调的是'生态'，所以可以称之为从'所有者主导型经济'迈向'参与者生态型经济'的动员和实践。"

成为"有数企业"的生态构建者

那么，怎么去构建一个"参与者生态"呢？数字平台又应该如何进行有效探索？

对此，朱克力表示，内外环境对数字平台提出了更高的要求，他建议，数字平台要成为"有数企业"的生态构建者。

他解释称，面向数字时代，企业作为市场主体和创新力量，应当主动融入或积极助推以数字化、网络化、智能化及绿色发展为特征的数字经济浪潮，对于政策要求、社会诉求、市场需求、企业边界、内外风险等"企之大者"心中有数。

他还表示，各类市场主体应争相成为"有数企业"生态体系的有机组成部分。企业、市场和政府的理想状态是，"有数企业"在"有效市场"和"有为政府"共同引导和支持下健康发展并持续进化。

朱克力认为，构建"参与者生态"，是建设现代化市场体系过程的微观表达。

他表示，在"有效市场"层面，重在激发平台企业和参与者生态中不同市场主体的活力；在"有为政府"层面，需要加强现代治理制度建设。"有数企业"则要通过二者的有机结合，可围绕产业链，在政策引领下进行机制建设、平台打造，推动形成协同、高效、融合、顺畅的大中小企业融通创新生态。

"一方面，鼓励引导龙头企业，对中小企业按照市场化、法治化原则，开放技术、市场、标准、人才等创新资源；另一方面，引导大企业通过生态构建、基地培育、内部孵化、赋能带动、数据联通等方式，打造一批大中小企业共享创新的典型融通模式。"他提出建议表示。

朱克力认为，数字化是一种关键手段，最直接的效果就是带来产业端效率的提升，"自动化的方式管理可以实时地优化生产和经营，与投入大量资本进行技术改造的方式相比，这种效率提升将带来成本的显著降低，以及温室气体的减排。"

此外，数字化也可能会带来新的合作模式。平台的合作主要是借助数字化技术优势，用电设备转换为储能设施，增加能源消耗的灵活度。这包括虚拟电厂在工业领域的探索，在产业园区里打造智慧化微电网，与电网形成交互，灵活根据负荷承载量调节电的使用。这主要是出于应对可再生能源带来的不稳定性的考虑，也是迎接未来可再生能源比例大幅提升的积极的科学应对。

不过，他也提到，数字化技术一方面可以为碳排放提供可测算、可规划的量化参数标准，为碳中和技术应用推广做好预判，有效减少很多领域不必要的碳排放，但另一方面，数据中心等数字化新基建也带来巨大的电力和算力能耗，又成了碳排放的重要来源。对于这把"双刃剑"，要在认知上厘清。

发挥数字科技力量作为"战略母产业"的积极作用

事实上，"参与者生态"的效应不至于数字平台。其他行业也提出了"价值链减排""整体零排放"等理念和模式，与"参与者生态"有异曲同工之处。

朱克力提到，一汽将所有整车及零部件企业进行"双碳"治理技术推广，逐步完善绿色低碳制造标准体系建设。一汽旗下的蔚山工厂、长青工厂、繁荣工厂、动力总成工厂、新能源动力总成工厂等，将统一建设碳排放数智化管控系统，同一平台同一标准，支撑制造过程碳排放管控的数据需求。

此外，百胜中国也提出，未来基于技术发展和试点经验积累，将持续评估在运营场所利用可再生能源的可行性，如逐步在合适且具备条件的餐厅、物流中心及办公楼宇开展屋顶光伏的部署。

虽说多个行业都在向"参与者生态"及其相似的理念迈进，朱克力还是提到，参与者生态目前还处于一个初级阶段，从认知到实践都存在多方面的挑战。

他认为，在此过程中，尤其应更大程度发挥数字科技力量作为"战略母产业"的积极作用，促进制度和技术的有效协同。

所谓战略母产业，是指以数字产业为基础，对第一、第二、第三产业以及经济发展各领域具有第一生产力意义，具有科技赋能、产业基石、经济底座、基础设施等意义上的创新驱动作用，能够从创新与效率、发展与变革角度，持续催化新科技、孕育新业态、缔造新格局的母科技产业集群。

在此大方向下，朱克力建议，在政策层面为新 IT 数字科技力量明确定位，强化其产业功能，赋予其战略使命，使之提升为数字时代的"战略母产业"，成为构筑经济增长新动能和国家竞争新优势的重要支撑。

为此，他认为，首先要鼓励发展互利共赢的数字生态，遵循科技向善、共享创新等平台经济理念，政府对平台的监管应走向常态化、法治化。

其次要提升数字生态的赋能力和创新力，建立基于平台生态实现技术创新的机制，发展关键核心技术。

同时，也要完善数字生态价值贡献的评价体系，尤其要辩证看待数实融合过程中的竞争与创新关系。

"数字生态作为'战略母产业'，应充分发挥其在基础设施、服务供给、创新能力、社会福利、可持续发展方面不可替代的功能和价值。"朱克力说。

（来源：每日经济新闻，2022-09-22）

下篇 · 路径篇

因地制宜发展新质生产力

在政策与市场协同发力下，不失时机提升战略母产业，可加速其实现"从数智竞争力到新质生产力"的价值迭代升级。也就是说，让战略母产业从赋能第一、第二、第三产业"数智竞争力"的构建，迈向全面引领和推动经济实现"新质生产力"的飞跃。为此，需要因地制宜发展新质生产力，包括进一步提升数字产业规模，打造具有国际竞争力的数字产业集群，并充分发挥数字科技企业的平台、技术、数据等优势，有效助力实体经济高质量发展。

第五章

万物智联：大数据重塑产业 ①

　　作为全球制造业大国，中国正面临来自国内和国际的双重挑战。从国内来看，人口红利消失、劳动力成本上涨，主要依靠资源要素投入、规模扩张的粗放发展模式已经难以为继，产业结构亟待转型；从国际来看，以德国、美国等为代表的欧美发达国家相继推出工业4.0和工业互联网计划，全世界的制造业强国正在开启"第四次工业革命"。

　　挑战也是机遇。"第四次工业革命"以物联网、大数据、人工智能、新能源、3D打印、区块链、生物技术等为驱动，正在以难以置

---

　　① 国务院发展研究中心2017年度重点课题"万物互联和智能化趋势下的企业变革、产业变革及制度供给"的部分成果，原题为《大数据是未来制造业的关键生产要素》，该观点对推动数据纳入生产要素范畴起到积极作用：2019年10月召开的中央十九届四中全会明确提出"健全劳动、资本、土地、知识、技术、管理、数据等生产要素由市场评价贡献、按贡献决定报酬的机制"，2020年4月发布的《中共中央 国务院关于构建更加完善的要素市场化配置的体制机制的意见》进一步为数据要素参与收益分配破除制度障碍。本研究项目先后获"中国企业改革发展优秀成果"二等奖（2018）和"中国发展研究奖"三等奖（2019），鉴于在政策学术领域做出的突出贡献，朱克力博士被授予我国管理科学界最高荣誉——中国"管理科学奖"英才奖（2022）。

信的速度改造世界。其中，尤以大数据为代表的新技术应用对整个社会影响显著而深刻。凭借大数据，用户需求与资源供给被更加有效率地匹配，互联网和服务业等行业也经历了一个高速发展阶段。随着 5G 时代逐渐到来，互联网将进化为智联网，升维之后的新形态可称之为"万物智联"。麦肯锡报告《大数据：下一个创新、竞争和生产力的前沿》显示，制造业产生的数据量远远超过其他行业，且可被接入的设备数量也远超移动互联网，加之工业大数据刚刚起步，其应用远不及在社交网络、医疗和商务等方面那样普及和深入，所蕴含的价值还有待于充分挖掘，从而拥有巨大的机会与潜力。

进入"万物智联"的数字经济时代，变革和创新成为制造业的中心词。变革体现在产业的全生命周期，创新贯穿于设计、生产、供应链、研发、营销、服务等各个环节。与传统生产要素相比，大数据是未来制造业举足轻重的新生产要素，从大规模定制到智能化服务，其应用及影响无远弗届。抓住这轮新机遇，中国制造业将大有可为。

一、设计环节：大规模定制

1970 年，美国未来学家阿尔文·托夫勒（Alvin Toffler）在《Future Shock》一书中最早畅想大规模定制这种全新生产方式："以类似于标准化和大规模生产的成本和时间，提供客户特定需求的产品和服务"；1987 年，斯坦·戴维斯（Start Davis）在《Future Perfect》一书中首次将这种全新生产方式命名为"大规模定制"；而在众多学者中，对于大规模定制的含义理解较为全面和准确的学者是 B·约瑟夫·派恩（B·Joseph Pine II），他认为大规模定制的核心是产品品种的多样化和定制化急剧增加，而不相应增加成本，其最大优点是提供战略优势和经济价值。

大规模定制的基本思想在于通过对产品结构和制造流程的重新构建，运用现代化的技术手段，以大规模生产的成本和速度，为单个客户或小批量多品种市场定制任意数量的产品。由此可见，大规模定制不仅追求低成本、高效率，还要兼顾高质量和个性化，这在传统工业社会是难以想象的。大规模定制的要义在于，以满足客户需求为核心，创造出一系列运作模式、技术支持、销售方式、反应机制。这将会给企业的组织和运营带来冲击与困扰，企业生产、服务和销售环节都需要随之进行转变。如果说在工业化条件下，大规模定制的思想对绝大多数企业而言都无以落地，那么在大数据条件下，"一切皆有可能"就有了现实基础。

大数据是制造业大规模定制的关键，其应用包括数据采集、数据管理、订单管理、智能化制造、定制平台等。当定制数据达到一定量级，通过对这些数据的挖掘、分析，能够实现精准匹配、营销推送、流行预测等更高级的功能，可以帮助制造企业降低物流和库存成本、增加产品的用户匹配度，减少生产资源投入的风险。

📖 案例 1

青岛酷特：大数据驱动的个性化大规模定制模式

在大数据时代，大规模定制正悄然改变着整个行业。在 2015 年，中国的纺织服装出口行业压力巨大，出口额 2837.8 亿美元，同比下降 4.9%，而在服装行业普遍寒冬的大背景下，位于青岛的一家纺织服装企业——酷特集团（原红领集团），却在 2012 年至 2015 年连续四年增长 100% 以上，利润率达到 25%。经过 13 年的内部流程改造，从过去传统的规模量产模式，转变为现在更加聚焦消费者的 C2M（客户对工厂）模式，成为中国制造业转型的一个典范。

酷特集团自主研发了电子商务定制平台，即 C2M 平台。消费者可以在线定制，选择自己喜欢的款型和版式，最后订单直接提交给工厂，订单数据会进入酷特自主研发的版型数据库、工艺数据库、款式数据库和原料数据库进行自动匹配。这其中没有中间商赚取差价、没有原材料和产成品挤压，从下单、支付到产品制造的全过程都是数字化和网络化运作，这种"按需生产"的零库存模式一方面让企业生产成本大大降低，另一方面也使消费者不必承担传统零售模式下的流通、店面、人工和库存等成本，直接提高了消费者剩余，达到了双赢的局面。

除了成本优势之外，C2M 模式在大数据的助力下也大大提高了生产效率。在过去传统的制造模式下，定制成本居高不下，而且生产过程往往超过一个月，难以量产。而酷特集团通过 C2M 平台，打破了消费者和生产者、设计者之间的藩篱，让需求能以最快的速度直达工厂，与传统服装定制相比，酷特集团已将定制生产周期降到 7 个工作日以内。

　　酷特集团打造的大数据平台促进企业向高端制造转型，不仅让企业利润倍增，也让消费者享受到制造升级红利，个性需求得到满足。

　　资料来源：根据调研及公开信息整理。

📑 案例 2

英沃电梯：C2M 电梯个性化定制智能平台

　　英沃电梯有限公司是一家集电梯、自动扶梯及关键零部件的设计、研发、制造、销售、安装、维保为一体的现代化专业电梯企业。随着行业竞争的不断加剧，电梯市场不断走向客户定制化、交货期短及产品多样化的柔性生产模式，管理难度大。

　　英沃 C2M 电梯个性化定制智能平台，采用流量分成模式、云计算和物联网方法，实现从报价、设计、制造、服务全流程的智能化、自动化、数据化、网络化的处理，完成面向电梯终端客户的个性化定制生产和服务。引入数字化工厂智能制造的解决方案，借助于信息化和数字化技术，利用集成、仿真、分析、控制等手段，通过 ERP 系统与二维和三维仿真系统、PLM 系统、MES 系统、SCM 系统、数控加工中心等系统的集成，推动实现制造过程的自动化和智能化。

C2M 电梯个性化定制智能平台通过持续的数据积累，形成研发、生产、质量、服务、运营大数据，构建电梯行业数据中心，最终实现企业研发设计协同化、生产管控集成化、购销经营平台化、制造服务网络化。

资料来源：根据公开信息整理。

当前，包括青岛酷特集团、英沃电梯公司在内的众多企业，正在积极谋求智能化转型和升级，拥抱如潮而至的大数据时代，而这对传统制造业提出了更高要求。制造企业满足消费者个性化需求，一方面，在生产端，要提高供给能力，提供多样性的产品或服务满足消费者个性偏好；另一方面，在需求端，要通过互联网了解消费者个性化定制需求。由于消费者众多，需求各不相同，而需求又处于无时无刻的变化中，由此构成了产品需求的大数据。制造企业对这些数据进行处理，进而传递给智能设备，完成数据挖掘、设备调整、原材料准备等步骤，最终生产出符合个性化需求的定制产品。

二、生产环节：智能化制造

智能化制造，即智能制造，是"中国制造 2025"最重要的目标之一。其实现基础是大数据，实现途径是 CPS 系统。CPS（信息物理系统）的概念最早在美国被提出，被视为新一代技术革命的突破点。与此同时，德国工业 4.0 也将 CPS 作为生产系统中的核心技术。

CPS 不是一个简单的技术，而是一个架构和流程清晰的技术体系。其主要应用过程包括数据的搜集、汇总、分析、预测、决策和信息发送，能够让制造业数据像流水线一般的处理、分析，并在这个过程中充分考虑机理逻辑、流程关系、活动目标、商业活动等特征和要求。作为工业大数据分析中智能制造的重中之重，CPS 系统让制造业融入互联网之中，包含两个层面：一是将产品通过硬件设备（如智能家居设备、智能制造设备等）接入互联网，在互联网上传输数据，实现产品生产的智慧化；二是将企业接入互联网，加速企业的网络化、智能化改造进程。

目前，大数据已经成为智慧制造云或智能制造系统建设和运营的战略资源，也是智慧制造云实现智慧化的重要基础。从技术来看，基于大数据的智慧制造系统具备多元复合模态，拥有高度实时性和不确定性等特征；从应用来看，智慧制造云大数据的价值在于：通过采集管理分析服务，能够精准、高效、智能地促进云制造的智慧化，实现以"产品＋服务"为主导、随时随地随需的个性化和社会化制造，进而提升企业竞争力。

案例3

北科亿力：大数据助力智能炼钢

钢铁是国家战略性支柱行业，连续多年占全国 GDP 总值的 10% 以上，在去产能背景下其体量依然巨大。作为占据钢铁企业约 70% 的成本和能耗的炼铁厂，2016 年中国铁水产量约 7 亿吨，产值约 1.5 万亿，其生产过程的数字化和智能化水平相比于钢轧工序依然较低。

北科亿力作为由国内知名大学专家和钢铁企业专业人才组建的企业，一直致力于炼铁数字化及智能化技术的研发，已获得炼铁大数据及数字化监测方面的软件著作权 21 项、专利 11 项，其最新的研究成果是炼铁大数据互联平台：将无线传输、三维激光雷达、热成像技术应用于高炉"自感知"工业传感及物联网开发；建立了数据源、整合、传输、管理、持久、分析、接口、应用的大数据处理中心；开发高炉专家系统实现自诊断和自决策；建立行业级炼铁大数据平台实现企业端和行业端数据互联互通及智能对标；开发云平台实现移动终端服务。广泛应用于河钢、首钢、中信特钢、沙钢、山钢、酒钢等中国近百家和海外伊朗、越南、印尼等 200 多座高炉，在实际应用中对炼铁长寿、高效、优质、低耗、清洁生产起到了至关重要的作用。

通过炼铁大数据平台和智能化系统的建设，降低炼铁异常工况及燃料消耗，不但能为炼铁厂带来巨大的经济效益，还可以直接降低炼铁燃耗及 CO_2 排放，实现节能减排和绿色冶金。

资料来源：根据《工业大数据技术与应用白皮书》及公开信息整理。

三、供应链：优化与提速

随着供应链复杂程度的不断提高，企业对于更有效率的供应链管理方式的需求也随之增长。而大数据的出现，则使供应链全局优化成为可能。

大数据优化供应链的核心，在于精准的需求预测。作为整个供应链循环的第一步，需求预测的准确与否直接关系到库存策略、生产安排是否成功，预测一旦失准，将会导致产品的缺货或脱销，二者都将使企业蒙受巨大损失。但在大数据的支持下，通过对供应链上的海量数据进行搜集、分析，不仅可以勾勒出包括消费者的消费习惯、消费能力等维度的用户画像，反映出市场的真实需求，又能够使物流企业依据数据分析结果，了解到供应链每个环节的运作情况，从而找出业务盈利点或低效率的地方，然后有针对性地进行业务调整，优化资源配置，以提升供应链的协同效应，实现效率和利润的最大化。

大数据在供应链各环节的应用，通常表现在供应链配送体系优化、用户需求快速响应等两个方面。

　　供应链配送体系优化。主要是通过 RFID 等产品电子标签技术、物联网技术以及移动互联网技术，帮助制造企业获得完整的产品供应链的大数据。利用销售数据、产品的传感器数据和出自供应商数据库的数据，制造企业可准确地分析和预测全球不同区域的需求，从而提高配送和仓储效能；利用产品中传感器所产生的数据，分析产品故障部分，确认配件需求，可预测何处以及何时需要零配件。这将极大地提高产品的时效性，减少库存，优化供应链。

　　用户需求快速响应。主要是利用先进的数据分析和预测工具，预测与分析实时需求，增强商业运营及用户体验。例如，京东运用大数据提前分析和预测各地商品需求量，从而提前配货，提高配送、仓储和投递效能，保证了到货及时的用户体验。

📄 案例 4

McKesson：动态供应链

　　美国最大的医药贸易商 McKesson 公司将先进的分析能力融合到每天处理 200 万个订单的供应链业务中，并且监督超过 80 亿美元的存货。对于在途存货的管理，McKesson 开发了一种供应链模型，根据产品线、运输费用甚至碳排放量而提供了极为准确的维护成本视图。这些详细信息使公司能够更加真实地了解任意时间点的运营情况。McKesson 利用先进分析技术的另一个领域是对配送中心内的物理存货配置进行模拟和自动化处理。评估政策和供应链变化的能力帮助公司增强了对客户的响应能力，同时减少了流动资金。供应链转型使 McKesson 公司节省了超过 1 亿美元的流动资金。

资料来源：根据公开信息整理。

四、研发环节：协同化创新

除了设计、生产、供应链各环节，大数据及其相关应用的触角同样也延伸到了企业的研发环节。

以制药企业为例，麦肯锡全球研究院估计，在美国医疗保健系统中，应用大数据服务战略决策制定将能产生多达每年 1000 亿美元的价值。通过优化创新，提高研究和临床试验效率，给医生、患者、保险和监管者提供新工具，以实现更个性化治疗方式。

以飞机制造业为例，可建立针对产品或工艺的数字化模型，用于产品、工艺的设计和优化。数字化模型作为量化、可计算的知识载体，可提高企业的知识复用水平并促进其持续优化。将大数据技术与数字化建模相结合，可以提供更好的设计工具，缩短产品交付周期。例如，波音公司通过大数据技术优化设计模型，将机翼的风洞实验次数从 2005 年的 11 次缩减至 2014 年的 1 次；玛莎拉蒂通过数字化工具加速产品设计，开发效率提高 30%。

　　大数据助力研发环节实现协同化创新，从应用场景来看主要通过以下三种方式：

　　一是数据整合。海量数据是建立高附加值数据分析能力的基础，大数据技术使端对端数据整合更有效，并精确关联性质完全不同的数据，包括内部数据、外部数据、公开数据和自有数据。

　　二是内外协作。许多制造企业的研发部门保持高度的封闭性，而大数据打破了企业内部各职能部门之间的信息壁垒，并加强了企业跟外部合作伙伴的协作。

　　三是决策支持。大数据可以代替人进行较为复杂的决策，如项目的分析、商业开发机会、预测等相关决策都可以借助大数据快速做出。

📄 案例5

OKMS：大数据知识管理创新

　　作为一直专注于知识资源的大规模集成整合和增值利用服务机构，CNKI 在大数据知识管理和创新服务方面积累了较为丰富的经验。2015 年，基于自身海量的知识资源优势和全国各行各业创新发展的知识需求，积极探索协同创新的新体制、新机制、新模式，提出了面向各行业创新服务的"机构知识管理与协同创新平台整体解决方案"（OKMS）。

　　利用大数据、云计算等先进技术，围绕机构决策与创新业务全流程，OKMS 提供更加符合各级领导、科研专家以及机构个人实际业务需求与工作应用的知识服务和战略决策服务，并通过机构知识管理系统规划与设计的整个过程。目前，OKMS 已成功应用于京津冀大数据产业协同创新平台前期筹建工作，有效解决了京津冀协同发展的时空限制，助推了三地协同工作的高效运转。

OKMS 协同创新平台重点包含"协同研究"与"协同创作"两大模块，主要是面向管理人员、研究人员以及工程技术人员提供计算机辅助创新工具和基于网络的文档协同编辑创作系统。平台目前已经在交通、旅游、环保、建材、通信、能源等多个领域应用，打造了"互联网＋大数据"的全新行业生态，为各行业的创新发展提供了决策支撑和关键信息服务。

资料来源：根据调研及公开信息整理。

五、营销环节：精准化推送

营销无疑是受大数据潮流中影响最大的行业之一。美国著名公司Adobe 对 1000 名营销从业者的调研显示，2010 年以来，短短几年的变化要比过去 50 年还大。最近几年，搜索营销、程序化购买等技术已经渗透到互联网生活的每一个角落，其发展速度之快令人咂舌。

在制造业领域，利用大数据，可以实现分区域对市场波动、宏观经济、气象条件、营销活动、季节周期等多种数据进行融合分析，对产品需求、产品价格等进行定量预测。同时，可结合用户当前对产品使用的工况数据，对零部件坏损程度进行预判，进而对零部件库存进行准确调整。

此外，通过对智能产品和互联网数据的采集，针对用户使用行为、偏好、负面评价进行精准分析，有助于对客户群体进行分类画像，可在营销策略、渠道选择等环节提高产品的渗透率。更重要的是，可结合用户分群实现产品的个性化设计与精准定位，即针对不同群体，通过对用户精准画像、精准推送等，实现产品从设计到交易的完整营销环节精准化。

📄 案例6

今日头条：精准营销的逻辑

自 2013 年世界大数据元年开启以来，各类信息实现爆炸式增长，并且随着人们生活水平的提高，消费者的需求目前已呈现出多样化、碎片化的特点。在这样的时代背景下，各个企业都面临着如何对庞大数据加以利用从而满足消费者需求的严峻挑战。今日头条是基于数据挖掘的推荐引擎产品，主要推荐对客户有价值的新闻、电影、购物等信息，于 2016 年末完成 D 轮融资，投后估值 110 亿美元，成为移动互联网领域的独角兽。

今日头条迅速成为移动互联新贵的重要原因之一，在于精准营销。具体而言，今日头条实践的正是"现代营销学之父"菲利普·科特勒的这一理论：精准营销（precision marketing）使得营销沟通更加精确、可衡量以及较高的投资回报，重点强调精准营销需要借助信息技术，对顾客采取有针对性的信息传递。其基本流程是这样的：首先，获取消费者的基本信息、社交行为等信息，通过数据挖掘技术寻找出消费者的兴趣爱好；然后将基本信息、兴趣爱好相似的那些消费者归为一类，总结出每类消费者的特点，为这些用户绘制"画像"；最后结合每类用户的特点以及兴趣爱好为这些用户进行新闻、购物等信息以及广告的精准推荐。

基于数据挖掘技术，对用户的兴趣爱好进行分析，最终将那些与消费者兴趣相匹配的信息推荐给相应的用户，今日头条正是凭借大数据实施精准营销，取得了可观的商业回报。

资料来源：根据公开信息整理。

六、服务环节：运维与预测

运维服务是提升用户体验的关键环节，也是制造业产业链中高附加值的环节，对制造业升级转型同样至关重要。

目前大部分运维工具仅能呈现故障，并不能有效找出和分析原因，或者只能提供单个子系统的解决建议，真正排除故障需要人工参与。而借助大数据，一方面，可利用海量数据库对信息、数据、资源、终端进行关联分析，包括触发智能终端进行数据搜集、自动查找故障根节点；另一方面，还可以对问题分类统计，为运维人员和客户中心提供及时的分析数据。

除了更实用的智能分析，借助于大数据的机器学习技术，通过从数据中梳理出具有规律性的事件模型，进而对未来不确定性事件进行有效预测。

此外，大数据可以实现主动运维。通过数据深度挖掘和离线分析，运维由传统事件驱动向业务质量驱动转变，最终实现自动的自我修复、优化配置，解决潜在的网络故障，保障基础设施的健康与质量。

📄案例7

中兴通讯：大数据运维支撑平台

中兴通讯是全球领先的综合通信解决方案提供商，中国最大的通信设备上市公司。多年来积极面对技术变革带来的挑战，尝试各种路线的转型。在这一过程中，中兴通讯推出了智能运营解决方案，其自主研发的 NetNumen OSS 运维支撑平台，实现了数据共享、融合创新。

中兴通讯基于先进的运维模式，通过自研、与业界一流厂家联合开发的方式打造出全网络全业务运营支撑系统。NetNumen OSS 面向运维未来需求，通过最佳运维实践、胶囊原型组件、云环境部署，充分发挥 BI 的数据关联和分析能力，并能根据运营商实际运营场景需求定制最佳解决方案，标准化原型让零代码开发进入实用阶段，打造易用、智能、开放的可视化运营支持系统。

中兴通讯的整体工具方案 NetNumen OSS 套件由各工具模块组成，覆盖管理服务的全过程：AOS 提供统一访问门户，FMS 提供全面告警监控，PMS 提供性能管理，eFlow（包括 SPM、WFM 等模块）撑起完整电子运维流程，SLM 完成服务质量管理，NIM 和 ITNMS 等提供完善的网络资产管理及 IT 网元综合管理。在挖掘运维数据的活动中，NetNumen OSS 各工具模块共同发挥作用，通过这些套件的协同工作，运营商能在运维过程中把握全局，运筹帷幄。

中兴通讯服务工具平台为故障处理提供更高效的数据支撑，具备基于业务级和用户级的端到端实时多维视图和分析能力，采用导向式的查询及挖掘视图帮助运维人员快速获取数据、保障业务、决策支撑，深度挖掘的运维数据将真正成为运营商发展的新引擎。

资料来源：根据调研及公开信息整理。

七、拥抱变革：结论与启示

第一，大数据成为未来制造业不可或缺的新生产要素。目前实体经济之所以利润薄、效率低，一方面，很大程度上是由于制造业传统生产要素（劳动力、资金、土地、能源原材料、物流等）供应增长受限导致成本居高不下；另一方面，整体营商环境等外部交易成本较高也强化了传统动能减弱趋势，迫切要求生产要素升级与革新。对企业而言，大规模运用大数据，能极大地放大生产力乘数，加速流程再造、降低运营成本、提升生产效率；对政府而言，运用大数据构建信息共享和信用体系可望改善营商环境，帮助企业进一步实现降本增效和效率提升。在实践中，不少企业已建立起融合各个应用环节的大数据平台，并不同程度地快速形成了对其中所产生海量数据的挖掘能力、计算能力和分析能力，率先分享到了大数据等新生产要素带来的红利。

第二，大数据为发展新经济培育新动能提供基础性应用。《中国制造2025》明确提出，工业大数据是我国制造业转型升级的重要战略资源。随着制造强国战略的全面推进实施，工业大数据、云平台、移动互联网和物联网在技术、产品和商业模式方面不断探索，制造企业智能化服务发展已逐渐从概念萌发向实际应用期过渡。基于大数据应用，以智能生产、智慧服务等为特色的智能化制造服务企业脱颖而出，制造业与服务业融合步伐不断加快：一是以工业大数据技术体系开发为龙头的生产性服务带动制造业发展；二是以工业大数据的智能化服务延伸企业价值链，提升市场竞争力；三是以工业大数据等信息服务为代表的制造企业转型升级成效显著，加速"制造 + 服务"融合趋势。这些积极因素都在助推新旧动能传导转换，进而有力促进新经济发展。

第三，大数据提高产业链协同效率并催生组织变革。从微观视角看，大数据实现供需匹配，打通生产与服务全流程，提高产业链协同效率，催生内部生产组织和外部产业组织变革。传统的大规模生产模式已不适应当今的个性化制造，粗放型决策和撒网式营销等传统运行模式也已不适应新经济环境下的企业发展，如何通过大数据等新一代信息技术的融合创新促进企业转型，实现个性化定制、智能决策、精准营销和全业务流程协同，成为企业面临的全新课题和必然选择。随着大数据应用的日益深入，智能化生产、网络协同、个性化定制等多种服务化延伸模式日渐清晰，呈现研发设计协同化、生产管控集成化、购销经营平台化、制造服务网络化等态势，带动制造业技术进步、效率提升与组织变革，加快产业迭代兴替。

第四，大数据成为引领高质量发展和创新驱动的新兴力量。进入新时代，中国经济由高速增长转向高质量发展，必须抢抓新一轮科技革命和产业变革的难得机遇，以供给侧结构性改革为主线，推动互联网、大数据、人工智能与实体经济深度融合，通过"大数据 + 智能制造""大数据 + 智能终端""大数据 + 现代物流"等新业态、新模式，助推产业、产品向价值链中高端跃升。加强大数据在重点行业和领域应用，促进大数据引领智能产业发展，打造具有竞争力的产业集群，推动智能技术转化应用和产品创新，加速制造业向数字化、网络化、智能化发展，提高全要素生产率、产品附加值和市场占有率。此外，在"万物智联"的数字经济时代，强化大数据在政务体系的应用，推进跨领域、跨平台、跨部门的数据共享，提升政府决策科学化、公共服务高效化、治理能力现代化水平，进一步改善营商环境及生态环境，更好地服务民生和社会事业。

（朱克力　孙中源）

第六章

工业元宇宙内涵与现实路径 [①]

党的二十大报告指出，推动战略性新兴产业融合集群发展，构建一批新的增长引擎。发展元宇宙产业，将极大开辟数字经济的新场景、新应用、新生态，培育经济新动能。特别是发展数实融合、互促共生的"工业元宇宙"，将进一步加速制造业高端化、数字化、智能化、绿色化升级，作为"战略母产业"具备较强融合性的技术底座，同时也是新型工业化建设的重要发力点之一。

为落实国家推进元宇宙产业创新发展的重点任务、实施 A 省打造"中国元宇宙谷"的行动计划、厘清 B 市成为元宇宙谷的中枢承接、明确 C 区抢滩"工业元宇宙谷"的功能定位及重点任务计划，依据《元宇宙产业创新发展三年行动计划（2023—2025 年）》（国家级行动计划）《元宇宙产业发展行动计划（2023—2025 年）》（省级专项规划）

---

① 本书作者朱克力博士牵头、北京智石经济研究院姜逸飒协同起草，作为某市经开区（文中称为 C 区）工业元宇宙研究成果，基于工业元宇宙内涵及应用原理，以国外工业元宇宙标杆和国内较好政策示范作为参考，提出 C 区工业元宇宙引育政策及实施路径建议。

以及《产业建圈强链 2023 年工作要点》（市级总体部署）等要求，特开展此项研究工作。

以下基于工业元宇宙内涵及应用原理，以国外工业元宇宙标杆和国内较好政策示范作为参考，提出 C 区工业元宇宙引育政策及实施路径建议。

一、工业元宇宙的内涵及应用原理

元宇宙[①]是数字与物理世界融通作用的沉浸式互联空间，是新一代信息技术集成创新和应用的未来产业，是数字经济与实体经济融合的高级形态，有望通过虚实互促引领下一代互联网发展，加速制造业高端化、智能化、绿色化升级，支撑建设现代化产业体系。当前，全球元宇宙产业正加速演进，应抢抓机遇布局元宇宙新赛道，赋能经济转型升级。

工业领域的元宇宙被定义为工业元宇宙，即一个映射和模拟真实世界机器、工厂、城市、交通网络和其他高度复杂系统的元宇宙领域[②]——旨在为参与者提供对真实世界的完全沉浸式、实时、交互式、持久性和同步性的映射和模拟。现有以及正在发展中的技术，包括数

---

　　① 元宇宙（Metaverse）是利用科技手段进行链接与创造的，与现实世界映射与交互的虚拟世界，具备新型社会体系的数字生活空间。

　　② 工信厅联科〔2023〕49 号《元宇宙产业创新发展三年行动计划（2023—2025 年）》。

字孪生、人工智能和机器学习、扩展现实、区块链、云和边缘计算，构成工业元宇宙的基石。这些技术的融合将创造一个连接现实世界和数字世界的强大接口，实现协同效应，重塑产业未来。

（一）工业元宇宙及其构成要素

从功能实现来讲，工业元宇宙是先通过在虚拟世界设计生产要素，然后在现实中复现，之后通过数字孪生技术将实体设备与虚拟世界的设备映射反应全生命周期的生产活动，最终通过对虚拟世界的活动数据进行计算与分析，全面提升、改进和丰富实体生产活动来超越现实的技术。

从技术要素来讲，工业元宇宙以 CPS[①] 为基础、工业元宇宙平台为中枢、数据为要素、安全为保障。工业元宇宙通过新一代信息通信技术如 CPS、三维设计、虚拟现实、增强现实、人工智能、数字孪生、物联网、5G 网络、大数据、云计算等，打通人、机、物、系统等的无缝衔接，将确切的物理系统与虚拟的数据世界相融合，将制造领域中人、机、料、法、环、测与数字技术领域进行融合，进而优化工业制造环节中的物理设备与流程。

在汽车制造业和供应链运营中，元宇宙和数字孪生模型验证实

---

① CPS（信息物理系统）是工业元宇宙的基础，通过集成物联网、机器人、AR/VR、5G、AI 等技术，构建出物理世界与虚拟世界中，人、机、料、法、环测等要素实时交互、高效协同的数字孪生体，实现系统内资源配置的最优化。

现^①的工业元宇宙实现了快速生产，令所需的物理测试大大减少，从而提高了效率。通过基于物理的详细设计，厂商降低了风险并改善了质量控制，从而缩小了生产的误差范围。从产品设计到采购、制造和库存，基于元宇宙的数字孪生同时可以用于简化和优化供应链管理。目前，通过动态数据实时驱动，在数字孪生全要素场景下，能够覆盖从货物到厂、装卸、转堆、制造、仓储及出厂的全周期作业仿真；在5G 环境感知工厂全量工业设备态势，还能实现人、车、物、法、环的数字孪生全模拟，是数字化转型不可或缺的一步。

（二）工业元宇宙的实现及其支撑要素

工业互联网是工业元宇宙的基建部分，工业互联网将工业生产与计算机技术、通信技术相融合，最终促成原材料、设备、生产线以及工人、供应商、用户的紧密连接，优化效率、降低成本。工业互联网产业链上游包括网络层和传感器设备层，主要工作是解决当前工业生产设备种类繁多、通信协议不统一的问题，为平台提供工业数据联接、转换和数据预处理功能。中游包括平台层和软件层（PaaS^②层），主要是提供类似 Windows 的操作系统。下游主要为应用层（解决方案

---

① Omniverse（工业元宇宙服务商案例标杆）于 2020 年 10 月推出测试版，超过17000 名客户进行了测试体验，包括宝马、爱立信、沃尔沃、Adobe、Epic Games 在内的众多公司都正在与 Omniverse 合作。

② 工业 PaaS（Platform as a Service）是基于云计算的智能化平台，作为工业互联网平台的核心，主要集成了工业数据分析与建模能力。基于通用 PaaS 并融合多种创新功能，将工业机理沉淀为模型，实现数据的深度分析并为 SaaS 层提供开发环境，帮助客户打造工业数字化应用的深度价值解决方案。

及 App），依托上述信息技术和系统解决方案用于一线生产。

在工业元宇宙数字化工厂，工业 IoT[①]、AI、大数据等技术结合，AI+ 智能制造链接工业部分系统、部分产业链和价值链，促进工业化和信息化融合，带动我国工业制造领域竞争力的整体提升，实现工业数字化转型到全面互联化阶段，再到自主智能阶段的不断跨越的解决方案。为了便于理解，我们把工业元宇宙的实现进行了分级，从初步实现到完整实现的形态分别为：

工业元宇宙 1.0= 工业互联网[②] 基础（数字化打通）

工业元宇宙 2.0= 工业互联网 +AI[③]（初步智能制造）

工业元宇宙 3.0= 工业互联网 +AI+ 数字孪生[④]（虚实结合）

---

① 工业物联网（IoT）是一组设备和应用，允许工厂创建从核心到边缘的端到端连接环境。其还包括传统的物理基础设施，如集装箱和物流卡车，以收集数据，对事件做出反应，并在智能设备的帮助下做出更明智的决策。

② 工业互联网：通过对人、机、物、系统等的全面连接，构建起覆盖全产业链、全价值链的全新制造和服务体系，为工业乃至产业数字化、网络化、智能化发展提供了实现途径，是第四次工业革命的重要基石。

③ 工业互联网 +AI 的重点技术包括：智能监控、工业机器视觉、AGV & 机器人、预测性维护、数据采集（工业传感），其中，工业机器视觉、AGV & 机器人、预测性维护等应用有望最先爆发。

④ 数字孪生技术的结合帮助企业提高生产效率和产品质量。企业可以在虚拟环境中进行产品设计和生产流程的优化，减少实际生产过程中的错误和浪费。重点技术包括：物联网、大数据、多领域 / 多层次 / 参数化实体建模技术、人工智能技术、云 / 边缘协同计算等技术的相互交互，相互融合。

工业元宇宙 4.0= 工业互联网 +AI+ 数字孪生 +BOT 支撑技术 [1]（超越现实）

由此看出，工业互联网是工业元宇宙的设施基础，想要解释工业元宇宙的构成必须首先理解其与工业互联网的关系。

（三）工业元宇宙各要素作用体系

工业互联网以网络 [2] 为基础、平台 [3] 为中枢、数据 [4] 为要素、安全 [5] 为保障，既是新生产方式、组织方式、运营方式，也是一种新的基础设施。工业互联网的核心是数据驱动的智能优化闭环，通过对工业系统实时数据的采集、传输、处理、分析、决策与反馈控制，并与工业知识相结合，形成新的优化范式，不断改进物理世界的运行效率，创造更大的价值。通过把信息技术、通信技术，以及运营与自动化技术应用到工业领域中，即 OT（运营技术）+IT（信息技术）+CT（通讯技术），实现人、机、料、法、环、测和基于平台的数据联接，

---

① BOT（物联网区块链）技术支持物联网实体在"去中心化"的模式下相互协作。在一个物联网实体上可以部署一个或多个物联网区块链节点（BOT 节点）和"去中心化"应用（DApp）。不同的生产端收集数据通过边缘计算实时分析数据并整合，打通数据孤岛极大提升生产柔性。

② 包含有线接入（现场总线、工业 PON、工业以太网和 TSN）和无线接入（5G、WiFi、WIA 和工业无线）。

③ 平台层包含边缘计算、IaaS、PaaS 和软件层（研发设计类、生产制造类、经营管理类、运维服务类等软件）。

④ 该数据为通过设备层控制器传感器及 MCU 芯片传回的运行数据。

⑤ 工业互联网安全分为工业数据安全、工业 App 安全、网络安全（标识解析系统和 5G 网络安全）和设备安全（工业主机、控制设备、数控设备和工业机器人）。

通过算法模型使实时资源优化配置成为可能。

人工智能技术是驱动工业元宇宙的内在动力和控制内核，基于工业数据架构丰富的算法，配合完整的云[①]、边[②]、端为一体[③]的工业 AI 引擎在制造业中从降本增效、质量管控、安全管理和智能运维四大方面重塑生产效率，全面赋能传统工业的各垂直领域。具体来说：

①降本增效：助力企业从劳动密集的生产方式向集约型和智能化的生产方式转变，解决用工难、成本高、效率低等核心问题，实现稳定产能，降本增效，持续增长。

②质量管控：根据不同垂直领域的产品特点，可定制化进行产品缺陷检测，实现工业生产流水线的智能化升级，以更高的精准度保障产品生产质量，大幅提升品控率。

③安全管理：针对车间、厂房、产线等进行智能安全管理，对危险区域、危险行为提前预警，从而大幅降低工人在生产过程中的事故发生率，全面提升安全系数。

---

①指"云计算"或"云数据中心"。

②边缘计算：一种分布式处理和存储的体系结构，更接近数据的源头。利用靠近数据源的边缘地带来完成的运算程序，而不需要将大量数据上传到云端。边缘计算与云计算相比存在诸多优良特性，因此，边缘计算和云计算的混合使用通常被认为是构建企业级物联网解决方案的最佳实践。

③云计算是人和计算设备的互动，而边缘计算则属于设备与设备之间的互动，最后再间接服务于人。边缘计算可以处理大量的即时数据，而云计算最后可以访问这些即时数据的历史或者处理结果并做汇总分析，云计算和边缘计算是一种共生和互补的关系。

④智能运维：通过 AI、AR[①]等创新技术，进行工业生产的全面智能化运维，构建园区、厂房、设备等的数字孪生，实现对实体资产的全面数字化管理，降低学习和操作门槛。

AI+工业互联网通用型典型场景：协同研发设计、柔性生产制造、机器视觉质检、设备故障诊断、厂区智能物流、无人智能巡检、生产智能监测等。

应用主要场景：设备协同作业、柔性生产制造、现场辅助装配、机器视觉质检、设备故障诊断、厂区智能物流、无人智能巡检、生产智能监测等。

AI+工业制造给制造业带来增加安全指数、降低成本、提升效率等诸多好处。柔性化降低产线调整成本；预测性防护，提高生产效率；智能操作降低人员成本，协同研发生产效益价值；潜在价值：降低重复建设，降低新建系统投资成本。

针对不同场景的需求共性进行分析归纳，我们认为 AI+工业的重点技术包括：智能监控、工业机器视觉、AGV＆机器人、预测性维护、数据采集（工业传感），其中，工业机器视觉、AGV＆机器人、预测性维护等应用有望最先发展。

数字孪生技术是先进制造业的支撑性技术。数字孪生是指充分

---

① 增强现实（Augmented Reality，AR）技术是一种将虚拟信息与真实世界巧妙融合的技术，广泛运用了多媒体、三维建模、实时跟踪及注册、智能交互、传感等多种技术手段，将计算机生成的文字、图像、三维模型、音乐、视频等虚拟信息模拟仿真后，应用到真实世界中，两种信息互为补充，从而实现对真实世界的"增强"。

利用物理模型、传感器、运行历史等数据，集成多学科、多尺度的仿真过程。数字孪生技术的要义是在数字信息平台上创建一个与实体对象或系统相对应的虚拟模型"数字孪生体"，可以实时或准实时地接收实体对象或系统上的传感器采集的数据、并将其进行动态仿真[①] 和分析，输出决策数据。工业数字孪生技术通过数字空间与物理世界的双向映射和交互，从而反映相对应的实体装备的全生命周期过程，为工业企业提供综合决策所需的环境和能力，以最优的结果驱动物理世界[②] 的运行。

　　数字孪生是 CPS（信息物理系统）的核心，而 CPS 则是工业元宇宙的核心。数字孪生技术不仅可以让我们看到产品外部的变化，更可以看到产品内部每一个零部件的工作状态，进行预测性的决策。CPS要实现虚实融合。第一层是实体，实体要有智能。实体智能就是第二层，实体智能向上联接要采用物联的方法。物联就是第三层，物联到实体孪生体（Physical DTwin），这就是第四层，是类似于驱动程序的一层，实现控制实体和让实体向自己进行信息反馈。实体孪生体之上是第五层，即系统孪生体（System DTwin）。生产线和设备系统不可能分散工作，必须统一于系统孪生体之下。再上面的第六层是产品孪生体（Product DTwin）。三个孪生体之间用数字纽带联系起来，机器人可

---

　　① 动态仿真技术：又称虚拟现实技术，是一种通过计算机模拟真实环境的技术。通过在计算机环境中模拟真实环境，动态仿真技术使得设计者和制造者可以轻松进行优化和改进。

　　②进入 21 世纪以来，美国和德国均大力扶持 Cyber–Physical System（CPS，信息－物理系统）作为其先进制造业的核心支撑技术，而数字孪生就是 CPS 的典型实践。

以直接使用产品孪生体的控制参数。数控车床可以直接使用数字孪生体里面的数控程序。产品孪生体之上是第七层，即接口层。这一层的供应商与客户通过产品孪生体层与其他层建立关联。

所以数字孪生技术在此扮演的就是构建在现实世界之上的虚拟世界，二者通过工业互联网打通，而在此基础上实现工业元宇宙的全部效能还需要进一步结合 5G、AR、VR[①]、AI 计算机视觉[②]、区块链等技术，继续强化虚拟世界和现实世界的联动，让数据信息更深入地服务于企业运营、资源调度、人员协同，等等。

物联网技术（IoT）是基于互联网，并利用先进的 RFID[③]、无线数据通信等技术构造的一个覆盖更多事物的网络，保障事物能够在不需要人为干预的情况下通过此网络进行交流。从整个技术体系构架层次上进行分析综合来看，其应用内容上主要包括：

感知层：感知层类似于物联网硬件设备上的皮肤和五官，能够对外界物体信号进行快速识别，包括二维码、条形码、RFID 及电子防伪码标签、读写器、识读器、GPS、摄像头、传感器网络模块等，并可对

---

① 虚拟现实技术（VR）是一种可以创建和体验虚拟世界的计算机仿真系统，利用计算机生成一种模拟环境，使用户沉浸到该环境中。虚拟现实技术就是利用现实生活中的数据，通过计算机技术产生的电子信号，将其与各种输出设备结合使其转化为能够让人们感受到的现象。

② 计算机视觉是使用计算机及相关设备对生物视觉的一种模拟。主要任务就是通过对采集的图片或视频进行处理以获得相应场景的三维信息。

③ 无线射频识别即射频识别技术（Radio Frequency Identification，RFID），是自动识别技术的一种，通过无线射频方式进行非接触双向数据通信，利用无线射频方式对记录媒体（电子标签或射频卡）进行读写，从而达到识别目标和数据交换的目的，其被认为是 21 世纪最具发展潜力的信息技术之一。

未被传感器识别检测到的某物联关键特征信息数据进行自动采集。

网络层：网络层相当于物联网体系中的大脑神经中枢，对传感器自动采集和接收感知到的相关数据信息进行智能加工或处理，并直接将该数据的加工结果提供对应的网络模块。

应用层：应用层是基于物联网技术的现代社会产业分工，并结合传统行业发展的一些实际生产需求，促进产业智能化生产的实现，是推动物联网技术与其他各垂直行业进行无缝融合并应用的有效纽带。

区块链技术可实现分布式的数字身份认证体系，将边缘计算中心作为企业、人和设备接入的认证和安全校验节点，可实现人与设备、设备与设备、服务器与服务器之间的双向身份验证，大幅降低边缘层接口数据泄露和设备控制的安全隐患，同时还可以实现基于工业互联网 PaaS 层工业数据加密存储需求，实现数据私有化访问。

利用区块链技术的交易透明性、数据防篡改、信息分布式一致的特性和智能合约在网内自证自恰的应用优势，依托于工业互联网平台构建平台内制造企业、物流企业、税务部门、交通部门、银行、渠道商和客户等产业链参与方分布式的产、销、用的数据融通应用。实现产品品控证明、资金支付证明、票据真实性证明、供应链流转证明、渠道销售证明、客户使用证明等安全可信的价值链传递网络，是目前核心制造企业应用区块链技术的主要应用方向之一。

目前区块链技术在汽车工业供应链溯源等方面的运用已经比较成熟，利用区块链数据防篡改的特性，建立商品的生产、流通和消费的真实性验证网络，有效地提高商品的品牌价值。而区块链技术运用在制造业的质检协作效率优化、产品质量控制和降低故障率等方面也都有很强的内在需求，特别是在工厂分布式的生产和质检环境中，有效建立质量可信评估网络是一件非常困难的事情。

通过工厂边缘计算中心嵌入区块链分布式计算节点，可不用对生产数据全量上传的前提下，实现各项运维、品控指标的分布式竞选，为多生产线、多厂区和多企业的最优质量优化提供实时、动态的数据支撑。通过区块链技术数据防篡改的特性，提供产品质量故障、事故等数据无隐瞒、透明化的生产告警，建立责任界定和定损索赔的自动化机制。一条生产线的品控问题可通过区块链节点自动化、防篡改地向产业链上下游企业和监管节点实时同步，同时可按照需求向其他生产线提供广播告警。基于区块链的品控告警机制，可实现低延迟、自动化、低成本和防篡改的高质量生产和安全运维。

（四）工业元宇宙对传统生产的颠覆性意义

工业元宇宙将重塑工业生产全链条环节，从产品设计、产线生产、设备调试、产线巡检、远程运维、经营管理、人员培训、市场营销等端到端的系统。元宇宙对制造业的颠覆主要体现在：

①提高协作效率。通过数字化平台[①]将产品规划、设计到建模等工作在协同的数字平台实现，将原流程化的设计师、工程师等的技

---

① 数字化平台包括工业互联网的平台层，更突出制造业的软件层（研发设计类、生产制造类、经营管理类、运维服务类等软件）之间的协同性作用，大量缩短工业设计到测试的时间，提高系统性效率。

术融合，实现及时共享的开发，通过虚拟化模拟设计到成品的效果验证，加速产品开发中的交流的时间成本，加速产品开发速度，降低产品开发成本，加速产品的上市时间。元宇宙在工业的应用不同于消费，在消费领域，元宇宙强调沉浸感、真实感，而在工业领域，工业产品的虚拟化将达到可以实际生产的水平在现实中，企业往往根据职能分成设计师、工艺师、车间工艺师、车间生产工人、班组长、调度员等，在工艺和生产方面，设计师往往考虑得相对较少，这样就导致从设计到生产的过程中容易出现问题。造成这种结果的原因是基础设施能力、信息基础、设计手段和工具不足。工业元宇宙将为提升虚拟化水平创造条件，如国产工业软件更具性价比，可以实现从三维设计的普及化，到计算机辅助加工的普及化和计算机辅助工程（仿真分析[1]）的普及化。开展虚拟仿真分析时，不仅要考虑企业自身水平，也要考虑世界同行水平和客户需求水平，从而确立领先地位。达到这样水平的虚拟工业产品可以大幅提高一次制造成功率，使产品在市场上更具备竞争力。在虚拟化阶段包括草图、二维图、三维模型、分析模型、加工模型等，进入实际生产也往往需要一个过程，如一般企业会有原型产品、初步设计产品、定型产品。在整体的设计过程中，沟通

---

① 在制造业尤其是汽车制造业，仿真分析指 CAE 仿真分析（Computer-Aided Engineering Simulation Analysis）是利用计算机仿真技术，在数字化产品开发过程中对产品进行评估和预测的一种方法。具体分为有限元分析（FEA）：将复杂的结构分解成小的有限元（FE）部分进行离散计算，以模拟结构的行为；计算流体力学（CFD）：模拟物质流动的技术，广泛应用于空气动力学、火灾和燃烧、化学反应等方面的分析；电磁学仿真：模拟电磁场的技术，可用于电机、变压器、电力系统等领域。

协同无处不在，典型的有设计师之间、设计师与工艺人员、仓库物流员的协同，企业人员与相关供应链的协同，企业人员与客户、消费者乃至管理机构的协同。这些协同的场景都需要提升信息内容，数字化技术方面需要深化应用三维设计、装配模型、工业造型、仿真分析、优化设计等软件，物理方面需要利用摄像头云阵、先进的网络技术设备、大屏幕展示设备等，更好地展示、交互与体验，以获得更好的产品设计。

②降低创新成本。工业元宇宙并不是一个独立的元宇宙场景，而是一条与消费元宇宙[①]、企业元宇宙[②]共同协调的产业链。从整条元宇宙产业链来看，人不仅是消费者，也是生产者，更是创造者。在全链上更强调个人的创意，既包括客户、消费者的需求，也包括企业领导、企业普通员工的创意，然后逐步从不确定性向确定性转化。在元宇宙时代，个人可以利用更好的创新工具，如借助三维设计软件[③]、仿真软件，基于计算机构建虚拟样机，模拟多种场景（工况）下的状态，工业产品的创新成本可以大幅度下降。

---

① 消费元宇宙是元宇宙基础技术在大消费领域商业模式的整合。其核心是打造一个与物理世界平行的"数字生存空间"，在这个虚拟的空间里，人们通过用更加自由和多元的方式表达自我而产生消费业态的重构，与工业元宇宙结合完整实现 C2M 智能制造新范式。

② 企业元宇宙是将企业的办公、培训、商业活动数字化虚拟化，在虚拟空间中产生经营活动，如线上云会议、云展览，企业工厂利用 VR 及 AR 技术培训员工技能都属于企业元宇宙的实现。

③ 如家装领域的酷家乐、三维家等软件，可以由门店设计师及顾客直接参与家装设计，后台直接匹配装配式工厂组合零部件打造。在汽车产业链，目前部分月销 1000 台以上车型都可以在官网或 4S 店参与门店端车型定制。

③强化客户深度交互。进入元宇宙时代，工业产品的信息将发生巨大变化，从信息化到数字化，意味着信息更加精确，从定性到定量。信息的完整性、时效性、实时性也都将大幅提升，由于网络能力的提升，可以让生产者与客户、消费者建立起更强大的沟通场景，更好的沟通模式，从而取得更佳的沟通效果。例如，以往传递的是二维图，今后传递的可能是三维模型，可以传递产品的运动模型表达产品功能，也可以传递仿真模型表达产品的刚度、强度。在制造过程中，客户、消费者可以实时掌握生产的进度①。生产者遇到问题时②可以及时处理，从而避免更大规模的损失。

④优化生产流程。通过工业元宇宙平台，能够沉浸式体验虚拟智能工厂的建设和运营过程，与虚拟智能工厂中的设备、产线进行实时交互，可以更加直观、便捷地优化生产流程、开展智能排产。在智能工厂建设前期，可利用工业元宇宙平台建设与现实智能工厂的建筑结构、产线布置、生产流程、设备结构一致的虚拟智能工厂③，从而能够实现对产能配置、设备结构、人员动线等方面合理性的提前验证。对于智能工厂生产过程中的任何变动，都可以在虚拟智能工厂中进行模拟预测生产状态，进行生产流程优化。

---

① 如汽车制造业的主流车型：目前客户端与生产端打通的平台上，客户可在客户端实时看到车辆生产进度。

② 目前工业互联网已经实现，在生产中出现大多数组装过程中出现的问题都可以溯源到供应链相关零部件生产商的对应生产环节点。

③ 宝马与英伟达已开展虚拟工厂相关合作，宝马引入英伟达元宇宙平台（Omniverse 平台）协调 31 座工厂生产，将宝马的生产规划效率提高 30%。

⑤虚拟制造降低生产调整成本。虚拟工厂将先于物理工厂建设，在虚拟空间中对生产布局、生产工艺、生产组织、物流运输等环节进行建模仿真，优化得出最佳结果后再进行现实空间的建设，最大程度地减少资源消耗。

⑥提高安全生产保障。从前期的人员培训，将工业生产场景虚拟化，通过 XR[①] 等设备进行教育训练、风险可视化识别与强化提醒。在实际产线应用中，通过建设安全生产系统体系，将重点安全点检和隐患排查等通过可视化体现，并通过系统提醒与任务管理，将原来人工化的方式改变为人工与数字融合的方式，提升安全管理可靠度。

⑦降低运维维护成本。相对于现阶段利用大数据分析的预测性维护，基于工业元宇宙的设备运维能够打破空间限制，有效地提高设备运维响应效率和服务质量。在工业元宇宙平台建立的虚拟空间中，运维人员将不受地域限制，在生产设备出现问题时，能够实现远程实时监控设备情况，及时修复问题。对于难度大、复杂程度高的设备问题，可以通过工业元宇宙平台汇聚全球各地的专家，共同商讨解决方案，从而提高生产效率。

⑧提升产品测试效率。对于应用标准高、测试要求复杂的产品，

---

①扩展现实（Extended Reality，XR），是指通过计算机将真实与虚拟相结合，打造一个可人机交互的虚拟环境，这也是 AR、VR、MR 等多种技术的统称。通过将三者的视觉交互技术相融合，为体验者带来虚拟世界与现实世界之间无缝转换的"沉浸感"。目前理想汽车的车间操作培训已经实现 XR 化。

工业元宇宙能够提供虚拟环境以开展试验验证和产品性能测试[1]。通过虚实结合实现物理空间和虚拟空间的同步测试，更加直观地感受产品的内外部变化，提高测试认证效率和准确性。

⑨实时设备资产管理。数据是企业管理的基础，来自物联网设备的真实参考数据可以进一步提高数字模型的准确性[2]。工业元宇宙的BOT区块链——物联网技术可以通过对设备、生产、工艺、质量、能耗等多方数据的挖掘与统一治理，可实现企业设备物联、上云用数的需求。对企业等各层级的设备及零部件的虚实联动、状态识别、跟踪预警等全流程监管。

二、工业元宇宙的定位及现状分析

A 省《元宇宙产业发展行动计划（2023—2025 年）》（以下简称《行动计划》）明确提出，要在工业、文旅、教育、城市发展等领域打造 200 个元宇宙典型应用场景，建成若干个元宇宙特色产业园区，

---

[1] 例如，相对于民用消费级芯片产品，车规级 AI 芯片由于工作环境多变、安全性要求高等因素，功能设计复杂，其研发、测试、认证流程十分严苛，需满足多项国际国内行业标准。工业元宇宙可为车规级 AI 芯片提供虚拟测试空间，工程师可以用较低的成本对车规级 AI 芯片进行测试，也可以模拟和体验搭载 AI 芯片的自动驾驶汽车，提高车规级 AI 芯片的测试、认证效率。

[2] 例如，海尔集团推出的工业互联网平台卡奥斯 COSMOPlat 在青州德威动力的发动机及汽车底盘零部件数字化工厂改造中，通过将生产过程中的多类系统进行融合打通，并结合 3D 建模，完成工厂生产的数字孪生系统。实现了发动机产品良率提升 20%、刀具拣选效率提高 30%、人工投入降低 45%、产品送检效率提升 45%、配送效率提升 50%、设备开机率提升 25% 的成绩。

打造具有全球影响力的"中国元宇宙谷"。该《行动计划》明确提出"一条主线"和"一个切入点"，即以工业元宇宙为主线推动 A 省元宇宙产业发展，和以元宇宙核心技术应用为切入点打造 A 省元宇宙典型应用场景。

从产业链条"主线"来看，工业元宇宙的实现是以工业互联网为地基，最易从离散型制造业逐步实现产品、产线、工厂、园区、城市的元宇宙生态。离散型制造业的标杆是汽车制造业，A 省汽车制造看 B 市、B 市汽车制造看 C 区，C 区具备 A 省最扎实的汽车工业基础，工业元宇宙要素禀赋丰富，也是 B 市带头实现"中国元宇宙谷"之"工业元宇宙谷"关键"硬基础"部分。

从核心技术"切入点"来说，是以工业软件及平台构成的工业互联网为基础，重点突破数字孪生、人工智能、物联网等关键"软技术"部分。在 A 省，软技术部分的差异化优势聚集于 B 市高新区，以高新区软技术为支撑、在 C 区硬基础上实现的"软硬结合"，是以 B 市为中心建立"中国元宇宙谷"的必由之路。

（一）C 区工业元宇宙基础分析

1. 政策支持现状

2021 年 8 月，B 市印发《创新应用实验室、城市未来场景实验室认定管理办法（2021 修订）》，对工业元宇宙相关技术，包括云计算、物联网、AI、区块链及数字孪生技术，给予研发经费支持。

2022 年 12 月，B 市印发《元宇宙产业发展行动方案（2022—

2025 年)》，重点任务及攻坚行动多次指明工业元宇宙的关键技术，涉及做强工业软件、构建算力架构、做强数字孪生和攻坚支撑技术等（AI、物联网及区块链）。

2023 年 1 月，B 市印发《围绕超算智算加快算力产业发展的政策措施》，对边缘计算设备及 AI 研发分别给予补贴支持。同月，B 市印发《建设国家区块链创新应用综合性试点专项政策》，对区块链基础设施给予明确补贴支持。

2023 年 9 月，A 省经济和信息化厅等 16 部门联合印发《元宇宙产业发展行动计划（2023—2025 年）》，以工业元宇宙为主线，以建设"中国元宇宙谷"为目标，从"聚焦元宇宙技术创新，建设未来科技新高地；聚焦元宇宙核心引擎，塑造工业元宇宙新体系；聚焦元宇宙重点工程，打造千行百业新标杆；聚焦元宇宙产业生态，激发市场主体新活力；聚焦元宇宙数字能力，培育数字经济新动能"等 5 方面提出 18 条主要任务。

2. C 区工业基础概况

C 区作为成渝制造业高地和 B 市工业核心，制造业增加值位列成渝各区县第一，规上工业总产值名列前三，基本形成了以"汽车 + 高端装备、电子信息、先进材料"为主的"1+3"现代工业体系，其中主导产业汽车制造业产值保持在 1500 亿元以上，肩负着成渝实现制造业战略重任的使命。2022 年，区第二产业在全区经济总量中的占比高达 61.9%，汽车工业总产值占规上工业总产值比重达 59.8%，经济增长对汽车工业的发展形成较强依赖性。

2022 年，C 区汽车整车产量排名全国第 8 位，位列于广州、上海、长春、重庆、柳州、武汉、北京之后。形成了拥有一汽大众、一汽丰田、神龙、沃尔沃、吉利、大运等 10 家整车生产企业、备案产能 170 万辆整车的高聚集度规模。产量产值规模 2022 年达 98 万辆，占 B 市 97%、占 A 省 89%；汽车制造业实现产值 1558 亿元，占 B 市 78%，占 A 省 52%。

依托一汽大众、一汽丰田、吉利、沃尔沃等主要整车企业和博世、安道拓、安波福、弗吉亚、天纳克等进入全球供货体系的独立零部件配套企业，已经初步形成了围绕汽车五大总成的零部件配套体系。截至目前，全区已聚集超过 500 家汽车零部件企业，可生产动力总成（高效汽油发动机、中型柴油机）、底盘总成件（前后桥、减震器、转向器、制动器等）、电子电器（电机、传感器、仪表、车灯、线束等）、车身覆盖件、内外饰件、座椅等系列产品。2022 年汽车零部件规上企业达 128 家，实现汽车零部件产值约 303.6 亿元，为打造汽配千亿产业集群奠定坚实基础。

3. C 区工业元宇宙变量分析

工业元宇宙的实现取决于六方面，分别是工业基础要素条件、企业战略规划、技术支撑条件、技术供给能力、政策支持力度和技术成熟时机。其中前四个方面是工业元宇宙实现的必要支撑，后两个方面是关键变量。

工业基础要素：C 区的主导产业是汽车产业，且形成了较高的产业集聚，整车厂与零部件厂达到了 500 多家，部分厂部署并使用了

ERP 和 MES 等工业软件，逐步实现 AGV 无人化和工业机器人批量应用，具备一定的工业软件及设备使用基础。目前工业元宇宙的技术供给大多从汽车制造业开始实现，故 C 区工业基础要素完备。

供给与需求情况：在供给端，因为工业元宇宙支撑技术的特性是根据需求方特性实地部署，所以在供给要素上不存在产能短缺的情况。从需求角度来讲，目前以汽车制造业为代表的离散型生产制造业亟须工业元宇宙技术逐步打通数据孤岛、降低检测成本、提高厂区整体运营效率以满足产能供给及综合成本，目前区内制造业在不同程度上应用 ERP、MES 等工业软件但无法将数据平台化打通，各生产环节仍独立产生数据无法系统性反馈并决策，所以对转型升级刚需性极强，而工业元宇宙的实现就是先从制造业与建筑工程等行业开始，尤其是汽车制造业成为了全球工业元宇宙结合的第一例。

支撑技术：工业元宇宙支撑技术处于起步阶段，目前拥有工业机器人企业 7 家、智能制造业 5 家、智能网联 12 家、数字孪生技术企业 1 家，并且已签约人工智能相关项目近 10 个，均在工业元宇宙技术范畴内但并未形成整体解决方案，目前该领域国内尚处于发展阶段，且由家电制造领域开始探索起量。

企业战略：整车厂大多为合资企业，工厂战略和总部决策直接相关。目前，几大整机厂母公司均在工业互联网到工业元宇宙已有不同程度的尝试。吉利推出了汽车工业数字化转型平台 Geega；一汽也与海克斯康基于工业软件 SimManager 进一步开发具备工业元宇宙仿真技术重构红旗产线。目前多数标杆性整车厂的母公司总部都已开始在新设工厂进行从工业互联网到工业元宇宙不同阶段的验证，复用在存量工厂计划也提上日程。

政策支持：从前面的政策支持文件看，B市正在大力支持元宇宙产业发展，并将工业元宇宙发展放在行动的首位，但该支持多聚焦于如工业互联网、AI、物联网及区块链工业元宇宙基础技术本身，应用技术场景和具体支撑政策细则亟待完善。

（二）C区发展工业元宇宙痛点

1. 国内工业元宇宙产业实现难点

元宇宙概念从消费元宇宙大热，随后应用于企业元宇宙，最后落实在工业元宇宙，这一波高潮下来蚕食资金无数，当热情趋于理性后，各方参与者仍觉发展工业元宇宙是必然趋势，但面临诸多挑战：

难点一：投入高、落地门槛高，规模化时间长。新的技术从实验室到工程化验证，再到应用技术落地商业化都要经过几个阶段蜕变，如AI从出现到实现工业化应用历经了30余年跌宕起伏的3个周期，逐步在近几年开始落地应用。目前阶段工业元宇宙的特点是高投入、低盈利、长周期的创新业务，第一个验证大概在2025年落成产生全面系统化数据以验证优化结果，短时间内将是大型工业企业示范项目的聚集地，据IDC预测，2026年仅有20%的头部制造商会将工业元宇宙纳入其数字转型路线中，产业大规模推广还需要近10年的积累。

难点二：需要多种技术协同支撑实现，支撑技术仍需突破。工业元宇宙是复杂先进的数字化系统工程，需要基于工业互联网的实现，再到工业 AI、数字孪生及区块链物联网技术的层层结合迭代实现。技术场景涵盖人机交互、去中心化、空间计算、交互体验、模拟仿真等众多环节的新兴技术集群协同才能支撑。而这些技术目前大部分都在逐步迭代中，尚未达到完全成熟的阶段，所以距离能够形成集群协同还需要 3～5 年的时间。

难点三：刚需难以实现，基础产线无法承接工业元宇宙落地。我国规模以上工业中小企业超过 40 万家，数字化转型起步较晚，基础较差，仍有大量企业处于工业 3.0（离散 20%、流程 50%）、2.0 甚至 1.0 的企业，设备数字化率、数字化生产设备联网率、关键业务环节全面数字化普及率较低，距离工业元宇宙的基础——工业互联网的实现尚且较远，且产业园无政策引导，多数工业企业利润率维持在 5%～10% 的较低水平，凭借自身资金实力无法推进实现工业元宇宙落地。

难点四：人才培育机制匮乏、配套环境不完善。技术培育方面人才储备短缺，高校、科研院所在虚拟现实、区块链等工业元宇宙细分领域学科建设方面薄弱且距离场景应用较远，与产业界专业人才匹配度较低，尚不具备工业元宇宙相关人才政策和交流平台。目前工业元宇宙平台系统供应链主要依赖国外团队，国内外人才输送渠道有待进一步优化。其次，由于工业元宇宙的去中心化、协作和互操作、社会性等特性，会对原有法律和监管制度带来挑战，特别是有关隐私保护、数据治理、虚拟资产等方面的规范和准则尚不完善。

2. C 区工业元宇宙实现难度及痛点

C 区的工业元宇宙基础特点主要体现在工业要素基础完备、但产线数字化率不足，支撑技术薄弱、企业战略不明朗、政策支持也有待明晰上。其中产线数字化程度自我认知不足、总部及工厂端战略协同性不高、本地产学研衔接缺失、无有效有力政策支持是亟待解决的痛点，结合本地要素现状主要体现在以下几点：

一是产业趋势及技术路线不清晰，链式招商吸引力不足。

按我们对工业元宇宙阶段性划分，将工业元宇宙拆解为 4 个阶段：

工业元宇宙 1.0= 工业互联网基础（数字化打通）

工业元宇宙 2.0= 工业互联网 +AI（初步智能制造）

工业元宇宙 3.0= 工业互联网 +AI+ 数字孪生（虚实结合）

工业元宇宙 4.0= 工业互联网 +AI+ 数字孪生 +BOT 支撑技术（超越现实）

截至该阶段划分方式出现前，国内工业元宇宙的实现步骤及对应技术路线尚未有指导性文件及标准出台，相关企业及平台对工业元宇宙的概念只停留在消费元宇宙的工业应用阶段，对离散型工业生产的效率提升及成本节省帮助较少理解，其实现方式和支撑技术属于认知盲区，且实施部门较难理解各步骤对应的技术要素对工业元宇宙的支撑性、重要性和现阶段实现可行性，所以更难进一步形成有效产业图谱制定政策形成链式招商吸引力。

二是工业元宇宙主要链主服务商不清晰，无法制定招引计划。

工业元宇宙产业链具备技术环节多、上中下游服务商类型繁杂、应用场景功能复杂等特点，且整体方案需要根据下游应用方案做完全定制，故需要整体解决方案商牵头总包来实现。目前国内工业元宇宙服务商的服务方案主要是基于传统制造业的局部数字化转型服务中取得经验后提出的升级服务，大多服务商尚不具备系统化工业元宇宙解决方案经验，所以给实施部门带来的甄别难度较大、无法进一步根据 C 区的工业现状制定不同阶段的招引计划。

三是工业产线数字化率尚不能承接工业元宇宙价值落地。

工业互联网带动产业数字化不断转型升级是实现工业元宇宙的基础。目前，C 区的工业产线数字化程度尚不能进入工业元宇宙 1.0 阶段。该阶段要求初步具备工业互联网平台功能[①]，在制造业基于传统的 ERP、MES 等系统积累大量数据以优化设备运转模型与协作模型，同时构成连接设备、产品、订单、流程、员工、客户、供应商等各种工业要素的基础。目前 C 区内几大整车厂及代表的零部件厂只有部分实现 ERP 或 MES 等系统的应用，并没有打通协作模型，数据孤岛的问题没有被真正解决，且在工业要素的连接上大多只做到供应商到产品、产品到客户、订单到产品的单场景局部连接，并没有打通整个生产流程。AVG 的自动化程度较低，一汽丰田等大厂尚主要依赖于人力装配。而在国内完成工业元宇宙 2.0 验证的吉利汽车，已经基于工业互联网技术的应用覆盖到汽车制造的全过程，车间仅需 18 名工程师

---

① 工业互联网平台是工业元宇宙的中枢，主要由边缘层、通用 IaaS 层、通用 PaaS 层、工业 PaaS 层及 SaaS 层构成。边缘层是基础，基于网络向下接入工业设备、产品及服务实现数据的采集和处理，为海量工业数据的自由流转提供支撑。工业 PaaS 层是核心，基于通用 PaaS 层并融合多种创新功能，将工业机理沉淀为模型，实现数据的深度分析并为 SaaS 层提供开发环境，是平台核心能力的集中体现。SaaS 层是关键，主要提供覆盖不同行业，不同垂直领域的业务应用及创新性应用，实现工业互联网的最终价值。

300 台库卡机器人，利用平台技术打通了仓储物流、自动化 AVG、生产过程控制、机器人协作等各环节实现了柔性制造，帮助吉利显著降低企业的运营成本，提高生产效率，优化制造资源配置，提升产品、装备高端化和生产智能化水平。

四是本地技术支撑无法满足工业元宇宙转型。

目前本区适配离散型制造工业元宇宙支撑技术[①]场景的企业仅仅 8 家，其中工业大数据 2 家，工业机器人 2 家，工业数字孪生技术 1 家，工业人工智能企业 8 家，且均未达到成熟方案供给能力。国内在工业元宇宙整体解决方案技术提供商领域也尚处于空白状态，工业互联网技术方案提供商集中于各个领域的头部企业（汽车行业的吉利 Geega、家电领域的海尔卡奥斯）。另外，本地整车企业以合资企业工厂为主，企业战略由总部下达，无政策支持条件自下而上推起战略决策选择较为困难。

五是本地平台资源利用度不够，匮乏及浪费并存。

C 区缺乏工业元宇宙各支撑技术的研发中心，汽车智创活力港尚未产生有效技术带动效应，且 B 市各高校和科研机构在工业元宇宙技术领域中各学科建设不够完备（如汽车造型设计、车辆工程、软件开发、数学算法、芯片设计与开发、自动化控制、自动驾驶、视觉感知），在人工智能及通信技术领域资源丰富（有 16 所高校设置人工智能本科专业，设置高校数量位列全国第二；电子科技大学电子科学与

---

① 分别为工业互联网解决方案、数字孪生技术、工业 AI 及 BOT 技术。

技术、信息与通信工程学科排名全国第一），原因一是与主要院校定位不符合，相应师资力量匮乏；二是实训基地准备不完善，产业资源共享引导不足（专业人才需要结合技术层及产业层经验，目前不具备产学研培养基础），且对已有基地利用不充分（西门子全球仿真机测试技术研发中心与中德规划展示中心）。

六是产业基金打法不清晰，人才招引能力匮乏。

国内工业元宇宙关键支撑技术多来自于国外该领域头部机构孵化或离职创业，所创建团队多被民间资本及政府配套引导基金投资吸引落地，此类项目多属于早期创业阶段。目前，C 区面临因新增工业用地匮乏而难以招引新势力产线落地，因政策支持不足而难以吸引头部机构孵化基地，以及配套基金无法识别和发挥而难以投资培育早期团队等痛点。

七是工业元宇宙相关政策法规不全，合规引导不足。

工业元宇宙发展的同时，也出现了产业链各环节的价值伦理、虚拟空间管控等新问题，与数据安全和技术内容相关的管理是工业元宇宙持续发展的关键支撑，所以对此需要不断完善元宇宙环境下网络空间相关法规制度，提升合规性审查服务能力。但在 C 区工业元宇宙尚未进入成长期之前，配套法规尚处于空白期。

（三）工业元宇宙落地示例

1.国外落地案例：匈牙利德布勒森汽车产业园

德布勒森是匈牙利第二大城市，作为汽车工业城市，也是传统汽车产业向新能源汽车及工业元宇宙转型升级的典范。

2022年8月到2023年7月，中国新能源产业链头部企业已纷纷对匈牙利进行"落地"，宁德时代落地电池工厂规划产能100GWh、比亚迪落地电池组件组装厂投资2亿元人民币、亿纬锂能建设乘用车电池项目投资近百亿、欣旺达投资落地动力电池厂初始投资规模近20亿等，宝马工业元宇宙数字工厂也落地在此。

宝马的德布勒森数字工厂是世界首个真正意义上的工业元宇宙实践。Omniverse平台的诞生，也极大地振奋了制造业降本增效的信心，奔驰、奥迪等诸多厂商亦紧随其后，将工业元宇宙付诸实践。

软件定义工厂：宝马的数字工厂使用了英伟达开发的Omniverse工业元宇宙平台，该平台利用数字情景模拟了现实世界的场景变化，通过物理模型构建出大型虚拟世界，为企业构建工业流程数字孪生仿真，实现了实时的设计协作，在提高产品生产稳定性的同时，为工厂生产的综合成本节省高达30%的成本。目前宝马的数字工厂正在虚拟环境中构建，其中物流和生产规划流程已经在模拟工厂中执行任务，通过仿真技术让工业机器人、AGV仓储及测试台等关键设备调整至最高效的位置和运行路线。

颠覆协作方式：Omniverse工业元宇宙平台彻底改变了宝马团队的协作方式。宝马取消了分部门的线下会议方式和静态规划文件，平台根据任务的主题将规划人员、指挥人员、开发人员和管理人员等设置25人为一组团队，与不同场景中的多个用户以及不同领域数据开展实时远程协作，无须见面。且可以实时巡检现实工厂完整映射到虚拟工厂的任何特定区域，负责人对检查目标进行移动归类及虚拟标注检修要素和处理意见，创建一份包含所有发现、注释和实际变化的变更报告进行实时共享，以便在源系统做出修改，这样确保工厂每一个变量都能优化，充分保障生产和运营安全。

贯通执行标准：现实工厂生产活动是无比复杂，且数据因处理标准和计算等问题都是孤岛的存在并无法打通，而工业元宇宙平台解决了这个问题，让生产效率得到极大提升。虚拟工厂规划包含建筑和结构、车辆、设备和动力学、产品和工艺结合、物流、人体模拟等各个方面，Omniverse Connector 如词义"联接"一样，通过将不同标准的数据"转译"成通用性数据语言形成了语义库"工业词典"，彻底打通了不同设备之间的数据孤岛，让数据能够实时汇总并高效处理，短时间做出下一步生产决策，是宝马工业元宇宙的重要支柱。

自由开发工具：由于虚拟世界中工厂各设备的测试的灵活性和数据的共同性，宝马数字工厂的开发人员可以根据场景需求自定义开发工具。比如宝马规划人员设计工厂启动器扩展程序按照设置时间按次序启动工厂的所有建筑或设备；设计冲突检测程序将不同设备在虚拟工厂进行多种组合拼接启动调试以验证是否超载荷或不兼容。极大提高了研发效率，也同时大幅节省了实验成本。

2. 国内政策尝试：上海嘉定汽车特色产业园

2022 年，嘉定区汽车"新四化"产业实现总产出 1646.9 亿元（汽车工业规模总计 8300 亿元），同比增长 41.8%。在利用政策导向推动传统汽车城转型升级的众多案例中，上海嘉定是一个标杆性示范。

自 2019 年起，上海嘉定传统汽车产业进行了稳步转型，于 2020 年到 2022 年分别引入上汽、丰田、长城、理想、沃尔沃、集度汽车等重点车企的研发中心，集聚 200 多个公共及企业研发平台和 7.6 万名汽车人才，建立智能网联汽车和氢能及燃料电池汽车两大产业联盟。基于此同时引入工业元宇宙的基础要素如虚拟仿真、工业 AI、工业软件等以地平线、AutoX、小马智行、禾赛科技等为代表的企业，在稳固汽车制造业地位的同时，积极探索工业元宇宙园区转型、引导传统汽车制造业接入元宇宙转型。

2022 年 7 月，上海市发布了《上海市培育"元宇宙"新赛道行动方案（2022—2025 年）》，提出要建设工业元宇宙标杆示范工程，在汽车领域通过数字孪生技术实现虚实融合智能制造，当年嘉定区代表上海新能源汽车集入选国家先进制造业集群名单；2023 年 3 月，嘉定发布了《关于嘉定区建设世界智能网联汽车创新高地行动方案（2023—2025 年）》，并基于 3 家市级特色园区和 16 家区级特色园区，又着手打造上海智能汽车软件园，为汽车工业元宇宙实现奠定要素基础，要求到 2025 年，其智能网联汽车相关产业规模达到 3000 亿元。2023 年 8 月，嘉定区继续出台了《嘉定区推进制造业智能化改造和数字化转型行动计划（2023—2025 年）》，通过对全区企业数字化改造全面覆盖推动特色园区进入工业元宇宙时代。

三、工业元宇宙政策引育路径指引

为落实 A 省发展工业元宇宙《行动计划》的主要任务，围绕 B 市建圈强链"8个清"①的工作要求、以国外工业元宇宙标杆和国内较好政策示范作为参考，提出 C 区工业元宇宙引育政策及实施路径建议。通过该对标分析与政策经验参考，找出适合 A 省打造"中国元宇宙谷"、B 市承接元宇宙谷中枢、C 区成为"工业元宇宙谷"的政策引育及实施路径。

该路径以 A 省元宇宙定位为基础，B 市元宇宙发展为方向，C 区工业元宇宙基础为要素，力争到 2025 年，完成工业元宇宙的基础要素改造，将工业互联网渗透率达到 80% 以上，到 2028 年结合 AI 完成智能制造转型，招引工业元宇宙链主服务商，带动园区实现 10 家以上标杆企业产生。到 2030 年，通过数字孪生技术实现工业虚实结合运转，同时相关工业元宇宙法规制定成熟，推进区内园区治理向工业元宇宙园区治理过渡。

（一）工业元宇宙政策引育对标分析

1. 国外政策引育路径对标分析

匈牙利德布勒森汽车产业园在区位优势及要素资源上与 C 区类

---

① 8个清：即产业前沿趋势清、国际国内链主企业战略布局清、产业技术路线清、国际国内领军人才清、产业基金分布清、用地资源能耗现状清、本地平台资源优势清、安全风险清。

似，过去几年里，国外整车品牌中，宝马、奥迪已经基于工业元宇宙技术开建电动车生产线，韩国电池生产商 SK Innovation 已在匈牙利建设了三家动力电池工厂。中国的比亚迪、蔚来、亿纬锂能、恩捷股份等行业头部都已在匈牙利建厂或准备建厂。目前匈牙利已经成为世界第五大电池生产国和重要的电动车生产基地，在对内引育和对外招商政策上值得我们借鉴：

完善的汽车工业基础。汽车制造业是匈牙利的支柱性产业，占到该国制造业产出的三分之一和出口总值的五分之一。全国有 740 多家汽车及零部件生产企业，世界上最大的 20 家汽车制造商有 14 家落户匈牙利，最大的 100 家汽车零部件厂家中，一半在匈牙利建有工厂。汽车行业员工人数超过 10 万人，而且匈牙利技术熟练工人的工资水平，远低于西欧国家工人的工资水平。优势的产业基础吸引更多企业投资，而这些投资又进一步强化了产业链优势。在这种良性循环的直接带动下，2010 年以来，匈牙利汽车工业产值增长了 2.5 倍，远超本国其他行业及世界汽车业平均发展水平。

有力的投资政策支持。尤其是汽车数字化工业，当地对优质项目出台了非常有竞争力的支持政策，提供包括欧盟基金支持、匈牙利政府补贴、税收减免、研发补贴、培训补贴和就业补贴等六个方面的资助，资助金额最高可达投资总额的 60%[①]。具体信息如下：

①政府补贴及基金补贴：投资额不低于 2000 万欧元的，政府一

①基于以上政策，匈牙利及其德布勒森市政府为了争取宁德时代入驻，为其提供了多种优惠措施，包括价值约 8 亿欧元（约合 63 亿元人民币）的税收和基础设施激励。

事一议进行补贴，基金补贴针对综合技术和劳动密集型企业，不超过投资额 35%。

②研发补贴：基础研究（如仿真技术、数字孪生、工业 AI 技术等）补贴 100%，最多不超过 4000 万欧元；产业研究（如工业软件等非技术性的产品及服务研发）补贴 50%，总额最高 2000 万欧元；实验研发（组合或改进现有技术来开发产品流程或服务）补贴 25%，最高 1500 万欧元。

③税收减免：13 年内企业所得税减免 80%，但需投资 1000 万欧元以上，最少创造 50 个工作岗位。

⑤资本利得税：控股结构的股东红利分配资本利得税补贴 20% ~ 50%。

④知识产权补贴：版税最高补贴 50%。

⑥企业所得税：减免 100% ~ 300% 的直接研发费用不计入纳税额度。

⑦社会保障金：减免本公司研发人员缴纳的 50% 社会保障金，即由 19.5% 降为 9.75%。

⑧培训补贴：最高补贴培训费用的 50%，需新增岗位 50—250 人的最高补贴 50 万欧元，新增岗位 251—500 人的最高补贴 100 万欧元，新增岗位 501—750 人的最高补贴 150 万欧元，超过 751 人的最高补贴 200 万欧元。

⑨就业补贴：每个引入项目补贴 110 万欧元，实现 500 人以上就业的优先补贴。

　　除此之外，当地为了支持汽车行业数字化工厂（工业元宇宙），将汽车研修领域人才扩充了 20%，用于满足吸引投资的人才需求和继续研发需求。作为匈牙利历史最悠久的大学之一，德布勒森大学在重大改革后通过增设相关专业和增加相关招生量更加注重汽车数字化相关行业人才的培训。

　　在与德布勒森的对比中，C 区的汽车工业基础较为扎实，但在税收和招引政策及补贴上显著落后于德布勒森，且在近年来吸引链主企业及新能源车企的力度及新增工业土地用量明显匮乏，在研发及培训补贴上较为落后，但在基础人才储备上比较具有优势，但人才优势重在学科学术上的人才质量，产业内专业技术人才与蓝领汽车职业技术人才相对匮乏。

　　2. 国内政策引育路径对标分析

　　2023 年 8 月 18 日，嘉定区出台了《嘉定区推进制造业智能化改造和数字化转型行动计划（2023—2025 年）》，提出到 2025 年，通过加快实施"智改数转[①]"五大行动，逐步实现五大目标，"智改数转"其实就是由工业互联网到工业元宇宙的迭代实现：

　　一是全区规模以上制造业企业线下数字化诊断[②]全覆盖；

　　二是智改数转比例不低于 80%，汽车、集成电路、生物医药等重

────────────

　　① 即制造业智能化改造和数字化转型。智改：通过硬件改造投入实现机器换人；数转：实现数据打通并实现数据再分析加强决策。智改数转是工业元宇宙基于工业互联网的功能化实现。

　　② 数字化诊断，是由政府遴选优秀服务商入企诊断，通过专业机构的服务，帮助企业梳理数字化转型中的不足。

点产业智改数转比例不低于 90%；

三是打造"1+3+2"个智改数转特色园区，是在嘉定新城打造 1 个工业互联网市级特色园区，建设 3 个"智改数转"示范园区，培育 2 个"智改数转"的特色园区；建设"2+2+5"个智改数转赋能载体，分别是 2 个工业云，2 个行业性工业互联网平台和 5 个工赋链主企业；

四是推动 30 个以上标识解析①深度应用场景落地；

五是打造 3 个以上标杆性智能工厂，30 个以上示范性智能工厂，100 个以上智能制造优秀场景。

同时，关于政策补贴配套出台《嘉定区关于推进制造业智能化改造和数字化转型的若干政策》，一共 7 条精练地给出了从线下诊断、技术改造、专项贴息、引育服务商、典型示范、标识解析、工业互联网平台等方面给予专项政策支持。分层次来讲。

①诊断评估补助：本地规上企业实施智能化数字化诊断改造者，符合诊断要求给予企业最高 5 万元补贴。

②智能化数字化改造补贴：对于开展智能化数字化改造且项目总投入 500 万元（含）以上的企业，支持其申报市、区两级技术改造政策。

③金融专项贷款：鼓励银行设立智能化改造专项贷款，对获得智能化改造提升项目贷款的企业，按照不低于项目贷款额的 1% 给予贴息，单个企业每年最高贴息奖励不超过 300 万元。

---

① 通过条形码、二维码、无线射频识别标签等方式赋予物品的身份。

④引育数字化专业服务商：引进和培育智能制造综合服务商和数字化解决方案服务商，对入选上海市智能工厂评估诊断机构与数字化转型服务商推荐目录的给予最高 20 万元奖励，对入选国家智能制造系统解决方案供应商推荐目录的给予最高 50 万元奖励，对入选上海市工业互联网专业服务商推荐目录的给予最高 10 万元奖励，对入选国家跨行业跨领域工业互联网平台清单的给予最高 30 万元奖励。

⑤培育智能制造标杆企业：对获评区级智能工厂称号的企业给予50 万元奖励，获评市级智能工厂称号的企业给予最高 150 万元奖励（上海市标杆性智能工厂 150 万元、上海市示范性智能工厂 100 万元），获评国家级智能工厂称号的企业给予最高 250 万元奖励（国家级智能制造标杆企业 250 万元、国家级智能制造示范工厂 200 万元）。

⑥标识解析场景应用补贴：支持区内企业、高校和科研院所参与工业互联网标识解析体系建设，主动承接公共标识解析服务节点在本地布局，对建成二级节点并投入运营满一年的，经认定，按其设备及软件投入的 30% 给予一次性补贴，最高不超过 50 万元。

⑦工业互联网平台构建补贴：支持"工赋链主①"等企业打造行业性工业互联网赋能平台，按其平台建设的设备及软件投入的 30% 给予一次性补贴，最高不超过 500 万元。

上海嘉定区与 C 区基本情况和面临形势极为相似，汽车工业产值

---

① 工赋：为把新一代生产工具、数字化思维工匠赋予时代工业。链主：在整个产业链中占据优势地位，对产业链大部分企业的资源配置和应用具有较强的直接或间接影响力。

增速从 2017 年出现明显放缓，2019 年下滑 7.5%。同时嘉定区土地和财政一度面临极大挑战，规划建设用地已超标使用，新增规划用地零散夹杂于建成区中，传统车企一度转型缓慢困难，财政压力和土地资源压力空前。以上情况与 C 区是很好的产业基础相似对标，但又是清晰的政策学习对象。从 2019 年后嘉定通过一系列清晰的政策支持和强有力的行动扭转了前几年的颓势完成了转型成效。目前又以工业元宇宙新形势在完成着新旧动能的蜕变，我们可以基于上海嘉定对智改数转的政策支持形成 C 区对工业元宇宙建设的政策参照基础，然后结合匈牙利德布勒森模式作为工业元宇宙践行标杆对标，形成适合 C 区工业元宇宙赋能制造业转型的有效政策行动方案。

（二）C 区工业元宇宙引育政策建议

1. 政策建议说明

2023 年 9 月 8 日，工信部等五部门联合印发的工信厅联科〔2023〕49 号文《元宇宙产业创新发展三年行动计划（2023—2025 年）》（下文称"创新发展行动计划"）提出以下发展目标：

"到 2025 年，元宇宙技术、产业、应用、治理等取得突破，成为数字经济重要增长极，产业规模壮大、布局合理、技术体系完善，产业技术基础支撑能力进一步夯实，综合实力达到世界先进水平。培育 3—5 家有全球影响力的生态型企业和一批专精特新中小企业，打造 3—5 个产业发展集聚区。工业元宇宙发展初见成效，打造一批典型应用，形成一批标杆产线、工厂、园区。元宇宙典型软硬件产品实现规模应用，在生活消费和公共服务等领域形成一批新业务、新模式、新业态。"

9 月 12 日，A 省经济和信息化厅等 16 部门联合印发《元宇宙产业发展行动计划（2023—2025 年）》，围绕上述创新发展行动计划的发展目标确定了 A 省行动计划，即以工业元宇宙为主线，以建设"中国元宇宙谷"为目标，从"建设新高地、塑造新体系、打造新标杆、激发新活力、培育新动能"等 5 方面围绕技术、工程及商业模式方面提出了 18 条主要任务。

建议 C 区结合本区工业基础现状，从吸引具备工业元宇宙整体解决方案服务商企业入驻着手打造汽车产业标杆应用，基于标杆产线形成 C 区工业元宇宙园区示范，进一步纳入"中国元宇宙谷"。同时根据行动计划的"重点任务"，积极推进工业元宇宙 + 产线、工业元宇宙 + 工厂、工业元宇宙 + 园区 [①] 的赋能计划，稳步开展布局引导与能力培育：

第一，加大对工业元宇宙相关技术的研发投入。由工业互联网阶段的关键技术入手，效仿德布勒森对基础技术研究、产业技术研究及产品实验研究进行分梯度分场景补贴支持。同时培育工业人工智能、云计算与边缘计算、数字孪生技术、区块链物联网技术，鼓励企业与核心高校建立产学研联动合作，如与科研型高校及实验定向培养关键技术人才，与职业院校联合培养工业元宇宙新技术类型系统控制人才，并基于技术孵化节奏搭建创投基金，带领并引导民间资本及孵化

①《元宇宙产业创新发展三年行动计划（2023—2025 年）》"专栏 3 工业元宇宙赋能"。

器建立由学科到技术，再到产业应用技术的三层蜕变。

第二，启动工业元宇宙基础诊断排查。对规上企业，尤其是行业标杆性企业工厂进行数字化改造专项补贴，争取 3 年内完成工业元宇宙 2.0 基建，引导实现智能制造转型。同时制定针对其他具备一定工业互联网基础的企业制定相关补贴政策及专项贷款，逐步实现数字化覆盖。

第三，制定关键技术企业目录。针对性出台补助政策吸引具备工业元宇宙各支撑技术（如工业软件服务商、数字孪生技术服务商、AGV 解决方案商、云计算 / 边缘计算方案运营商等）企业入驻 C 区，首先引导区内规上企业实现工业软件化达到 80%，而后逐步实现工业互联网数据打通。同时定向招引 3 家以上工业元宇宙整体解决方案服务商（如 Omniverse、Geega 等）入驻 C 区赋能企业升级。

第四，引导企业间加强联合发展。通过产业联盟常态化开展产学研交流合作，行业头部企业充分发挥引领带头作用，从工业软件开始到仿真技术应用，将工业元宇宙领域新技术融入灯塔工厂建设中，在探索新应用场景的同时，打造标杆案例，为后续中小企业大规模商用奠定基础。

第五，构建工业元宇宙治理体系。成立工业元宇宙治理工作委员会与工业元宇宙创新成果产业化公共服务平台，明晰元宇宙监管主体职能，完善内容审查、风险处置、违规处理等规则流程。指导元宇宙企业加强信息安全管理，建立健全违法信息监测、识别和处置机制，遏制虚假有害信息传播，切实防范网络诈骗等违法活动。

2. 政策建议清单

建议 C 区在 A 省和 B 市的支持下，组建工业元宇宙工作委员会，搭建工业元宇宙创新成果产业化公共服务平台。负责统筹协调各部门，加强产业、创新、财政、金融、区域等政策协同，协同推进工业元宇宙技术攻关、标准制定、治理体系建设等工作，探索制定并出台执行以下政策：

①诊断补贴：启动工业元宇宙数字化基础排查诊断，由工业软件应用情况开始，将工业软件层分为研发类[①]、生产制造类[②]、经营管理类[③]、运维服务类[④]四类，实现每种软件应用均补贴 2 万元，最高不超过 6 万元。

②工业互联网补助：针对①中工业软件应用改造的规模以上企业新增工业软件使用，补贴投入额的 30%，最高不超过 100 万元。

③建圈改造补助：启动工业元宇宙技术应用补助，针对进行工业互联网、仿真技术、数字孪生等技术应用的改造企业，总投入 300 万元以上者，补贴投入总额的 30%，最高不超过 500 万元。

④关键技术研发补贴：针对工业元宇宙关键技术研发的企业给予 30% 研发补贴，最高不超过 300 万元；针对产业研究（如工业软件等

[①] 研发类：设计绘画（CAD）、芯片设计（EDA）、仿真测试（CAE/CAM）、产品管理（PDM/OLM）。

[②] 生产制造类：流程管理（MES）、能效管理（EMS）。

[③] 经营管理类：企业资源管理（ERP）、营销管理（CRM）、供应链管理（SCM）、人力资源管理（HRM/HCM）。

[④] 运维服务：工业运维（MRO）、设备管理（PHM）。

非技术性的产品及服务研发）的企业给予 15% 的研发补贴，最高不超过 100 万元。

⑤建立关键技术服务商清单：通过补贴政策吸纳一大批如工业软件服务商、数字孪生技术服务商、AGV 解决方案商、云计算／边缘计算方案运营商等企业入驻 C 区，沟通协调智创活力港作为技术集聚区作为科技孵化器。制定专项政策吸引工业元宇宙整体方案服务商落地 C 区。入选 C 区服务商名录并为本区企业提供工业互联网数字化转型服务的，给予 20 万元奖励。

⑥成立工业元宇宙引导基金：通过配置创投基金及孵化器，建立工业元宇宙关键技术引导基金，向市场化基金管理人进行配置，设定基金投资及孵化关键项目落地 C 区，支持项目投早投小，吸引关键技术人才及团队入驻，对于推荐关键技术团队落地 C 区的第三方合作方，给予总投资金额 2% 的推荐奖励，最高不超过 100 万元。

⑦金融专项贷款：鼓励银行设立智能化改造专项贷款，对获得智能化改造提升项目贷款的企业，按照不低于项目贷款额的 1% 给予贴息，单个企业每年最高贴息奖励不超过 300 万元。

⑧强链链主奖励：打造工业元宇宙标杆企业，针对率先完成工业元宇宙整体方案改造的企业一次性奖励 800 万元。

⑨主办工业元宇宙创业大赛：政府牵头成立工业元宇宙核心技术投资路演会，在北京／上海／深圳设立核心技术评审会暨 C 区招商路演会，联合国内相关协会和头部高校组织，高势能在全国范围内吸引相关技术人才和创业团队，同时树立 C 区工业元宇宙新形象。

3. 工作启动建议

C 区抢先布局"工业元宇宙"新赛道，锚定 B 市及 A 省新一代汽车产业基础转变的"十年大计"，涉及汽车工业从设计到生产各环节的整体协同，实现高效且柔性地生产交付可预见市场的汽车订单。工业元宇宙的落地，最终与消费元宇宙的需求驱动密不可分。确定性的技术刚需构成了汽车工业元宇宙实现的前提条件，目前的智能网联汽车就具有极高的确定性而成为大势所趋。当前，C 区的要素禀赋主要集中在汽车整车及零部件生产的存量生产能力及智能网联技术的增量技术上。为此，建议在"两条腿走路"的基础上谋求稳健而创新的路径手段，从以下两方面来启动 C 区的工业元宇宙工作实践。

一方面，在夯实存量的基础上优化产业结构。我们在第二章着重分析了 C 区生产型制造业的痛点，其中转型中最大的痛点和难点在于，车企总部与本地生产型分公司之间在战略上难以协同，这也是制约园区产线进行工业互联网升级改造出现阻滞的关键原因。而这些企业的品牌总部，皆处于谋求生产产线升级和通过节能减排优化生产结构的紧要阶段，其权衡考量推行产线改造顺序的核心因素是改造成本、改造补贴支持及本地节能减排配套支持措施。除了前文政策建议中的相关补贴支持外，建议 C 区从碳资产管理及绿色生产示范园区着手，吸引品牌总部战略牵引本地分部企业升级改造。继 2023 年 10 月 20 日生态环境部联合国家市场监督管理总局联合发布《温室气体自愿减排交易管理办法（试行）》后，生态环境部于 10 月 24 日公布 4 项温室气体自愿减排项目方法学，标志着 CCER（国家核证自愿减排量）

正式恢复交易指日可待。基于此，建议请专业咨询机构研究制定碳资产管理服务及绿色生产的专项政策，以绿电电力配额及 CCER 核定服务切入打造绿色园区综合行政服务生态，抢占先机与其他城市形成除补贴支持外的服务型差异化竞争优势。

另一方面，以发展智能网联关键技术引领增量。C 区拥有中德智能网联及新能源汽车（B 市）工程中心、西门子全球仿真及测试技术（B 市）研发中心两大智能网联项目平台，基础条件较为厚实。但两大中心目前仍以测试场以及安全评估等业务为主，而 2023 年以来，生成式 AI 与仿真技术的不断融合已可逐渐替代大部分的路测，通过合成数据的应用，厂商对基础数据依赖越来越低。因此，建议 C 区引导两大中心在瞬息万变的自动驾驶技术领域搭建一个联合孵化平台，结合前沿技术动向吸引此类人才入驻本地，先以智能网联核心"软技术"切入，以两大平台检测数据及场景为基础加快研发迭代，打造自动驾驶前沿技术标杆，联动本地汽车厂商形成汽车元宇宙示范。建议牵头组织一场由区政府主办、中德智能网联及西门子仿真中心联合举办的"自动驾驶技术大会"，定向吸引如英伟达仿真技术、特斯拉自动驾驶部门、地平线等背景的创业团队落地；配套基金投资天使轮到 B 轮阶段扶持孵化，并帮助技术团队对接吉利系（领克、极氪、极星、沃尔沃等子品牌）与中德、西门子两大中心交叉验证，打造智能网联前沿核心技术与本地存量产业优化升级之间的"双向奔赴"——相互赋能、相互促进的闭环。

附：工业元宇宙主要解决方案服务商

1. 英伟达 NVIDIA Omniverse

Omniverse 的中文翻译是"全宇宙"，是由英伟达开发的一个虚拟现实和仿真平台。NVIDIA Omniverse 可以利用 AI 在工程、仿真、生产、远程协作和可视化方面取得的突破，革新设计、变革工程，并为未来工厂提供动力支持，以实现端到端制造业转型。该平台在工业元宇宙的系统级实践在 2022 年，首先应用于以汽车为代表的离散型制造业，匈牙利德布勒森的宝马数字工厂就是 Omniverse 建立的工业元宇宙工厂，随之又在吉利莲花、捷豹路虎等汽车巨头得到验证。在其他制造业中，富士康工业互联网、宣鼎、和硕、广达和纬创也纷纷使用其构建虚拟工厂、机器人仿真技术和自动化检测。

目前阿尔特[①]正与 Omniverse 合作在无锡落地国内首个汽车行业项目，共同推进其在中国本土汽车领域的结合。目前 Omniverse 所代表的工业元宇宙技术尤其在数字孪生、仿真和 AI 领域位于国际一流水准，是工业元宇宙的服务商代表性链主。

2. 海尔卡奥斯 COSMOPlat

卡奥斯是以 BaaS 引擎为核心，卡奥斯 COSMOPlat 通过数字孪生体、数字空间、工业机理模型、知识图谱等核心模块，向上生长工业应用，向下接入工业设备，打造出行业领先的共性基础技术平台，从工业互联网技术入手进行制造业数字化改造，逐步推进实现工业元宇

---

① 阿尔特（中国）汽车技术股份有限公司是我国首家上市的独立汽车设计公司，开创了独立汽车设计公司整车研发"交钥匙"服务和发动机／动力总成研发制造的先河。

宙综合解决方案。

目前，卡奥斯主要聚焦于制造业、汽车汽配、电子行业、能源行业及家电行业等以离散型制造为主迫切需要数字化转型实现智能制造的行业。其主要优势为全面覆盖工业互联网的 MES 等工业软件、搭建设备物联管理平台、构建数字工厂数字孪生系统以及智慧化工园区管理平台等，其中，汽车零部件 MOM 行业解决方案围绕生产制造协同、生产过程管控、质量管控协同、仓储物流协同等核心点，打造出数据统一、信息贯通、业务协同的智能制造平台，可助力汽车零部件企业投产周期缩短 30%、协同效率提升 30%。6 年来，卡奥斯平台已在汽车、装备、化工等行业累计赋能企业 15.8 万家，汇聚 38 万开发者，被服务企业生产效率提升 18%、运营成本减少 15%。

3. 吉利 Geega

Geega 工业互联网平台是汽车行业推出的、首个为全行业提供数字化转型服务的工业互联网平台，由广域铭岛数字科技有限公司打造。其核心是构筑中国制造业转型的一体化数字基座，为企业数字化转型提供自主研发、安全可控、系统可行的全链路解决方案，驱动传统制造产业转型升级。

Geega 平台主要应用于五大场景：工业数字化解决方案、数字化运营解决方案、C2M 柔性定制解决方案、双碳管理解决方案及数字实训工厂。其中平台搭建的 GSWE（Geega Smart Works & Education）数字实训工厂是 Geega 全国首创的特色工业元宇宙实训工厂，重构起"以用户为中心"的智能制造新模式，是全球首个以工业互联网平台为支撑的岛式生产方式示范应用场景。GSWE 数字实训工厂使用工业视觉、5G、人工智能、区块链等前沿技术为柔性生产、个性化定制提供了技术验证环境，向外界展示工业互联网关键技术的研发与场景化应用。GSWE 基于可重构的岛式生产、多品类的混排作业、高敏捷的柔性制造等核心优势，成为工业互联网融合型人才实训培育的新载体。

4. 工业富联

工业富联（富士康工业互联网股份有限公司）是全球领先的高端智能制造及工业互联网服务商，业务已实现对数字经济产业五大类——云及边缘计算、工业互联网、智能家居、5G 及网络通讯设备、智能手机及智能穿戴设备的全覆盖，具备工业互联网到工业元宇宙升级的大部分基础技术要素。工业富联发挥国内国外双循环的桥梁和纽带作用，基于超过 30 年的高端智能制造的行业数据经验，大力推动 ICT 全产业链的数字化转型，已发展成为全球数字经济领军企业，居电子制造服务产业全球第二。面对国内制造企业向数字化转型的迫切需求，公司通过工业互联网业务对外赋能输出科技服务，目前服务国内超过 200 家企业客户，涵盖 10 大行业。在新型工业化的发展趋势下，工业富联也启动"2+2"全新战略布局，除了积极发展"高端智能制造＋工业互联网"的核心业务，并逐步布局半导体和新能源汽车零部件业务，同时也锁定"大数据（包含元宇宙算力及储能）＋机器人"作为新事业布局的重点。

5. 宝信软件

宝信软件是以工业互联网工业软件为基础的综合工业数字化解决

方案企业。公司核心产品分为 12 大类，包括物联网大数据产品、工业互联网产品、自动化产品、自动化服务产品、智能装备产品、云应用等产品，主要面向下游物联网、工业互联网、工业信息化、智慧装备、自动化等市场，在离散型制造业方面，系统集成及工程服务、系统运行维护服务、技术咨询服务、云服务等业务，在 MES、EMS、工业自动化、企业信息化等方面技术积累雄厚，具备汽车工业元宇宙转型的基础技术支撑，尤其在工业软件基础建设方面实力雄厚。目前公司在我国 生产控制类工业软件（主要包括 MES、DCS、SCADA、EMS等）市场占据国产领先地位，仅次于西门子。

（执笔：姜逸沨）

第七章

"有效市场"呼唤"有数企业"

如果说生物进化论揭示了物种起源及演化方向，那么对于能源转型与变革的逻辑解释，同样也要遵循相应的能源进化论。从大历史观来看，能源的进化，顺着一条"传统能源—现代能源—未来能源"的递进之路，当下，正是从传统能源向现代能源蝶变的关键时期。

转型与变革，离不开规划引领和体系支撑。一段时间以来，中国官方由国家发改委、国家能源局连续发布了三个关于能源中长期发展的规划，其中尤为值得关注的是《"十四五"现代能源体系规划》。比起过往更多着眼于具体能源行业的发展规划，首次提出的"现代能源体系规划"本身就是一种"进化"。

一、看清技术创新驱动的市场变局

能源的进化，由技术迭代和制度变迁共振而来，着重体现在市场的应用上。传统的能源市场，给外界的印象多半是门槛高、稳态以及相对封闭，但随着技术的升级与改革的深入，一切都在发生变化。

一方面，越来越多的科技创新企业，运用大数据、云计算、区块链等技术，为能源企业或园区提供技术解决方案，把触角伸进广阔的能源领域，期待破局固有边界，搅动着能源市场；另一方面，行业龙头面对数字化、智能化、绿色化需求，并非临渊羡鱼，而是跃跃欲试，往往以内部创新或外部协作等方式开展探索，运用新技术对现有业务板块进行赋能，或是直接创造新的业务增长点。

可以说，在技术的驱动下，能源的进化基因已被激活，一个具有跨界创新等特征、有待更多市场主体共同参与的现代能源市场呼之欲出。

市场变局与重大战略规划相呼应。"十四五"是碳达峰的关键期、窗口期，《"十四五"现代能源体系规划》提出要顺应世界大趋势和我国现代化经济体系内在要求，加快构建以清洁、低碳、安全、高效为核心内涵的"现代能源体系"。这对市场机制和技术创新都提出了更高的要求。

所谓现代能源体系，就是能够通过持续的技术创新，实现能源安全稳定、绿色低碳供应，能够在有效保障国家能源安全的同时，惠及民生的能源体系。与传统能源体系相比，这样的能源体系更加具备市场化、开放性、分布式三大特性。

"市场化"：供需互动是关键。在现代能源体系中，采取的是有序配置、节约高效的平衡用能方式。比如说，消费者在用能的同时也可能产能，既是能源的需求者，也是能源的供应者。随着这种市场化的加深，供需双方的地位也越来越趋于平等。与此同时，为提高系统可再生能源的接受程度，需求侧对供应侧的响应度提升，对可再生能源进行优先配置。此外，供需两侧可调控资源的发掘也将更为充分，使平衡用能和节约用能更好实现。

"开放性"：多元共生是核心。优先发展可再生能源，加快发展气体能源，形成因地制宜的多元能源结构。也就是说，在能源发展的增量上，对可再生能源优先利用，清洁气体能源则作为补充和调节的首选项。对于资源条件各异的不同地区，则基于其自然条件因地制宜，采用适配当地实际的能源结构。

"分布式"：协同互补是要义。整体而言，采用以分布式为主并辅以集中式的相互协同供应模式，确保安全可靠。对于可再生能源，就近利用、就近分配是最为有效的利用方式。对于气体能源，则灵活运用具体利用方式，可充当好分布式可再生能源调峰支持的角色，亦可为分布式供应储备不时之需。

二、从"有效市场"到"有数企业"

究竟一个怎样的市场，以怎样的交易方式、怎样的发展机制，能让中国能源未来更具效率与活力？

具体在能源市场层面，《"十四五"现代能源体系规划》提出，建设现代能源市场，主要包含两方面的改革。一方面是优化能源资源市场化配置，包括深化电力体制改革，加快构建和完善中长期市场、现货市场和辅助服务市场有机衔接的电力市场体系等一系列举措；另一方面是深化价格形成机制市场化改革，包括进一步完善省级电网、区域电网、跨省跨区专项工程、增量配电网价格形成机制，加快理顺输配电价结构等一系列举措。

上述两方面的改革攻坚，从宏观和中观看，有赖于有为政府和有效市场二者之间的更好结合。但从微观来看，现代能源市场的建设，也离不开作为市场主体的企业在其中的积极参与和推波助澜。

在国家治理体系中，市场和政府相伴相生，有效市场离不开有为政府，有为政府则须依靠市场发挥基础性作用。关于市场与政府的良性关系，十九届五中全会作出了进一步阐述，明确指出"充分发挥市场在资源配置中的决定性作用，更好发挥政府作用，推动有效市场和有为政府更好结合"。

面向数字时代，企业作为市场主体和创新力量，应当主动融入或积极助推以数字化、网络化、智能化及绿色发展为特征的数字经济浪潮，对于政策要求、社会诉求、市场需求、企业边界、内外风险等"企之大者"心中有数（大企业还要对关乎国家发展大局的"国之大者"心中有数）。各类市场经营主体应争相成为"有数企业"。企业、市场和政府的理想状态是，"有数企业"在"有效市场"和"有为政府"共同引导和支持下健康发展并持续进化。

"有数企业"对政策要求心中有数，遵守国家法度，因此也是"有度企业"；对社会诉求心中有数，履行社会责任，因此也是"有责企业"；对市场需求心中有数，保持创新能力，因此也是"有能企业"；对企业边界心中有数，拥有界限意识，因此也是"有限企业"；

对内外风险心中有数，具备灵活韧性，因此也是"有韧企业"。

建设现代能源市场，在"有效市场"层面，重在激发能源市场经营主体活力（表1）；在"有为政府"层面，需要加强能源治理制度建设；"有数企业"通过二者的有机结合，可围绕产业链，在政策引领下进行机制建设、平台打造，推动形成协同、高效、融合、顺畅的大中小企业融通创新生态。一方面，鼓励引导龙头企业，对中小企业按照市场化、法治化原则，开放技术、市场、标准、人才等创新资源；另一方面，引导大企业通过生态构建、基地培育、内部孵化、赋能带动、数据联通等方式，打造一批大中小企业共享创新的典型融通模式。

表 1　激发能源市场主体活力

1. 放宽能源市场准入	落实外商投资法律法规和市场准入负面清单制度，修订能源领域相关法规文件。支持各类市场主体依法平等进入负面清单以外的能源领域。推进油气勘探开发领域市场化，实行勘查区块竞争出让制度和更加严格的区块退出机制，加快油田服务市场建设。积极稳妥深化能源领域国有企业混合所有制改革，进一步吸引社会投资进入能源领域。
2. 优化能源产业组织结构	建设具有创造创新活力的能源企业。进一步深化电网企业主辅分离、厂网分离改革，推进抽水蓄能电站投资主体多元化。推进油气领域装备制造、工程建设、技术研发、信息服务等竞争性业务市场化改革。深化油气管网建设运营机制改革，引导地方管网以市场化方式融入国家管网公司，支持各类社会资本投资油气管网等基础设施，制定完善管网运行调度规则，促进形成全国"一张网"。推进油气管网设施向第三方市场主体公平开放，提高油气集约输送和公平服务能力，压实各方保供责任。

3. 支持新模式新业态发展	健全分布式电源发展新机制，推动电网公平接入。培育壮大综合能源服务商、电储能企业、负荷集成商等新兴市场主体。破除能源新模式新业态在市场准入、投资运营、参与市场交易等方面存在的体制机制壁垒。创新电力源网荷储一体化和多能互补项目规划建设管理机制，推动项目规划、建设实施、运行调节和管理一体化。培育发展二氧化碳捕集利用与封存新模式。

来源：《"十四五"现代能源体系规划》

三、对战略要点及节奏应心中有数

面对转型与变革的大时代，"有数企业"之所以"有数"，当然是对政策要求、社会诉求、市场需求以及企业边界，都能够做到心中有数。因此，对于参与市场变局的战略要点和战略节奏，企业也要心中有数。以下是理解现代能源市场战略的三个要点。

首先，现代能源市场的构建，要在保障能源供应安全基础上，积极有序地实现新能源的替代，推动传统能源清洁高效利用、新能源多类型多路径供应，实现"煤炭、油气、新能源"等多能源互补，形成多能智慧高效协同的现代能源体系。同时，统筹考虑各地区能源资源禀赋、经济发展水平的差异，以及企业和社会的成本承受能力，通过合理的市场机制设计和有效的市场价格监管，确保能源价格在合理范围内波动，建立健全能源市场价格的长效机制。

其次，建立符合现代能源体系要求的能源市场体系，需要从市场类型、交易方式、发展机制三方面，分别对现有能源市场体制进行改革，兴建能够反映市场机制的电力市场体系、煤炭市场体系、石油市场体系、天然气市场体系和碳交易市场体系，从而确保现代能源体系的健康可持续发展。这几大市场体系的建设是现代能源体系的基础，不仅丰富了现代能源体系，而且提供的是一种更加市场化的机制，将使产业的效率和活力更大。

再者，在现代能源市场体系构建过程中，要打破目前现代能源市场体系发展的区域间、产业间不平衡格局，疏通堵点和痛点，促进能源市场要素流通。中央发布的《关于加快建设全国统一大市场的意见》指出，在有效保障能源安全供应的前提下，结合实现碳达峰碳中和目标任务，有序推进全国能源市场建设（表2）。这为今后一个时期建设全国统一的能源市场、推进能源产业改革发展提供了指引。

表2　建设全国统一的能源市场

1	在有效保障能源安全供应的前提下，结合实现碳达峰碳中和目标任务，有序推进全国能源市场建设。
2	在统筹规划、优化布局基础上，健全油气期货产品体系，规范油气交易中心建设，优化交易场所、交割库等重点基础设施布局。
3	推动油气管网设施互联互通并向各类市场主体公平开放。
4	稳妥推进天然气市场化改革，加快建立统一的天然气能量计量计价体系。
5	健全多层次统一电力市场体系，研究推动适时组建全国电力交易中心。
6	进一步发挥全国煤炭交易中心作用，推动完善全国统一的煤炭交易市场。

来源：《关于加快建设全国统一大市场的意见》

建设全国统一的能源市场，一是有利于打通结构"梗阻"，推动能源大国向能源强国转变；二是有利于打通区域"梗阻"，让能源在全国范围内更高效配置；三是有利于打通行业"梗阻"，突破按品种管理能源的思路，真正建立多元供给的现代能源体系。作为解决能源转型中各类主体间利益矛盾的关键一环，将促进各类能源协同发展、增强联动、优化组合，实现市场多元动态平衡，提升能源安全保障，推进"双碳"目标实现。

对于"有数企业"而言，始终要对战略要点和战略节奏心中有数。关于战略节奏，无论是《关于加快建设全国统一大市场的意见》，还是《"十四五"现代能源体系规划》，都为企业制定参与其中的路线图和操作手册进一步明确了预期。但能源的进化和市场的转型是一个长期过程，不可能一蹴而就，在将来的实现路径上应保持过程意识，统筹考虑，循序渐进，逐步推开，蹄疾步稳，方可能水到渠成。

第八章

从"数实融合"到"实数融合"

党的二十大报告指出，促进数字经济和实体经济深度融合，打造具有国际竞争力的数字产业集群。二十届三中全会则强调，健全促进实体经济和数字经济深度融合制度，加快构建促进数字经济发展体制机制，完善促进数字产业化和产业数字化政策体系。

那么，从"数字经济和实体经济深度融合"（数实融合）到"实体经济和数字经济深度融合"（实数融合），背后究竟有何深意？如何促进二者深度融合？

一、把握三重维度理解"实数融合"

从"数实融合"到"实数融合"，并非简单的词序变化。更进一步深入理解"实数融合"，可以把握以下三个核心维度来细致探讨。

首先，数字经济作为一系列经济活动，其独特性和活力，源自数据资源作为关键生产要素的角色、现代信息网络作为重要载体的功能，以及信息通信技术作为提升效率和优化经济结构的重要推动力的有效运用。数字经济的迅猛发展并非偶然，而是建立在坚实的"战略母产业"技术基础之上。这些技术包括现代信息通信技术、互联网技术、数据采集与传送技术，以及日益强大的算力等一系列数字技术。数字技术的最新进展和未来可能实现的突破，更是涵盖人工智能、深度学习、量子计算和量子通信、碳基芯片、生物芯片、虚拟及增强现实技术，以及脑机接口等前沿科技领域，为数字经济持续发展注入无限活力。

其次，从政策层面变化来看，从"数实融合"到"实数融合"，也即从党的二十大报告提出的"促进数字经济和实体经济深度融合"到二十届三中全会决定中的"健全促进实体经济和数字经济深度融合制度"，这一表述上的转变，实际上蕴含着深层次的政策导向和经济发展理念的变革。在其背后，体现出我国对实体经济与数字经济关系的深入理解，更反映出对二者融合过程的精准定位和前瞻性思考。从"数字经济和实体经济深度融合"到"实体经济和数字经济深度融合"，看似是两个词的次序调整，虽然仅有字面上的微小变动，但实际上却凸显政策制定者对实体经济在接纳、利用数字技术时的主动性和积极性的尤为强调。这一变化意味着，在政策制定和执行过程中，将更加注重实体经济如何利用数字技术实现自我提升和创新发展，从而推动整个经济体系的转型升级。

再次，这一政策表述的变化，还深刻体现了我国数字经济发展新阶段的特点和要求。随着数字技术的不断发展和广泛应用，实体经济与数字经济的边界逐渐模糊，二者的深度融合已成为不可逆转的大势所趋。此时，"实体经济和数字经济深度融合"的提法更符合当前的经济形势和发展需求，也更能体现出我国在数字化时代背景下的战略思考和实践行动。实际上，党的二十大报告已经对"建设现代化产业体系"进行了全面而深入的战略部署，明确提出要把发展经济的着力点放在实体经济上，并强调要加快建设制造强国、质量强国、航天强国、交通强国、网络强国、数字中国等一系列战略目标。

故而，"实体经济和数字经济深度融合"（实数融合）的最新提法，可彰显我国对实体经济数字化转型的高度重视和坚定决心，也突显实体经济在融合过程中的主体作用和核心价值。这种从认知到提法的强化和升华，将有力推动我国数字经济高质量发展，为构建现代化经济体系提供坚实支撑和强大动力。同时，也为我们更好地理解和把握数字经济发展的新趋势、新机遇，提供了重要的思想武器和实践指南。

二、以数字技术筑底"战略母产业"

数字技术被视为一种新的通用技术，影响力将广泛渗透到几乎所有行业和领域，就像蒸汽动力和电力技术推动的前两次工业革命一样，具有深远的意义。数字技术对经济增长的推动力和持久性，也将超出许多人的预期。在科技革命和产业变革的浪潮下，数字技术成为数字经济的新引擎，推动众多产业实现创新发展，成为新兴产业的催化剂和经济增长的新动力源泉。一些数字科技企业已经崭露头角，形成较大规模，并在全球范围内不断提升其影响力，引领着数字经济的蓬勃发展。在这个意义上，这些数字科技力量正发挥着"战略母产业"的核心功能，为数字经济的持续繁荣提供坚实的技术支撑。

我国相关部门对数字经济进行了更为细致的划分，将其分为五大类别：数字产品制造业、数字产品服务业、数字技术应用业、数字要素驱动业和数字化效率提升业。数字经济的诸多产业被进一步细分为产业数字化、数字产业化两大部分。产业数字化是指利用先进的数字技术和数据资源，为传统产业带来产出增加和效率提升，实现数字技术与实体经济的深度融合。其广泛应用于智慧农业、智能制造、智能交通、智慧物流、数字金融、数字商贸、数字社会、数字政府等多个领域，通过数字化手段提升传统产业的竞争力和创新能力。而数字产业化则是指为产业数字化发展提供全方位的技术、产品、服务、基础设施和解决方案，以及完全依赖数字技术和数据要素的各类经济活动。其涵盖了计算机通信和其他电子设备制造、电信广播电视和卫星传输服务、互联网和相关服务、软件和信息技术服务业等众多行业。数字产业化作为数字经济的核心部分，正推动着数字经济的快速发展，为经济增长注入新的活力。

数字经济已成为推动我国经济增长的主要动力之一，对我国经济发展产生深远影响。根据《数字中国发展报告（2021年）》的数据显示，从2017年到2021年，我国数字经济规模实现了快速增长，从27.2万亿元增长至45.5万亿元，年均复合增长率高达13.6%，显示出数字经济在国民经济中的强劲增长势头。同时，数字经济占国内生产总值的比重也从32.9%提升至39.8%，进一步凸显了数字经济在国民经济中的重要地位。在这一时期，数字产业规模也迅速扩大，2017年至2021年，规模以上计算机、通信和其他电子设备制造业的营收增长了33%，达到14.1万亿元；规模以上软件业的营收增长了73%，达到9.5万亿元；规模以上互联网和相关服务业的营收更是实现了惊人的118%的增长，达到15500亿元。这些数字充分展示数字产业在推动我国经济增长中的重要作用。

与此同时，数字化转型也在各个行业加速推进，农业数字化水平快速提升。精准作业、数字化管理等新型农业模式得到广泛推广和应用，提高了农业生产的效率和质量。农村电子商务也蓬勃发展，2021年全国农村网络零售额达到2.05万亿元，较2017年增长了60%，为农村经济发展注入了新的活力。制造业的数字化转型也在向纵深推进，工业互联网应用已覆盖45个国民经济大类，为制造业的智能化、高效化发展提供了有力支撑。在这一时期，规模以上工业企业的关键工序数控化率和数字化研发设计工具普及率也分别提升了近10个百分点，显示出数字化转型在提升企业竞争力和创新能力方面的重要作用。

我国政府正积极推动数字经济的大力发展，将其作为国家发展的重要战略。根据国家"十四五"规划纲要的指导，我们将前瞻性地谋划未来产业，包括类脑智能、未来网络等前沿领域，致力于打造未来的应用技术场景，加快产业形成和发展。政府将加大对数字经济的支持力度，推动数字经济与实体经济深度融合，为我国经济持续健康发展注入新动力。同时，工信部等部门也印发了《工业互联网创新发展行动计划（2021—2023 年）》，旨在从构建平台、应用平台、构建生态这三个方面共同推进工业互联网平台升级和发展。这一行动计划的实施，将进一步推动我国工业互联网发展，提升工业企业的数字化水平和竞争力。可以预见的是，在未来几年乃至更长的时间里，我国数字经济无论是产业数字化部分还是数字产业化部分都将迎来显著发展机遇，并取得长足进步。

三、深度融合的要义是"以数强实"

在进一步明确数字经济所扮演的角色和定位的同时，党的二十大报告着重强调，要促进数字经济和实体经济的深度融合，即"数实融合"，致力于打造出具有国际竞争力的数字产业集群。随着对二者关系理解的深入，二十届三中全会强调促进实体经济和数字经济深度融合即"实数融合"。正如前文所言，从"数实融合"到"实数融合"，这一变化并非简单的词序颠倒，而是强调了实体根基在数字经济中的重要地位，以及数字技术在实体经济中的深度融合和应用。当前，无论是沿用"数实融合"还是强调"实数融合"，二者的深度融合正逐步成为驱动数字中国发展的新引擎。

要推进"数实融合"或"实数融合"，首先得正确理解和把握"数实关系"。实体经济是国民经济的立身之本、经济发展的着力点，也是数字技术大展身手的主战场；而数字经济则是一种融合型经济，能够促进其他产业的发展和资源的高效配置，同时还扮演着助推剂、催化剂和增效剂的角色。在数实关系中，实体经济与数字经济相互依存、相互促进。当融合达到一定程度时，传统的实体经济形态将会逐渐转变为数字经济条件下的新型实体经济形态。作为"十四五"期间乃至中长期我国发展数字经济的重要任务，"数实融合"或"实数融合"是实现数字产业化和产业数字化的协同路径，也是构建新发展格局和推动高质量发展的新动力。

"数实融合"或"实数融合"的核心要义在于"以数强实"。这意味着我们要通过数字化的手段，大幅提升经营主体特别是实体企业的竞争力。从历史的长远视角来看，产业数字化的大幕才刚刚拉开，数字技术和数字经济在创新、降本增效、深化分工等方面的潜力还远未充分释放。但随着云计算、人工智能、远程交互等软硬件技术不断突破，"以数强实"将释放出更大的能量，成为新一轮产业革命的驱动力。数字经济的赋能效应非常显著，能够有效推动传统产业优化资源配置、调整产业结构，实现转型升级。

近年来，我们看到了很多"以数强实"推进"数实融合"或"实数融合"的成功案例。比如，宝钢股份与宝钢工程携手打造的首个连铸数字孪生工厂，就是通过构建一个虚实协同、综合集成的钢铁"工业元宇宙"，改变了炼钢厂的生产组织运行方式，打造了少人、高效的数字孪生连铸产线示范。还有踏歌智行与中环协力合作实施的鄂尔多斯永顺宽体车无人运输项目，也实现了宽体车无安全员常态化作业，能够按照矿山调度指令在无人操作的情况下完成高精度循环作业，达到了低成本、高效率的矿区生产经营目标。

推进"数实融合"或"实数融合"，重在深挖应用场景。党的二十大报告在部署"建设现代化产业体系"时指出，要推动战略性新兴产业融合集群发展，构建新一代信息技术、人工智能、生物技术、新能源、新材料、高端装备、绿色环保等一批新的增长引擎。这些实际上也是"数实融合"或"实数融合"重要的技术来源、应用场景和产业阵地。在"以数强实"的逻辑下推进"数实融合"或"实数融合"，才能真正实现科技创新和产业创新双轮驱动。

从"数实融合"到"实数融合"的提法变化，既是对数字经济与实体经济关系理解的深化，也为我们推进二者融合提供了新的思路和方向。无论是"数实融合"还是"实数融合"，核心都是强化实体经济竞争优势。为此，需要因地制宜发展新质生产力，包括进一步提升数字产业规模，打造具有国际竞争力的数字产业集群，并充分发挥数字科技企业的平台、技术、数据等优势，有效助力实体经济高质量发展。

四、高质量发展重在"三个高水平"

从"数实融合"到"实数融合"，不变的是发展数字经济的底层逻辑。数字经济既关乎产业发展，也关乎营商环境。一方面为传统产业模式带来重塑机遇，另一方面对平衡发展与治理提出全新要求。这就要求将高质量发展作为首要任务，以"三个高水平"作为战略场景，统筹做好行业监管、创新激励和开放保障等环节，为数字经济高质量发展保驾护航。

（一）推进高水平监管，优化数字平台新生态

发展数字经济，不是不要监管，而是要以高水平监管为高质量发展提供安全保障。换言之，"刹车"和"油门"都不能少。过去两年，在数字经济领域，数字平台经历了一场深刻的风暴式监管，政策意图在于优化行业发展生态，也取得了相当成效。不过，发展与监管的动态平衡对部门协同有着很高的要求。因此，做强做优做大数字经济，很重要的一个环节，是要在高质量发展与高水平监管之间找到最佳平衡点。应在厘清方向、明确预期的基础上，针对行业关切，做好政策指导和舆论引导，为加快发展数字经济和建设数字中国，进一步提供更为市场化、法治化的保障。当务之急在于，尽快化解行业对未来前景的担忧。而解开"心结"的关键在于，相关部门加快落实中央有关要求，进一步明确政策信号，稳定市场预期，促进行业发展。

（二）激励高水平探索，打造数字经济新优势

从政策和舆论出发，应对促进数字经济发展的行业案例予以肯定和激励。以互联网平台为例，包括阿里在芯片、云计算等算力基础设施的拓新，腾讯在人工智能、数实融合、科技投资等方面的努力，百度在人工智能、自动驾驶、智能交通、量子计算等领域的深耕，这些平台创新探索为提升我国数字经济新优势所发挥的作用不可忽视，其中不乏高水平创新探索。值得一提的是，由于数字科技平台有着庞大的用户群和较强的盈利能力，应鼓励包括国有资本在内的各类资本参

与投资，发挥双方各自优势，扬长避短，在资源、技术、机制等方面形成合力，从而提高业务聚合度，加强客户价值渗透，拓展所在行业的产业链条。如果从打造具有国际竞争力的数字产业集群、加快建设世界一流企业的角度出发，有关国企和平台企业的携手既代表了数字经济的具体应用方向，也是产业界共享创新的有益探索。

（三）立足高水平开放，开拓数字科技新空间

需要在稳定市场预期的基础上实施高水平监管，同时进一步为行业高质量发展营造高水平开放环境。当前国际局势下，我国在一些关键核心技术领域被"卡脖子"，这就要求打造具有国际竞争力的数字产业集群。包括数字产业在内的各行各业，应当积极推进科技自立自强。在此过程中，必须遵循科学规律和市场规律，正确处理好科技创新与对外开放的关系，坚持高水平对外开放，发挥我国巨大消费市场在构建双循环新发展格局中的作用，在扩大开放中强化自主科研能力。以高水平监管提供持续保障，以高水平开放拓展创新空间，我国数字经济将更加蹄疾步稳，迈向高质量发展。

第九章

"一城一云一模型"赋能未来

随着云计算技术的兴起、云服务能力的提升，从"群雄逐鹿"到"川流入海"，面向政务行业的云计算基础设施得到快速发展、数据资源得到高效汇聚，目前全国大部分省市都已完成政务云部署，"百花齐放"的"云上"数字政府体系正在逐步构建，并进一步赋能、引领城市经济社会的整体数字化转型。

随着人工智能大模型的深入应用，"一城一云"正在向"一城一云一模型"升级，日益加快实现城市全面智能化，成为"战略母产业"当下及未来赋能城市高质量发展的典型代表。

一、"一城一云"成为数字城市基建标配

面向新阶段，国家、省市先后对政务云发展提出新要求、明确新规范，在"东数西算""城镇化建设""总体安全观"等政策指引下，在城市精细化治理、数智化能力搭建等需求牵引下，各地市云计算资源在集约建设、运营的同时，也需将云计算服务能力向周边区县延伸、向城市经济社会领域外溢，实现全域算力的统一调度与普惠应

用，构建"城市一朵云"；并加强云平台的数智赋能、安全管控，夯实城市数字化转型的支撑底座。

与此同时，面对政务云的普及、拓展以及疫情等重大、突发事件对于基础设施能力的韧性挑战，提升城市云基础设施的整合管理统一调度能力、增强云计算资源的高可用高可靠水平、加强数据归集治理、加速云上应用场景构建、促进云应用市场繁荣、获取全周期运营服务等已成为政务云当前发展所面临的主要问题挑战。

为此，有必要构建更加安全、易用且满足不同场景、地域、用户使用需要的数字化基础设施支撑能力，打造"城市一朵云"，将以政务云为核心的统一城市算力更好的转化为治理力、生产力以及民生幸福的驱动力。

"一城一云"通过"分布式 × 云原生"技术，搭建资源互联标准、统筹城市算力网络、拉通多源数据要素、形成数字支撑底座，打造以应用为中心、用户视角下的"城市一朵云"，全面赋能城市高质量发展。相信随着政务云建设的不断推进、数字化转型的持续深入，"一城一云"的建设理念有望在政府治理流程再造和模式优化方面得到更充分的诠释、能力价值有望得到更充分的释放。

二、人工智能大模型带动城市智慧升级

（一）人工智能的基础性、广泛性和主导性作用得到政策强化

人工智能自 2017 年以来多次被写入《政府工作报告》，2024 年

《政府工作报告》明确提出，深化大数据、人工智能等研发应用，开展"人工智能+"行动。"人工智能+"行动的提出，有利于激发我国产业发展的新动能，深入推进数字经济的创新发展，加速推动新质生产力的形成。人工智能作为引领未来的战略性技术，是新一轮科技革命和产业变革的核心驱动力，是发展新质生产力的主要阵地，通过全面作用于劳动力、劳动资料和劳动对象，大幅提升管理效率和组织效率，实现经济活动过程的智能化、绿色化，为培育新质生产力提供广阔的降本增效空间。

表 1 我国发布的部分人工智能相关文件

发布时间	文件名称	发布机构	重点内容
2017.7	《新一代人工智能发展规划》（国发〔2017〕35号）	国务院	提出了面向2030年我国新一代人工智能发展的指导思想、战略目标、重点任务和保障措施，部署构筑我国人工智能发展的先发优势，加快建设创新型国家和世界科技强国。
2018.4	《高等学校人工智能创新行动计划》（教技〔2018〕3号）	教育部	明确了"人工智能+X"复合专业培养新模式，推动高校在人工智能领域的创新和发展，为我国人工智能产业的发展培养更多的人才和技术支持，推动人工智能技术的应用和推广。
2020.7	《国家新一代人工智能标准体系建设指南》（国标委联〔2020〕35号）	国家标准化管理委员会、中央网信办、国家发展改革为、科技部、工信部	明确人工智能标准化顶层设计，研究标准体系建设和标准研制的总体规则，明确标准之间的关系，指导人工智能标准化工作的有序开展。

续表

发布时间	文件名称	发布机构	重点内容
2022.7	《关于加快场景创新以人工智能高水平应用促进经济高质量发展的指导意见》（国科发规〔2022〕199号）	科技部等六部门	以促进人工智能与实体经济深度融合为主线，强化主体培育、加大应用示范、创新体制机制、完善场景生态，加速人工智能技术攻关、产品开发和产业培育，探索人工智能发展新模式新路径。
2022.8	《关于支持建设新一代人工智能示范应用场景的通知》（国科发规〔2022〕228号）	科技部	围绕构建全链条、全过程的人工智能行业应用生态，支持一批基础较好的人工智能应用场景，打造形成一批可复制、可推广的标杆型示范应用场景。

（二）人工智能广泛渗透到制造、医疗、教育、交通等经济社会领域

在我国已经建成的 2500 多个数字化车间和智能工厂中，经过 AI 改造的工厂研发周期缩短了约 20.7%、生产效率提升了约 34.8%，在人工智能技术的"加持"下，开辟出传统生产力向新质生产力加速迈进的新路径。据统计，2023 年我国人工智能核心产业规模达 5784 亿元，生成式人工智能的企业采用率已达 15%，市场规模约为 14.4 万亿元，已经体现出了新质生产力的蓬勃生机。围绕加快培育新质生产力、建设现代化产业体系，健全"人工智能 +"千行百业的产业应用生态，充分发挥人工智能技术促进产品创新、产业聚集、应用赋能的

作用，加强人工智能与新兴产业、未来产业的融合发展，拓展人工智能技术在经济社会各领域的应用广度和深度。

表2　我国人工智能产业重点省市情况

重点省市	政策支持	高校及科研院所	国家新一代人工智能开放创新平台（千亿级以上）	大模型	产业集聚情况
北京市	《北京市促进人工智能创新发展的若干措施》《加快建设具有全球影响力的人工智能策源地实施方案（2023—2025年）》	清华大学、北京大学、中国科学院、北京航空航天大学、北京理工大学	自动驾驶国家新一代人工智能开放创新平台（百度）、智谱科技ChatGLM、北京通用人工智能创新平台（京东）、安全大脑人工智能开放创新平台(360)、北京通用人工智能研究院、京东言犀大模型、智慧教育人工智能开放创新平台（好未来）、小米智能家居人工智能开放创新平台	百度文心大模型、智谱科技ChatGLM、云知声山海大模型、快手K7大模型、昆仑万维天工大模型、中国科学院紫东太初大模型、京东言犀大模型、字节跳动火山方舟大模型	中关村软件园、中关村集成电路设计园、中关村（京西）人工智能科技园、中关村壹号园区、亦庄自动驾驶示范区、中关村智能装备产业园
上海市	《上海市促进人工智能产业发展条例》《关于推进上海市新一代人工智能产业发展的指导意见》	上海交通大学、上海科技大学、复旦大学、同济大学、上海理工大学	智能视觉国家新一代人工智能开放创新平台（商汤）、视觉计算人工智能开放创新平台（依图）、上海人工智能实验室、营销智能人工智能开放创新平台	商汤日日新大模型、润起科技孟子大模型、小器人华大模型	张江人工智能岛、西岸智慧谷、马桥AI创新试验区

续表

重点省市	政策支持	高校及科研院所	国家新一代人工智能开放创新平台（千亿级以上）	大模型	产业集聚情况
广东省	《广东省新一代人工智能创新发展行动计划（2022—2025年）》	香港中文大学（深圳）、华南理工大学、中山大学、深圳智能机器人研究院、深圳人工智能与大数据研究院	医疗影像国家新一代人工智能开放创新平台（腾讯）、基础软硬件人工智能开放创新平台（华为）、普惠金融人工智能开放创新平台（中国平安）	腾讯泥元大模型、基磁软硬大模型、华为盘古大模型	中国人工智能（广州）产业园
浙江省	《建设杭州国家人工智能创新与发展试验区行动计划（2022—2024年）》	浙江大学、之江实验室、湖畔实验室、杭州市人工智能研究院	城市大脑国家新一代人工智能开放创新平台（间里云）、视频感知人工智能开放创新平台（海康威视）、杭州市人工智能研究院	阿里巴巴通义千问大模型、西湖心辰西湖大模型、宇视科技梧桐大模型、恒生电子Light–GPT大模型、蚂蚁集团贞仪大模型、新华三H3C百业灵犀大模型、实在智能塔斯大模型、网易伏羲玉言大模型	杭州人工智能产业园、萧山机器人小镇、浙大科学园、云栖小镇等

资料来源：《人工智能全域变革图景展望：跃迁点来临（2023）》

（三）多模态大模型逐渐成为人工智能研发应用前沿，前景广阔

目前，我国人工智能产业已形成以算力和数据为主体的上游基础层、以大模型平台为核心的中游技术层、以各类应用场景为导向的下游应用层的新型产业链，在自动翻译、图像识别、自然语言处理、智能推荐等多个领域已经得到了较为广泛的应用。多模态大模型融入了文本、图像、声音和视频等不同类型的数据，大大提高了语义表达、跨领域应用、人机交互、数据效率和模型泛化等不同任务执行的准确性。随着各行各业对人工智能技术的需求增加，多模态大模型将成为不同领域的共性平台技术，成为提高生产效率和产业竞争力的关键工具。大模型已初步具备自主学习和思考能力，驱动人工智能技术发展跨越拐点，从感知理解世界、处理低端重复性工作走向生成创造世界、处理较高端脑力劳动工作，以大模型为代表的人工智能推进科技创新和产业创新深度融合，培育壮大新质生产力。人工智能发展水平将很大程度决定国家、城市未来竞争力，具有十分广阔的发展前景，是必须抓住的战略机遇。

三、"一城一云一模型"实现全面智能化

国务院印发《关于加强数字政府建设的指导意见》，意见指出，强化政务云平台支撑能力。依托全国一体化政务大数据体系，统筹整

合现有政务云资源，构建全国一体化政务云平台体系，实现政务云资源统筹建设、互联互通、集约共享。

政务云的发展经历了三个阶段：1.0 是上云，从线下数据到云上，以资源为中心；2.0 是以数据为中心，打通数据共享通道；3.0 是"政务一朵云""一城一云"，以业务为中心，整合应用和服务，解决跨域数据融合，加速业务创新，并形成开放的 SaaS 生态。

从政务云到城市云的能力升级，之所以政务云这个数字基础设施需要变革，城市的数字化发展已经进入深水区，政务云不再仅仅是服务政务，更是承载城市治理、产业发展、民生服务的基础设施，支撑起城市的可持续发展和万千人们的美好生活。

城市云成为数字城市提供基础性支撑。经历了建设集约、技术集约化的发展，到现在以使能应用集约为主要特征。城市云已经发形成一体算力调度体系、协同数据治理体系、和共性能力支撑体系，支撑数字城市稳定、高效运行。

当前我国智慧城市建设进入了全域数字化转型的崭新阶段。城市云平台需要进一步升级。以统一的"城市云"为依托，构建城市大模型智能中心，为城市全域数字化转型提供一站式存力、算力和智力服务的新模式，"一城一云"正向"一城一云一模型"升级，实现城市全面智能化，支撑发展新质生产力。

四、"一城一云一模型"愿景与主要能力

（一）"一城一云一模型"的发展愿景

"一城一云一模型"是顺应全域数字化转型趋势的新型数字基础设施，也是支撑城市高质量发展、加快中国式城市现代化的创新模式。

加快城市高质量发展的本质要求是因地制宜发展新质生产力，构建城市新型数字底座、数据资源体系、应用服务体系和建设运营体系。"一城一云一模型"是面向技术、要素、产业和基础设施的集成创新，"一城一云"是横向打通存力、算力、运力的数字底座，"一模型"是纵向贯通智力的共性支撑体系，包括在"城市云"中增加 AI算力节点、AI 平台／工具和大模型能力，能够适应不同城市全时全域的个性化、特色化发展需求。"一城一云一模型"既是城市全域数字化转型所必需的新型基础设施，也是涵盖 AI 云服务、大模型服务运营运维的新发展模式和新产业生态；既全面赋能城市千行百业数字化转型、智能化升级，又依赖城市技术、产业、人才等持续创新来实现迭代升级；既体现政府主导和政务云为核心的基本定位，又体现基础大模型和行业模型共荣、丰富场景牵引和多元化建设运营互促的开放共享、互利共赢发展格局。

国家对开展"人工智能＋"行动做出战略部署，"以广泛深刻的

数字变革，赋能经济发展、丰富人民生活、提升社会治理现代化水平"，人工智能发展水平将很大程度决定国家、城市未来竞争力，是国家、城市必须抓住的战略机会。但在具体实施落地中，各企业、事业单位、政府部门普遍面临想做投不起、想做欠能力、做了做不好、自身数据有限等一系列难点问题。

"一城一云一模型"的发展愿景是通过政府牵头统筹、企业承建及运营，构建匹配本地城市、产业特色及发展诉求的新型数字基础设施、人工智能领先架构、公共技术能力及数据与应用生态，实现算力按需调度、大模型按需可得、数据极大丰富、应用快速创新，助力城市级"人工智能+"高质量发展。

（二）"一城一云一模型"的主要能力

通过构建城市大模型智能中心，推动产城学研与人工智能大模型技术深度融合，加速释放 AI 新质生产力，加速城市全域智能化进程。

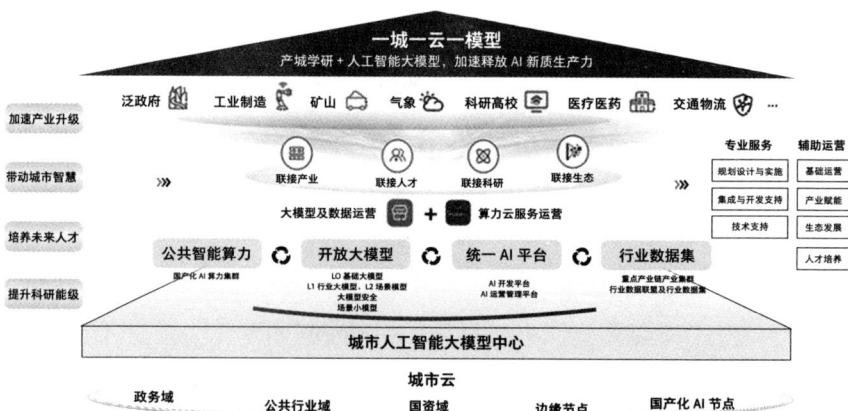

图2 "一城一云一模型"能力示意图

1. 提供四类服务

"一城一云一模型"提供集算力资源、开放模型、AI工程化能力、行业数据集等四类服务为一体的一站式服务，用户按需获取所需能力，最大程度降低人工智能技术使用门槛，快速实现业务智能升级。

算力资源。以城市云的模式提供普惠安全可靠算力服务，支持不同计算架构的通用算力、智能算力的协同调度，满足均衡型、计算和存储密集型等各类城市数字化转型业务算力需求。

开放模型。汇聚基础大模型、行业大模型、场景模型，提供算法、模型等AI数字资产的共享，为开发者提供安全、开放的共享平台，同时支持大小模型统一纳管、大模型安全保障，降低AI模型算法的获取门槛。

AI工程化能力。提供AI模型开发部署和运营管理的平台，支持统一管理作业和资源，面向AI开发者提供模型训练、AI应用管理、模型部署等能力，帮助用户快速完成模型训练和部署、管理全周期AI工作流。

行业数据集。围绕城市重点产业链和产业集群，汇集同类企业的数据、产业链上下游数据等相关行业数据，为行业大模型、场景模型的训练，以及城市各领域的"人工智能+"行动提供数据要素支持。

2. 构建四方联接

"一城一云一模型"联接产业、人才、科研、生态，构建四方联接，培育人工智能产业创新生态，助力城市在AI时代打造领先竞争力。

联接产业。在以场景开放创新带动人工智能企业在城市落地、促进人工智能产业发展壮大的同时，还可以通过数据、算力和算法赋能本地传统企业智能化升级，尤其是带动重点产业链及产业集群的数智化转型。

联接人才。人工智能大模型中心可提供基础培训及动手实践服务，帮助 IT 人员及在校学生快速变 AI 人才，并可提供数据集、模型、案例等开放资源，通过圈层聚才用才，带动本地 AI 人才密度及强度提升。

联接科研。通过 AI for Science、AI+HPC 加速本地科研创新、提升科研能级，联合科研单位，结合区域产业发展以及业界龙头企业联合将其研究和资源服务于地方，形成新的产业推动。

联接生态。聚集系统集成、硬件、软件、服务、学习与赋能等优质 AI 生态资源，为本地产业、人才等发展提供高质量动能，同时将更多生态资源留在本地，形成人工智能发展的良性循环。

3. 实现两大运营

"一城一云一模型"基于其丰富技术栈覆盖算力、数据、模型和应用开发全流程，实现算力云服务运营和城市大模型运营。

算力云服务运营。增强云计算资源的高可用高可靠水平，对城市异构算力资源进行整合管理和统一调度，开展城市数据资源归集治理，提供业务系统的上云咨询实施服务，开展加速云上应用场景构建，促进城市云应用市场繁荣。

城市大模型运营。面向高校科研机构、AI 应用开发商、解决方案集成商、企业及个人开发者等开放 AI 模型、数据、应用场景等，打造 AI 模型市场，提供发布及订阅 AI 模型服务，连接 AI 开发生态链各参与方，加速 AI 模型的应用落地。

附录一

从战略母产业看新经济实践
——以成都市为例

战略母产业作为数字经济时代诸多产业发展的基础和支撑产业，具有持续催化新科技、孕育新业态、缔造新格局的功能与作用，是决胜国运的数字基座和经济底座。对区域经济和城市经济而言，提升战略母产业同样至关重要。

为此，不妨以我国新经济先行城市之一的成都近年来前沿探索为案例，从战略母产业的视角透析其新经济实践。经过数年来的创新求索，成都推动新经济发展组织架构"从无到有"、产业体系"从旧到新"、市场主体"从弱到强"、场景供给"从业到城"、生态赋能"从点到面"，城市新经济呈现出高速增长、迅猛崛起的蓬勃势头。2022年上半年，成都新经济营收达 10377.4 亿元，同比增长 13.0%；新经济增加值 2843.4 亿元，同比增长 14.7%，占全市 GDP 比重 28.5%。在此背景下，更进一步将新经济发展的关键路径锚定于数字经济这个

"最大的确定性"，引优育强战略母产业发展力量，成为新时期成都推进新经济蝶变跃升、高质高效发展的必然选择。

战略母产业内涵与外延

在朱克力博士首倡并与胡延平先生共同起草的《战略母产业论纲（讨论稿）》中，对于战略母产业的内涵与外延有初步界定：战略母产业（The Strategic Source Industries，SCI）是指以新IT（Intelligent Technology，智慧科技）产业为基础，对第一、第二、第三产业以及经济发展各领域具有第一生产力意义，具备科技赋能、产业基石、经济底座、基础设施等意义上的创新驱动作用，能够从创新与效率、发展与变革角度，持续催化新科技、孕育新业态、缔造新格局的母科技产业集群。

从宛若星云的战略母产业创新扩散图景来看，其主要包括行业赋能／数智化转型、个人赋能／新智能设备、人工智能基础设施、云／数据基础设施、物联网基础设施、智慧交通基础设施、智能制造、下一代数智网络、高性能计算、半导体先进制程／工艺设备、工业设计／仿真／尖端制造装备等内容，传统产业分类下的计算机硬件、软件与服务业、电信与通信业、互联网服务业等大部分相关企业均属于战略母产业范畴。在新一轮科技革命和产业变革背景下，战略母产业在全球科技高地建设、国际创新竞争、产业转型、经济升维、高质量发展乃至科技普惠等方面具有划时代意义。

战略母产业的发展和推动力量主要包括构建者、赋能者、服务者等三路力量。其中，第一路（构建者）主攻战略高地和卡脖子工程，

强链补链，专精特新，夯实
产业基础，打造基础设施，
诸如华为、中芯、京东方、
华星光电、联想超算、浪潮
超算、展讯、瑞芯微、寒武
纪、地平线等企业或业务均
属于构建力量；第二路（赋
能者）主攻数字化，赋能实
体经济，以软件、硬件、云

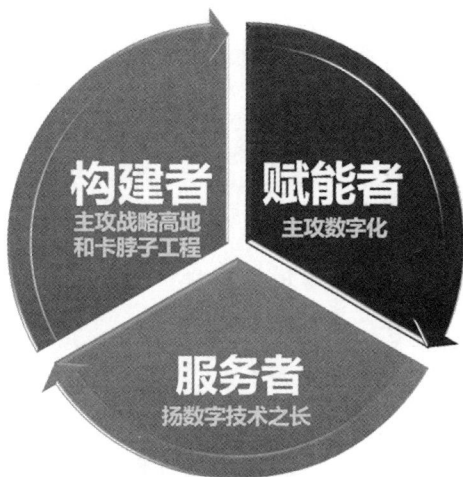

战略母产业"三路力量"示意图

计算、大数据、人工智能等方面整体解决方案和服务，助力各行各业
数字化转型升级，帮助其降本增效，提升在国际国内两个市场的运营
力、创新力、竞争力，包括为帮助个人和家庭进入智能时代，在数字
经济当中把握数字机遇获得数字红利，运营各类基础设施为各行各
业服务的企业也在这个部分，诸如联想、浪潮、阿里云、百度智能
交通、小米、用友、中软、东软、海尔、TCL、电信运营商、腾讯基
于IM的互联网平台等企业或业务均属于赋能力量；第三路（服务者）
以其数字技术的一技之长，投入各行各业，融入到实体经济当中，在
零售、物流、制造、餐饮、医疗、文旅、娱乐等垂直市场领域与传统
行业企业一起相互促动、共同发展，诸如一些互联网大企业、面向垂
直领域的互联网企业均属于服务力量。（注：详见本书序篇）

新经济探索的具体做法

自 2017 年以来，成都市以研发新技术、培育新组织、发展新产业、创造新业态、探索新模式为路径，以发展新经济形态为重点，以构建多元化应用场景为抓手，以营造有利于新经济发展的制度环境和社会氛围为保障，营造新经济产业生态，促进城市经济结构优化调整，推动经济增长动力接续转换。经过数年探索和实践，目前已基本成为我国新经济领域具有代表性的话语引领者、场景培育地、要素集聚地和生态创新区。

（一）提出了布局新赛道、营造新场景、培育新主体、建设新载体、构建新生态的"五新"方法论。编制《成都"十四五"新经济发展规划》，完善顶层设计和路径规划，聚焦产业细分领域布局新赛道，锚定新经济发展重点；聚焦业态模式创新营造新场景，形成城市高质量供给；聚焦增强产业核心能力培育新主体，汇聚新经济"城市合伙人"；聚焦赛道落位布局建设新载体，提升产业集聚效应；聚焦资源要素协同构建新生态，激发城市创新创造能力和市场活力。

（二）形成了"城市机会清单＋创新应用实验室＋未来场景实验室＋示范应用场景"场景全周期孵化机制。建立"城市机会清单"发布机制，截至 2021 年底，累计向社会公开发布 9 批次城市机会清单，3360 余条供需信息，涉及融资 175 余亿元。建立"创新应用实验室"，开展市场化应用攻关，为场景突破提供应用规范和接口标准，累计评选航天云网"工业云制造创新应用实验室"等 13 个创新应用实验室。

建立"城市未来场景实验室",开展新技术、新模式、新业态融合创新的场景实测和市场验证,累计评选智慧文旅生态城市未来场景实验室等 17 个城市未来场景实验室。开展"十百千"示范引导场景建设,累计打造 5G 智慧医疗场景、"春台市锦"市集消费场景等 89 个示范应用场景项目。

(三)实施了新经济"双百工程"+新经济企业梯度培育工程+新经济企业服务提质增效工程。实施新经济"双百工程",每年遴选百家重点企业和百名优秀人才给予重点关注、重点服务、重点支持,培育新经济领军企业、领军人才,打造新经济"主力部队"。开展新经济企业梯度培育,强化种子企业、"准独角兽"企业、"独角兽"或行业领军企业分层分级、精准施策,建立市、区(市)县两级新经济企业梯度培育库,出台 12 条梯度培育支持政策,设立新经济发展专项资金。截至 2021 年底,成都累计培育"独角兽"企业 9 家、"准独角兽"企业 210 家,上市及过会新经济企业 22 家。加强新经济企业服务,建立新经济企业服务专员制度,联合协会、银行、基金和政府服务机构,链接多方资源,配备科技、金融、融资三类专员,为新经济企业提供专项服务。

新经济实践的产业意义

从六大新经济形态到新场景、新赛道,再到元宇宙、剧本杀等新业态,五年新经济探索,成都一直走在产业前沿。在此过程中,数字经济对新经济形态的支撑赋能效应日益凸显,成都亦紧跟国家战略出台了《成都市"十四五"数字经济发展规划》，数字经济被清晰地将锚定为城市经济战略母产业，其本身拥有较好的发展基础。

（一）数字经济规模结构"双优"。从数字经济来看，2021 年成都数字经济核心产业增加值为 2580.6 亿元，占成都 GDP 比重 13%，较上年同期增长 18.7%，高于成都 GDP 增速 10.1 个百分点，形成了集成电路、新型显示、软件和信息服务等具有全国影响力的数字产业集群。从细分领域来看，截至 2021 年底，成都大数据产业规模 605.6 亿元，同比增长 46.9%；人工智能产业规模超 413.9 亿元，同比增长 107%；区块链产业集聚企业 831 家、同比增长 178.9%，区块链城市创新发展指数位列全国第六，成功入选国家区块链创新应用综合性试点城市。

（二）数字经济新业态催生大量就业需求。信息新技术的广泛应用和新业态迭代涌现，催生了大量新职业和新就业岗位，新经济的就业吸纳能力持续增强。从新职业来看，数字经济经济催生了数据架构师、工程师、带货网红等大量新职业岗位，截至 2021 年底，成都新职业人群达 72 万人，在全国主要城市中排名第三位，仅次于上海、北京。从灵活就业来看，直播电商、数字消费活力加快释放，截至 2021 年底，带动关联就业 232.5 万人，较上年同期增加 10.6 万人。从高端人才来看，2021 年成都数字经济领域吸引高级人才超 7600 人，占比近 30%，是高级人才创新创业的主要领域，新一代信息技术与信息服务需求量为 9901 人次，占比为 38.5%。

（三）数字技术赋能民生服务质量大提升。在智慧政务领域，截至 2021 年"天府市民云"综合服务人次突破 2.6 亿，实现生活缴费、社保查询、购房登记、挂号就医等在线办理。在智慧交通领域，率先推行智慧票务、智慧安检、智慧测温服务，287 座地铁站实现人脸识别过闸，累计服务乘客超 2000 万人次，实现了市民乘客出行"无接触""高效率""安全化"。在智慧医疗领域，推进"互联网＋医疗"健康服务新业态，市县两级信息平台建成率（含虚拟）100%，建成智慧医院 11 家、互联网医院 81 家。

新经济发展的未来预判

新经济是现代产业的"前沿、方向、趋势、未来"，其具体业态模式必然随着社会经济环境变化、科学技术演进规律、人民美好生活愿景不断更迭，这就要求新经济工作要主动融入国家、省、市重大战略。因此，新时期成都发展新经济应紧扣全面建设践行新发展理念的公园城市示范区任务，以提升战略母产业作为推进新经济蝶变跃升的关键抓手，为传统产业添翼、为未来产业蓄势。

（一）"数实融合"将成为成都新经济的核心内涵。当今世界，数字技术重构一切领域。云计算、人工智能、5G、量子通信等数字技术推动各产业融合叠加发展，催生了大量"数字＋"新业态、新模式，深刻重塑了人们的生产方式和生活体验。数字经济成为新经济的核心表达方式，2021 年成都数字经济核心产业增加值占新经济增加值的 49%，数字产品制造业、数字技术应用业、数字产品服务业、数字要素驱动业结构合理完备，拥有良好的发展基础和产业培育条件。国家、省、市相继出台的"十四五"数字经济发展规划、成渝地区双城经济圈《规划纲要》都对成都数字经济发展指明了方向。因此，新经济工作要明确"发展数字经济就是发展新经济"的现实逻辑，以数字经济为主攻方向，在推动数字经济与实体经济深度融合中发挥"主干"作用，促进成都数字经济高质量发展。

（二）"建圈强链"将成为成都新经济发展的支撑路径。新经济发展的核心是新兴产业的发展。新兴产业发展的方法论，就是新经济发展的根本方法论。当前，"建圈强链"是城市产业发展的核心路径。因此，新经济发展就是要用"建圈强链"方法论推动新兴产业发展，做到"对产业前沿趋势要清、对国际国内链主企业战略布局要清、对技术路线选择要清、对国际国内领军人才要清、对产业基金分布要清、对用地资源能耗现状要清、对本地平台资源优势要清"，落实到人工智能、大数据等重点新兴产业，要在切实做好"七个清"的基础上，进一步完善"链主企业 + 公共平台 + 中介机构 + 产投基金 + 领军人才"集聚共生的产业生态体系，提高产业链整合能力和引领带动能力。

（三）"智慧蓉城"将成为成都新经济的应用场域。"智慧蓉城"建设将推动城市基础平台和支撑体系改造升级，同时丰富城市智慧应用场景，将"新技术红利"转化为"美好生活红利"。深入布局大数据、云计算、超级宽带、能源互联网、智能电网等信息基础设施的过程，是新技术改造现实世界运行机制的"大考场"，这一系列底层技术的实践优化将为新经济发展筑牢根基。同时，新经济工作要聚焦智慧蓉城供给新场景，畅通创新成果转化渠道，在城市交通、应急、安全、生态环保等多领域深化应用场景，为企业提供广阔的市场和大量的机会，为市民提供更美好更智慧的生活体验。

（四）"场景营城"将成为成都新经济的重要特色。"场景"是成都首创的营城模式和新经济工作路径。"场景"作为新模式、新业态、新体验的复合载体，融合了城市经济、生活、生态、美学和文化价值，推动资源要素有效汇聚协同，提升城市新技术、新产品、新服务供给能力，丰富的场景能够满足人民日益增长的美好生活需要。当前，数字化转型场景、智能制造场景、高品质消费场景、社区生活场景、绿色低碳场景等加速涌现，在城市生产、生活、生态、治理等多领域发挥越来越重要的作用。新经济工作要坚持"场景营城"思维，进一步丰富城市新场景，充分释放新场景添彩人民生活品质、提升城市治理效率、激发新业态新模式的巨大潜能。

锚定数字经济新兴赛道

立足当下和未来所处的数字时代，成都推进新经济发展的重要路径，在于锚定数字经济这个"最大的确定性"，具体就是做好产业建圈强链、场景营城（全周期孵化机制）、智慧蓉城新应用、梯度培育等重点工作，更好地发挥战略母产业"数字科技构建者""数字科技赋能者""数字科技服务者"三路力量，加快实现成都新经济蝶变跃升与高质高效发展。

（一）引优育强战略母产业"数字科技构建者"，助力产业建圈强链。战略母产业"数字科技构建者"是产业基础高级化和产业链现代化的重要推动力量，对产业"锻长板、补短板、提能力"具有重要意义。因此，围绕成都产业建圈强链行动，要推动产业链、创新链、供应链深度融合，提升现代产业体系区域带动力和发展竞争力，引优育强电子信息、数字经济、人工智能、新消费等领域的战略母产业"数字科技构建者"，助力集成电路、新型显示、高端软件、人工智能、大数据产业、人工智能、文化旅游等产业链关键环节、重点企业、重点产品和重大装置补链强链，提升链环相扣、集群高效的产业链系统能力。同时，要积极引导战略母产业"数字科技构建者"在电子信息、数字经济、人工智能等领域建设从研发设计、生产制造到营销服务的产业全链条服务体系，开展技术平台、科学装置、数据中心等关键配套设施建设，助力成都构建"数字科技构建者＋链主企业＋公共平台＋中介机构＋产投基金＋领军人才"集聚共生的产业生态体系，降低产业链协作配套成本，提高产业链供应链的韧性。

（二）引优育强战略母产业"数字科技赋能者"，促进数实深度融合。战略母产业"数字科技赋能者"是数字经济的重要支撑力量，对产业数字化和数字产业化具有重要意义。因此，围绕成都数字经济和实体经济深度融合发展，要顺应全球生产方式加速变革趋势，抢抓国家实施"东数西算"工程机遇，坚持工业互联网思维，依托国家超算成都中心、全国一体化算力网络国家枢纽节点，发挥数字化引领、撬动、赋能作用，引优育强高端软件、网络安全、云计算等领域的战略母产业"数字科技赋能者"，引领构建"5G＋工业互联网"生态，加快融入数字化车间和智能工厂建设，促进先进制造业字化智能化转型。同时，要充分发挥战略母产业"数字科技赋能者"的数字技术创新引领作用，积极引导赋能者参与成都 5G、物联网、工业互联网、大数据中心、智算中心、边缘计算节点等设施建设，以及数据、算力、算法、应用资源协同的产业生态建设，围绕高端芯片、新型显示、信息终端、网络信息安全等领域，推动数字技术形成产业规模，赋能装备制造、传统家居等产业数字化融合发展。支持战略母产业"数字科技赋能者"发展服务型制造，建立基于制造流程的"数字孪生"，加快形成场景示范和一批标志性成果。

（三）引优育强战略母产业"数字科技服务者"，推动智慧蓉城建设。战略母产业"数字科技服务者"是智慧城市的重要服务力量，对推动城市经济、生活、治理数字化转型具有重要意义。因此，围绕智慧蓉城建设，要引优育强公共管理、公共服务、公共安全等领域的战略母产业"数字科技服务者"，引领建设"数字孪生城市"，构建实时感知、全域覆盖的城市运行生命体征体系，做强云网融合、智能敏捷的"城市数据大脑"，加快提升城市数据归集整合、深度利用、安全保护水平。同时，要支持鼓励战略母产业"数字科技服务者"构建绿色生态、宜居生活、宜业环境、现代治理等智慧应用场景体系，示范引领智慧韧性安全城市建设工程落地落实。鼓励战略母产业"数字科技服务者"牵头组建创新应用实验室，并以揭榜挂帅、赛马制等方式参与城市未来场景实验室建设，开展应用规范和接口标准市场化应用攻关，提供新技术新模式新业态融合创新的场景实测和市场验证，构建智慧蓉城应用场景试验场。

（来源：《成都新经济》2022 年第 4 期）

附录二

新基建新消费同频共振路径

——以数字消费券为例

"新基建"与"新消费"是当前备受关注的两个议题，担当着当下复苏中国经济的重任。这两个议题虽有着不同的经济学含义，但在经过数字化助力、被寄予重启消费厚望的消费券连接下，一座架在"新基建"与"新消费"之间的数字桥梁正在历史性形成之中，而产业互联的新经济逻辑及其物理平台，使"新基建"与"新消费"同频共振成为可能。

为此，基于消费券政策出台的宏观背景及其作用发挥的微观机理，结合当前各地数字消费券释放出的消费红利，提出应当从新经济的全生命周期视角出发，客观评价这轮数字消费券的多维价值。作为产业互联"新基建"的"小试牛刀"，既要重视其对眼下促进消费回补和带动经济复苏产生的即期显性效应，更要关注其对引导新基建、聚合新要素、厚植新生态、培育新消费、助力新主体、协同新治理的远期隐性效应，尤其不应忽视对于提升中小企业数字化经营能力、健全各地数字化治理体系等方面的潜在积极影响，并建议由第三方机构进一步对数字消费券发挥的综合效应开展更深入的研究与评估。

消费券缘起：宏观背景与微观机理

（一）解冻消费和复苏经济的应对之策。2020 年 3 月 13 日，国家发改委等 23 个部门联合印发《关于促进消费扩容提质 加快形成强大国内市场的实施意见》。在当前背景下，持续被压制的消费能力和消费意愿正在随着复工复产得到恢复与改善，亟须实施有效释放消费潜能、促进经济回升的应对之策。其中，消费券成为诸多省市提振消费的首选项，全国多地纷纷投放消费券、消费补贴。

除了借助当地政务服务 App 发券，越来越多的地方选择了联合互联网平台发券。在以互联网支付平台为代表的数字基建加持下，电子形态的数字消费券登上了历史舞台。数字消费券成为引燃居民消费信心的导火线，也是平台公司深耕细作切入产业互联网的契机——以消费券为纽带，将更多的终端消费者与更多的行业和地方政府连接在一起，共同促进经济复苏。

2020 年 5 月 8 日，商务部副部长在国务院联防联控机制发布会上表示，初步统计全国已有 28 个省市、170 多个地市统筹地方政府和社会资金，累计发放消费券 190 多亿元，肯定了发放消费券等促消费措施取得的明显效果，包括实现提振消费的目标，促进人气回升，为餐饮、零售等受影响较大的行业带来了客流量，增加了实际收入。各地在实施消费券政策的过程中主要是通过腾讯、阿里、美团等互联网支付平台发放与核销,仅武汉一地 4 月 20 日至 26 日通过微信支付发放的消费券杠杆率就高达 11.5 倍。

(二)消费券的效用基础与传导机制。从经济学原理结合政策反馈来看,消费券的效用传导机制,体现在多个环节对经济增长的拉动作用,其不同层面的微观机理包括:

1.扩大效应与乘数效应。即通过经济活动中某个变量的增减,引起整个经济总量变动的连锁效应。具体而言,发放消费券带来居民收入的增加,提高了额外消费,扩大了全社会消费支出规模,而消费的扩张又刺激了产品的销售,促进企业加大生产和投资,有利于稳定就业和增加岗位,从而收获可超越刺激消费意义的经济增长。换言之,其遵循的是"刺激终端消费→促进企业扩大再生产→企业用工增加→居民收入提升→进一步增加消费"的经济循环逻辑。在此循环当中,消费、生产、投资(包括物质资本投资和人力资本投资)环环相扣,在发挥和放大乘数效应的同时,形成宏观经济的扩张效应。

2.缓解低收入家庭经济压力。经济下滑常常伴随企业降薪裁员,人们对物价变化异常敏感,此时消费券就有了社会救济的功能,对低收入群体的刺激作用更大。发放消费券相当于是政府或企业向民众转移购买力,在特定期限内用于特定领域的消费,从而在短期内迅速提升居民的边际消费倾向,刺激相关领域消费的复苏,进而带动企业生产经营好转,缓解市场压力。

3.过渡时期的特殊政策功能。宏观政策从推出到落地需要有消化期，如果将这种延迟视为一个长期政策，那么消费券就是短期政策，能够显著改善经济低迷时期低收入家庭的生活状况，为中长期政策的落地实施提供缓冲时间，缩短经济恢复的时间，并为下一阶段的发展以及后续促消费、扩内需的长期政策落地打下较好的基础，实现短期政策的长期功能。

4.作为市场竞争力的试金石。商家通过市场竞争运用消费券，可让资金流向更具竞争力和更高效的经济单元，使资金效率得以最大化地提高。故此，发放消费券比起直接发钱或直接减免税费，自有其不可替代的优势。

新经济全生命周期与数字消费券效应

以朱克力博士2016年提出的"三破三立"新经济法则（重塑边界先"破界"、重构介质先"破介"、重建规则先"破诚"；战略创新需"立志"、战术创新需"立智"、制度创新需"立制"）为底层逻辑，进一步提出"新基础设施、新生产要素、新市场主体、新协作方式、新治理体系，共同构成新经济发展五大动力来源"新论断。

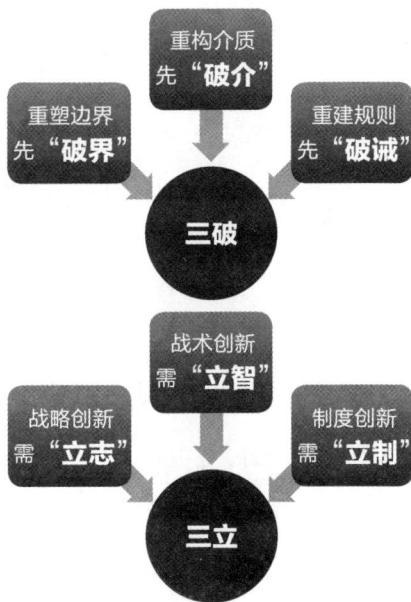

图1　"三破三立"新经济法则

如何理解新基础设施、新生产要素、新市场主体、新协作方式、新治理体系这"五新"的多轮驱动？如果从新经济发展的全生命周期出发，可以定位其中的新基础设施是新经济发展的运行基础，新生产要素是新经济发展的内在源泉，新市场主体是新经济发展的有生力量，新协作方式是新经济发展的组织保障，新治理体系则是新经济发展的长效支撑。综合贯穿新经济全生命周期的以上五大动力来源，对数字时代的公共政策及其效能可以有更新的分析框架和更宽的评价视域。

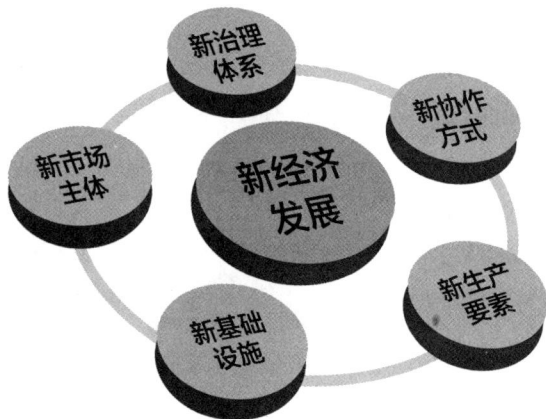

图2 "五新"驱动：新经济发展的五大动力来源

因此，对于消费券这项备受关注的公共政策而言，当然也可尝试运用这个新的框架，前瞻性地围绕数字消费券效应进行更为深入细致的讨论，基于对其多维价值内在化体认与共识性理解，有望促进后续消费券机能的延展及其配套政策机制的完善，更大化挖掘消费券红利。以下将从引导新基建、聚合新要素、厚植新生态、培育新消费、助力新主体、协同新治理等六个维度，解析和展望数字消费券将如何促使多轮驱动下的新基建与新消费"同频共振"成为可能。

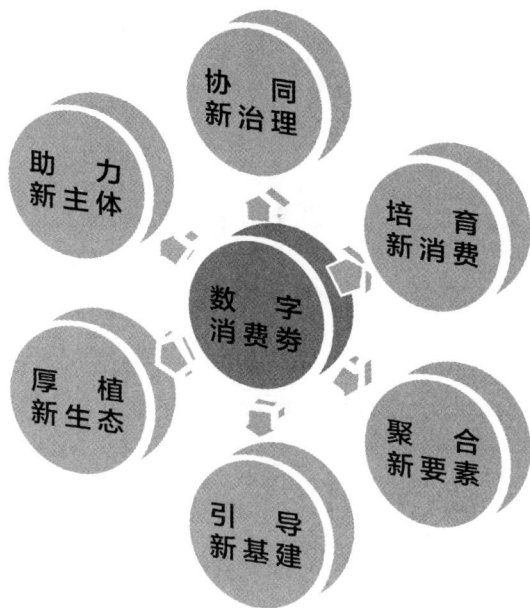

图 3　数字消费券六大维度

（一）引导新基建：从小试牛刀到广阔天地。本轮消费券之所以称为"数字消费券"（电子消费券），正是因其依托互联网技术平台的新特点。尽管我国在 2008 年应对金融危机时发放过消费券，国外也有不少案例，但此前基本上都是纸质消费券，本轮消费券正好契合了"新基建"的大势，或者说数字基建的加快推进，给本轮消费券发放提供了跨越时空的便利条件。

"新基建"并非一时的权宜之计，尽管公共卫生事件影响客观上加快了其前进步伐。事实上，自党的十八大以来，中国新型基础设施建设已取得了明显成效，对高质量发展的支撑作用正在加快释放。而本轮数字消费券，以其依托的平台特征观之，恰恰可以看作是产业互联"新基建"的"小试牛刀"。互联网平台以消费者和商户为架构、以数字化为砖瓦搭建新经济服务大厦，其参与发放消费券就是该大厦"试运营"的过程。

从这个意义上说，以数字消费券为纽带，"新基建"与"新消费"有了同频共振的基础。当前，总需求中出口和制造业投资都在萎缩，房地产依然在调控中，只剩下消费和基建投资可以发力，其中消费正在恢复，基建可以由政府和社会资本共同发力，且它短期是需求、长期是供给。短期看，消费和基建是平行的需求端，二者可产生共振，暂时还不构成闭环。但中长期看，新型基础设施建完后产生供给能力，"新消费"和"新基建"就能够形成闭环。"新基建"当中服务生产者的工业互联网等与终端消费者并不直接相关，而 5G、人工智能、物联网、数据中心等新型信息消费市场则是服务终端消费者的广阔天地。

（二）聚合新要素：数据、算法、算力的协奏。2020 年 4 月 9 日，中共中央、国务院公布了《关于构建更加完善的要素市场化配置体制机制的意见》。这是中央颁布的第一份关于要素市场化配置的文件，首次把数据纳入要素市场。从大数据的逻辑出发，数字消费券与纸质消费券相比，并不仅仅在于节省印制以及发放消费券的成本和安全优势。通过线上渠道发放数字消费券，可突破地域限制，降低交通成本，既高效便捷又能避免人群聚集风险，而且从环节控制来看，消费券发放与核销平台拥有大数据优势和算法算力的支持，可以实时追踪消费券的使用时间、地点和方式，政府可以借此不断优化和调整政策。

当然，数字化不但有助于及时而精准地追踪掌握发放数量等数据，实现动态调整，还可结合互联网实名制注册等手段，控制转让交易等套利行为。在此过程中，数字消费券有效聚合了互联网技术以及数据、算法、算力（平台驱动的"三驾马车"）等新要素，通过生产要素的新组合建立一种新的生产函数，引领基于技术与市场的创新演化，促进消费回暖和经济复苏。

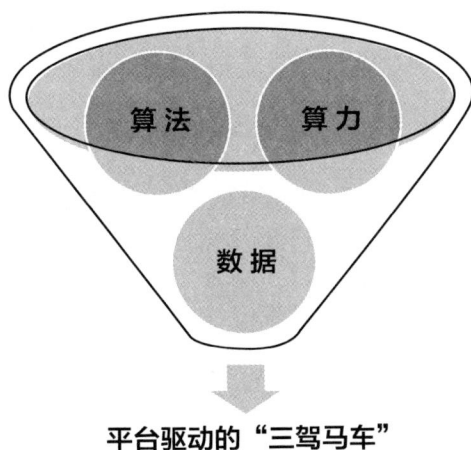

平台驱动的"三驾马车"

图 4　平台驱动的"三驾马车"

数字消费券运用大数据对人群进行精准画像，基于平台新要素的精准识别特性，为各地精准施策提供科学依据，实现精准发放，将消费券提供给更需要的人，防止纯粹为发券而发券，避免出现道德风险。在必要的算法保障和算力支持下，"让数据说话"成为消费券发挥真实效用的要义。在大数据、云计算、AI和区块链技术群中，数据是最宝贵的资产和持续进化的源泉，算法是有效分析和挖掘数据的方法和法则，算力则决定着数据和算法发挥的潜力。如果说，数据、算法、算力三者正在"协奏"出新经济舞台下一首乐章最澎湃的新要素进行曲，数字消费券至少会是其中小序曲的重要音符。

（三）厚植新生态：从流量红利到价值红利。从平台生态来看，发放消费券目的在于刺激消费，一方面覆盖人群和行业越广越好，从而对平台公域流量池提出要求；另一方面还在于精准触达到更多消费群体，让消费券随手可得。以基于超过12亿月活用户的微信社交流量生态为例，其领券的入口多、用券的方式广、消费闭环的链路短。比如眼下最热的直播带货，在微信生态下可以实现全链路应用：商家通过朋友圈或者公众号广告，精准吸引目标人群，引导用户进入小程序领券并进行小程序直播预约，直播时边看边买，在互动中用券消费、实现直播间内交易转化。

从消费生态来看，经此一役，国人的购买习惯、方式、心智都发生更彻底的转变，数字消费券的便捷性和适用性极大契合了这一变化。依托数字平台与多种业态的互通互联，数字消费券所连通的服务已不同于只聚焦旅游、购物、教育等传统消费领域的纸质消费券，触角扩展到餐饮、文旅、健康、购车、百货、连锁购物品牌、超市、图书等多元化消费业态，在切实满足消费需求的基础上，也有效助力产业生态的转危为安。

从参与模式来看，选定平台进行消费券发放和核销，有助于消费券发放流程的稳定性、统计口径的一致性、及时掌握实施效果的便捷性，当然也容易强化消费者用券后对该平台的依赖。鉴于平台在参与消费券政策的过程中具有非营利特征，且这类服务从产品技术原理到使用场景并不复杂，为了避免单个平台可能的局限性，在通过市场化竞争选定消费券的承销平台后，再由承销平台联合更多的有互补功能的平台共同形成生态化数字军团，在产业互联逻辑下发挥各自优势，使消费券这项公益性政策释放更多更深远的"价值红利"。

（四）培育新消费：加快新世代消费迁徙进程。尽管传统人口优势弱化，但在提升人力资本、新型城镇化、数字经济、产业升级等方面，中国还有可挖掘的巨大潜力。以直播带货、社交零售等为代表的新消费及供应链整合、渠道营销创新能力强的消费品具有中长期投资价值，是重要的内生增长新动能。作为以扩大内需为目标的一项公共政策，数字消费券对培育新消费具有天然功效。

正如一些分析所指出的，消费券对于消费倾向的短期快速提振和部分行业的中长期重塑，是切断潜在的"习惯—消费—收入"的消费心理通缩循环的利器。数字消费券相当于借助数字基建为消费者提供了适应新消费的预演场，在拉动消费的同时，由于所传递的新消费需求，进一步改变着传统消费业态运行模式，同时加速了全民消费习惯新趋势，有助于消费者加速适应切换，颠覆传统消费路径。"线上消费"及"宅经济"等将成为实际弹性最大的投资方向，"95后""00后"所领军的"新消费"跃升为消费主导的时间大大缩短，加快世代人口与消费的迁徙进程。

在消费券政策制定和机制设计过程中，更多向新消费倾斜，通过与互联网平台合作发放消费券，补贴品类聚焦年轻人消费意愿旺盛的商品，借助 KOL、网红直播等宣传措施，使得消费券在短期发挥更大乘数效应的同时，可在中长期促进更多优质的新消费主体崛起，则新消费在消费券政策润泽下大势可成。以数字消费券作为政策组合拳的"热身"或对症下药的"引子"，以此助力新消费和新基建"同频共振"，培育壮大多轮驱动的新动能，从而成为一项"四两拨千斤"的政策举措。

（五）助力新主体：提升企业数字化经营能力。研究表明，通过对于支持行业的限定和灵活设计，消费券可定向、多周期地发挥更大作用，并间接起到为中小微企业减免税收的作用。不难看出，线上线下融合会让更多市场主体增强韧性，从而助推中小微企业数字化转型。依托平台发放消费券，除了可以进一步培育用户的数字化消费习惯，也有助于培育企业和商家的数字化运营习惯。换言之，用好消费券培育"新消费"与"新基建"的未来客户，二者通过数字化将企业端和政府端有机衔接起来。

如今，数字基建已演化成社会生活基础设施，数字消费券也成为打通线上线下渠道的重要流量通路，对于作为新消费载体的中小企业和商家等"新主体"，如何抓住消费券带来的经济复苏机会点？一方面，顺应在线经济、新业态、新模式逆势上扬的发展态势，将已经凸显的新消费予以固化和推广；另一方面，获取更多数字用户触点，加速沉淀品牌数据资产，数字消费券成为其未来长效运营新的"起跑线"。

随着数字化转型的加快，不少中小企业和商家都将进入转型发展新阶段，抓紧跟进链式反应可为其未来数字化生存带来更多发展新可能。通过自身及数字平台提供的服务，其商业要素走向全领域、全流程、全方位的数字化运营。数字化运营以消费者为核心，实现消费端和供给端全要素、全场景、全生命周期的数据智能，建立企业智能运营和决策体系，持续推动企业产品创新、业务创新、组织创新，以应对可能的系统性风险，进而构建强大的新竞争优势。这是数字消费券助力新主体的核心底层逻辑。

（六）协同新治理：政府高效能治理数字化助手。高质量发展和高品质生活，离不开高效能治理。作为正确处理政府与市场的关系这个经济学王牌命题的现实路径，高效能治理有赖于治理理念、治理体系和治理能力的现代化。新治理即政府治理创新，则是走向治理现代化的通途。在政府治理创新的过程中，运用消费券这类公共政策工具和载体，重在发挥利益相关者的协同效应。"一城一策"是当前消费券政策实施的重要特征，消费券正成为各地政府"治理创新竞赛"项目，一方面通过消费券向市场和消费者释放积极信号，另一方面借此拉动消费与脱贫济困。

从治理现代化的视角来看，对于市场能有效解决的问题，政府并不需要亲力亲为，而是定好政策目标和验收标准，把拉动消费的任务交给市场化平台，借助平台力量发挥作用，让专业的人做专业的事。

政府更多的是发挥赋权的作用，让平台搭台、企业唱戏、百姓受益，同时通过数据运用提高政府决策质量和经济发展质量。消费券作为新治理目标导向下的一项具体政策，坚持公共政策遵循的价值出发点，选择合适的平台设计合乎政策初衷即"普惠、安全、精准、长远"的消费券发放机制，在平台助力下实施差异化的使用方案，便于更精准地评估政策实施效果，进而在公平和效率之间取得平衡，使之实现更高更全面的政策效能。

从消费券的实践逻辑来看，数字消费券的发放依靠的都是互联网平台上的用户，发券通常来说是一次性的动作。但有一些平台，甚至可以为政府自身政务电子化做积累和留存。以微信支付发放消费券为例，其特点在于：一方面，政府在微信中建立属于自己的小程序，通过小程序给当地居民发放消费券，可精准触达到目标用户；另一方面，用户可以很好地留存在政府及商家的公众号和小程序中，方便进一步消费优惠的发放与通知，刺激二次甚至更长期的消费，真正有效帮助政府和商家。进而，后续小程序可以转变为政府长期运营的政务服务工具，结合如健康码等线上政务，成为政府构建现代化治理体系不可或缺的数字化助手。

下一步研究实践及评估建议

以上主要基于新经济全生命周期，从六个维度解析和展望如何通过数字消费券促进新基建与新消费"同频共振"，从而为观察和讨论这类现象提供了一个全新的分析框架。但这只是新基建与新消费系列研究的一个开端，接下来需要随着政策实践进行更多案例分析与实证研究，政产学研各界包括平台和智库之间应加强联动，围绕上述议题及其进展持续研讨与交流。

首先，更加深入地对数字消费券发挥的综合效应开展进一步研究与第三方评估。作为一项带有社会福利和救济色彩的公共政策，应从该政策的全生命周期进行前、中、后三期评估。既要基于利益相关方在政策实施全程中的作用与影响，对消费券产生的实际效应进行科学测算，更要关注政策目标对象在政策实施全程中的获得感和体验感，通过广泛调查得出客观结论，为同类政策制定和实施提供参考。

其次，在优化消费券政策设计的基础上，探索数字消费券与其他政策"组合拳"。从长远来看，消费回升和潜力释放并非一蹴而就。促进消费扩容和质量提升是一项系统工程，需要形成优化市场供应、营造消费生态、提高治理水平的合力，继续深化供给侧结构性改革、加快形成强大的国内市场。因此，除了运用消费券这项特殊政策，还要考虑与"新基建"等其他促消费、扩内需、保增长的政策工具统筹兼顾，让民众真正得到更多的实惠。

再次，深化各地"一城一策"探索实践，同时应加强国家层面的政策统筹。当前各地因地制宜采取了各具特点的差异化消费券政策，体现了地方政府在经济社会治理中的积极性和主动性，也增强了政策实施的针对性和有效性。但各地发放消费券主要还是促进本地消费，更多支持的是本地餐饮、旅游和生活服务等行业，而对于那些产业链较长、分布广的大宗商品和特定消费品，则需要中央政府进行全面统筹和组合发力，从更高层面释放和扩大消费券的政策红利。

最后，应更重视平台经济和产业互联网给我国经济转型、社会发展与民生改善带来的机遇。以平台经济和产业互联网为代表的新经济、新动能正在推动产业升级，以开放、共享、协作为特征的平台机制正在重塑产业体系，数据驱动的平台经济成为产业融合竞争的制高点，作为数字经济 2.0 的产业互联网则成为科创企业竞逐的新赛场。从消费券实践来看，平台经济和产业互联网正在提升中小企业提升数字化经营能力、加快产业数字化转型步伐，也为社会发展与民生改善作出了积极贡献，成为帮助各地政府构建现代治理体系的数字化助手。为促进平台经济和产业互联网良性发展，政府应将重点放在维护运行规则上，包括完善社会信用体系、营造良好的政策环境、实施包容审慎监管、强化法治保障、加强知识产权保护等。

（来源:《新经济导刊》2020 年第 2 期）

后 记

"换道超车" 呼唤产业新方略

本书既是我近年来持续研究集成的一项初步成果，更是与专家学者、业界同仁共同探讨与努力的思想结晶。书中体现最多的就是集思广益。借此机会，要向所有关注和支持"战略母产业"理念及本书的朋友们表示最诚挚的感谢。

全球新一轮科技革命和产业变革浪潮席卷而来，在以大数据、云计算、人工智能等数字技术为代表的智慧科技（新 IT）驱动下，数字经济已成为推动经济高质量发展的关键力量。面对复杂多变的国内外形势，如何借助新兴技术的不断涌现，精准把握战略机遇，促进产业转型升级、实现"换道超车"，成为摆在我们面前的重要课题。在上述背景和问题导向下，"战略母产业"提法呼之而出。作为这一战略理念和政策建议的首倡者，我希望通过系统梳理并提炼其内涵、特征、作用及发展趋势，为我国乃至全球产业兴盛发展提供新视角和新思路。

著名经济学家、国务院发展研究中心张军扩副主任为本书作序，我深表感激。他把我的两部著作进行融合，给了极高的评价。比这部《战略母产业》稍早出版的，是我的另一本书——《低空经济》。这本书被誉为"中国低空经济开山之作，填补新经济研究领域空白"，我将其定位为科普读物。我们知道，以数智科技为代表的新 IT 技术，在低空空域有着广阔应用前景，而"低空经济"依托于低空空域这片巨大新质空间，将是"战略母产业"下一个主赛场。因而，不妨将这两本书结合起来看，或许会有意想不到的收获。

本书分为序篇（战略母产业论纲）、上篇（动能篇）、下篇（路径篇）共三大部分。除序篇外，动能篇、路径篇共计九章，每章内容既独立成章又相互关联，从不同视角对战略母产业进行深度拆解，兼顾理论与应用。具体脉络概述如下：

序篇"战略母产业论纲（讨论稿）"，提出战略母产业的基本概念、内涵、功能及一系列关键命题。战略母产业是以新 IT 产业为基础，对第一、二、三产业以及经济发展各领域具有第一生产力意义，发挥科技赋能、产业基石、经济底座、基础设施等层面的创新驱动作用，能够从创新与效率、发展与变革角度，持续催化新科技、孕育新业态、缔造新格局的母科技产业集群。基于此，初步构建"战略母产业"的理论框架，并探讨其作为经济基石的作用机制及政策体系。

上篇（动能篇）"因势利导构建数智竞争力"，阐述中国要在全球新一轮科技革命和产业变革中"换道超车"加速崛起，应当客观认知并有力提升"战略母产业"的地位，构筑经济增长新动能和国家竞争新优势。战略母产业以拥有强大创新能力和辐射带动作用的新 IT 产业为基础，成为数字经济时代新兴产业发展的"孵化器""催化剂""加速器"以及"呵护力"之源。其不仅自身发展迅速，还通过技术溢出、产业关联等方式，因势利导带动其他产业构建数智竞争力，加快创新升级，形成强大的产业生态。

下篇（路径篇）"因地制宜发展新质生产力"，强调在政策与市场协同发力下，不失时机提升战略母产业，可加速其实现"从数智竞争力到新质生产力"的价值迭代升级。也就是说，让战略母产业从赋能第一、二、三产业"数智竞争力"的构建，迈向全面引领和推动经济实现"新质生产力"的飞跃。为此，需要因地制宜发展新质生产力，包括进一步提升数字产业规模，打造具有国际竞争力的数字产业集群，并充分发挥数字科技企业的平台、技术、数据等优势，有效助力实体经济高质量发展。

书中不仅提出创新理论与政策方案，也提供面向城市的应用解决方案。无论是第五到六章分别提出"万物智联""工业元宇宙"的现实路径，还是第九章深入分析"一城一云一模型"的应用空间，本书力求实现从学术到政策、从理论到实践的双重应用闭环。特别是后者，作为全书压轴内容，通过解析云计算、人工智能大模型等新技术驱动之下的城市数字化转型路径与实践，提出"一城一云一模型"新理念、新模式的发展愿景与实现途径，为城市高质量发展提供新思路和新方案，也进一步丰富了战略母产业的应用场景和落地价值。

此外，书中还有几个附件，包括作为序篇延伸阅读的智库研讨实录、个别章节后的相关报道，以及最后附录的两篇文章。这些内容与本书主题都有一定关联，具体来源分别有说明，在此不再赘述。

本书的问世离不开众多专家、学者和业界同仁的支持与帮助。特别感谢胡延平、张文魁、龙海波、姜逸沨、孙中源等对"战略母产业"及本书给予的宝贵建议和智慧支持；感谢国家高端智库、产业主管部门、相关高校院所等机构专家学者们，包括我的博导蔡昉老师，以及隆国强、陈全生、夏杰长、付保宗、杜创、戎珂、欧阳日辉、丁继华等众多师友提供的真知灼见及精彩点评，为"战略母产业"和本书注入丰富的思想资源；感谢《经济日报》评论部的梁剑箫主编、中国发展改革报社的杜壮记者等慧眼识珠，让"战略母产业"得以在提出之初，就"亮相"于中央党报和国家发改委官网这样的权威平台。

与此同时，"战略母产业"理念和思想也赢得产业界认同和响应。政产学研用等多方深入探讨，一致认为"一城一云一模型"是当下及未来"战略母产业"赋能城市高质量发展的典型代表。在此，感谢华为政务云李志强、周春燕、汤凯等业界专业人士的共同研究。我们把日常一起线上研讨和推进这项研究工作的群命名为"战略母产业促进中心"，期待可以将新理念和新模式一起推广下去，把论文写在祖国的大地上，写进我们的千行百城和千家万户。

感谢我的爱人，正是你的理解、支持和关心，让我能够全身心投入到这项充满挑战和意义的工作中。

最后，感谢新华出版社的各位领导、参与本书出版的有关编辑，以及每位阅读此书的读者朋友们。大家的关注与支持，是我不断前行的动力。

朱克力 博士

2024 年 9 月于北京

附记：本书即将付梓之际，2024（第三届）生态品牌大会在青岛举行，朱克力博士应邀出席大会并作"打造数智生态力、助推新质生产力，拥抱数智生态新经济"的主题演讲。这里提出的"数智生态力"，对应的是战略母产业基于生态经济逻辑构建的"数智竞争力"。以下为新华社客户端发布的中国年鉴社相关报道——

新华对话｜朱克力：打造数智生态力、助推新质生产力，拥抱数智生态新经济

2024 年 9 月 19 日，2024（第三届）生态品牌大会在青岛举行。本届大会以"生态无界，价值无限"为主题，由新华社品牌工作办公室、新华出版社、凯度集团、《财经》杂志、牛津大学赛德商学院等机构联合主办。国研新经济研究院创始院长、数智未来科学院首席经济学家朱克力博士出席大会并围绕"打造数智生态力、助推新质生产力，拥抱数智生态新经济"，深入阐述了数智经济时代的机遇与挑战。

双循环战略：工业互联网蓄势赋能

朱克力指出，中国正在积极构建以国内大循环为主体、国内国际

双循环相互促进的新发展格局。这一战略的核心在于通过扩大内需、稳定外需，推动经济结构的优化升级，实现高质量发展。工业互联网在这一过程中扮演了重要角色，不仅提升了企业创新能力、资源配置效率以及数据挖掘能力，还促进了国内大循环的提质增效。

他提到，近年来，我国工业互联网产业增加值总体规模稳步提升，对经济增长的贡献力量不断增强。工业互联网的跨行业资源共享和服务协同，也为国内大循环的顺畅运转提供了有力支持。

消费与科技：双轮驱动经济大循环

消费与科技是构成经济大循环的双轮驱动。朱克力强调，消费作为经济循环中的压舱石，有助于保持经济的稳定增长，而科技创新则是推动经济持续向前发展的驱动器。

为了构建"国内大循环"，朱克力认为需要关注两个关键点：一是持续扩大内需，降低储蓄率，促进消费增长；二是实现关键技术领域的自主可控，减少对外部技术的依赖。他指出，中国拥有超大规模的市场优势和有待挖掘的下沉市场，尤其是随着 Z 世代消费者的崛起，新的消费需求不断涌现。这些年轻消费者更注重个性化、体验式的产品和服务，为企业提供了广阔的市场空间和发展机遇。

三破三立：新经济法则引领转型升级

在数智生态经济时代，"三破三立"成为推动经济创新发展的新法则。朱克力解释到，"三破"（破介、破界、破诫）即打破传统介质、物理边界与陈规诫律，实现资源优化配置、产业深度融合及治理能力提升；"三立"（立志、立智、立制）则指在战略、战术和制度三个层面进行创新，明确发展方向、强化技术进步并构建适应未来发展的制度框架。

他以海尔卡奥斯与奇瑞集团为例，展示了"三破三立"在实际应用中的成效：双方合作共建面向汽车行业的工业互联网，实现了用户体验、制造流程和产业链的重构，助力奇瑞工厂实现数字化与生态化转型。

四维创变：新生态重塑产业运作模式

朱克力表示，数智生态是基于人工智能、大数据、云计算等先进技术构建的新型商业系统。它超越了传统的消费互联网平台，通过技术驱动、互联互通、用户为王、场景融合四大特征，重塑了传统产业的运作模式与价值创造方式。

在他看来，华为推出的鸿蒙操作系统，正是这一趋势的典范。鸿蒙生态覆盖了从运动健康、智能家居到金融政务等多个领域，通过多方协同工作，构建了一个开放共享的技术生态系统。

五新驱动：助推数智生态高能级跃迁

最后，朱克力提出了数智生态经济的"五新"驱动理论，包括新基础设施作为运行底座，新生产要素作为内在源泉，新市场主体作为有生力量，新协作方式作为组织形态，以及新治理体系作为长效支撑。

其中，新基础设施如 5G 基站、数据中心、低空智联网等，为数智生态提供了坚实的运行底座；数据作为新型生产要素，正日益成为推动经济增长的关键力量；数字化转型下，越来越多传统企业转变为新市场主体；新协作方式则改变了企业的组织形态；而新的治理体系则为技术与市场的变化提供了制度保障。